La version éthiopienne de
BARLAAM ET JOSAPHAT

La version éthiopienne de
BARLAAM ET JOSAPHAT
(*BARALÂM WAYEWÂSEF*)

Traduction française
par
Gérard COLIN

UITGEVERIJ PEETERS
LEUVEN – PARIS – DUDLEY, MA
2008

A CIP record for this book is available from the Library of Congress.

D. 2008/0602/56
ISBN 978-90-429-2064-4 (Peeters Leuven)
ISBN 978-2-7584-0023-3 (Peeters France)

TABLE DES MATIÈRES

INTRODUCTION

Le «roman spirituel» de Barlaam et Josaphat, *plusieurs dizaines de fois traduit depuis le Moyen Âge et répandu dans toute la chrétienté, remonte en dernière analyse à un récit indien de la vie du Bouddha.*

Au milieu du 6e siècle avant J.-C. naquit à Kapilavastou, capitale de l'État des Sâkyas dans l'Inde septentrionale, celui que la postérité connaîtra sous le nom de *Bouddha*. Siddhârta Gautama – tel est le nom personnel de ce membre d'une famille aristocratique, royale si l'on en croit la tradition, du pays – vécut ses années d'enfance et de jeunesse dans le luxe et le faste qui étaient ceux de son milieu. Son père, Souddhodana, fut informé par les devins à la naissance de l'enfant que celui-ci était destiné, entre deux voies possibles, à assumer la royauté terrestre ou à devenir un ermite errant de grand renom. Appréhendant cette dernière éventualité, Souddhodana entoura son fils, dont l'intelligence et les dons multiples étaient par ailleurs hors du commun, de toutes les commodités imaginables – et plus encore – d'une maison princière. Il réussit longtemps à dissimuler à Siddhârta tout ce qui, dans l'existence, est pénible ou attristant. D'autre part le jeune homme épousa de belles princesses de contrées voisines; l'une d'entre elles lui donna un fils.

Le hasard, cependant, rendit vaines les précautions du père inquiet: au cours de plusieurs excursions, Siddhârta, pourtant environné d'une nombreuse escorte qui devait lui cacher les choses déplaisantes, fut tour à tour confronté au spectacle d'un vieillard décrépit, puis d'un homme au dernier période de la maladie, enfin d'un mort dont on faisait les funérailles. Renseigné par son cocher sur ce qui lui était jusqu'alors inconnu, le jeune homme apprit simultanément l'existence de la vieillesse, de la maladie et de la mort, et qu'il était souhaitable de s'en délivrer. Il vit encore, dans les mêmes circonstances, un homme serein, de maintien modeste et agréable à voir. Son compagnon lui ayant appris que c'était un religieux mendiant recherchant le calme de soi-même, Siddhârta déclara avoir envie d'entrer en religion, là où se trouve ce qui est utile à soi-même et aux autres.

Cette pensée et d'autres semblables ne quittèrent plus l'esprit du jeune homme; il reconnut que les objets habituellement désirés par les hommes – palais, parcs somptueux, concerts de musique, beauté du corps – étaient passagers, inconstants et de nature changeante. Il sortit alors de son palais et quitta le pays des Sâkyas, puis, ayant congédié ceux qui l'avaient accompagné, il dépouilla ses beaux vêtements et revêtit une défroque de religieux.

Le *Lalita vistara*, récit développé de la vie du Bouddha, dont sont tirées les indications qui précèdent, suit ensuite la carrière de son héros pendant les quelque quarante années qui précèdent la mort de celui-ci. Siddhârta parcourut le bassin moyen du Gange, écoutant les leçons de divers maîtres, puis se livrant à l'ascèse. Maintenant connu comme le «sage silencieux des Sâkyas», Sâkyamouni entra alors en méditation et défit aisément Mâra, personnification de la mort, qui avait envoyé contre lui des démons innombrables, ainsi que ses filles chargées de séduire l'ascète par leurs charmes lascifs. Il atteint alors l'Éveil (*bodhi*) qui lui permet de découvrir la vérité ultime: la voie qui mène à la cessation de la douleur; d'être «voué à l'Éveil» (*Boddhisattva*), il est devenu un «Éveillé» (*Bouddha*). D'après diverses traditions, le nouveau Bouddha, allant de village en village en mendiant sa nourriture et répandant la bonne parole, fit des disciples dont le nombre s'accrut rapidement. Ceux-ci provenaient de toutes les castes de la société indienne, du brahmane à l'esclave même. Quand il s'éteignit, environ l'année 480 avant J.-C., Sâkyamouni avait fondé un mouvement religieux qui, depuis le Japon jusqu'à l'Occident, réunit aujourd'hui plusieurs centaines de millions d'adeptes.

La carrière de Sâkyamouni, au regard du milieu et de l'époque où il est né, ne présente rien d'inexplicable: en ce sixième siècle où la philosophie s'inventait chez les Grecs d'Ionie, l'Inde du Nord connaissait une activité intellectuelle comparable. La soif de savoir y allait de pair avec le goût de la spéculation abstraite et la liberté d'esprit. Au premier rang des questions métaphysiques agitées – le monde et le soi de l'homme sont-ils ou non éternels? Sont-ils ou non la cause de leur être? La connaissance est-elle même accessible à l'esprit humain? ... – figurait celle de la mort et de la destinée humaine après celle-ci. L'élite intellectuelle qui s'en préoccupait était, pour l'essentiel, composée des brahmanes et des ascètes appelés *chramanes* («ceux qui font des efforts»). Les premiers, formant la caste sacerdotale – la plus prestigieuse –, étaient versés dans l'étude des textes sacrés, comme le Véda, et tenaient, plus ou moins strictement, pour l'orthodoxie hindouiste. Les *chramanes*, quant à eux, se recrutaient principalement parmi les brahmanes eux-mêmes et au sein de l'autre caste dominante, celle des nobles. Ces ascètes errants, ayant abandonné leur statut social et les habitudes de pensée qui s'y rattachaient, professaient les opinions les plus divergentes, parfois les plus étrangères au brahmanisme dans lequel ils avaient été élevés, cela en pleine indépendance d'esprit. Sous ce double rapport d'origine familiale et de choix de vie personnel, Siddhârta n'innovait donc pas.

À cette même époque, Les États indiens étaient déjà en contact avec l'immense empire perse achéménide, tout récemment constitué par Cyrus le Grand (environ 550-530 av. J.-C.) et agrandi et consolidé par son successeur Darius Ier (522-486 av. J.-C.). La nouvelle puissance touchait à l'Indus et influença, au moins dans le domaine architectural, son voisin oriental: le plan du palais royal construit dans sa capitale gangétique, Patalipoutra, par le souverain mauryâ Açoka est encore, à plus de deux siècles de distance, celui de la résidence persépolitaine de Darius. Avec l'expédition d'Alexandre le Grand, qui atteint en 326 av. J.-C. l'Hyphase, l'affluent le plus oriental de l'Indus, les relations se resserrent. Le Conquérant rencontre même le futur fondateur, alors fort jeune, de l'empire mauryâ. Ce Tchandragoupta – le Sandracottos des sources grecques – chassera vingt ans plus tard les nouveaux venus du bassin de l'Indus et de ses marges occidentales.

Le fait capital se produit avec son petit-fils Açoka, le représentant le plus éminent de la dynastie, qui étendit l'empire mauryâ à l'ensemble de l'Inde septentrionale, qui surtout se convertit au bouddhisme et s'en fit l'ardent propagateur. Le mouvement créé par Sâkyamouni essaime alors tant vers l'est, et bientôt la Chine, que dans les marches orientales et nord-orientales de l'ex-empire d'Alexandre. Quand les Sassanides, d'origine iranienne, prendront à leur tour le contrôle de ce vaste espace, ils trouveront sur leur territoire des communautés bouddhiques florissantes.

Cependant, ses forces occupées par le séculaire conflit avec le voisin occidental byzantin et la résistance à la poussée turque au nord-est, l'État des Chosroès et des Sapor n'a plus grand-chose à opposer à l'invasion arabe. Au moment de la chute, en 651 ap. J.-C, la civilisation perse a déjà traduit du sanscrit et autres idiomes indo-aryens dans sa propre langue, le pehlvi, nombre des textes sacrés et profanes de l'Inde. Ceux-ci, pour une certaine part, passeront dans l'arabe des vainqueurs par l'intermédiaire de Persans cultivés, plus ou moins superficiellement convertis à l'islam.

Parmi ces ouvrages figuraient entre autres des recueils de *Jâtakas* (littéralement «naissances»), récits relatifs à des vies antérieures du

Bouddha, dont on retrouve quelques traces dans le récit de *Barlaam et Josaphat*. Il s'y trouvait surtout, probablement sous une forme abrégée et passablement modifiée, le *Lalita vistara*. Cette version pehlvie, comme celle de maintes autres compositions littéraires, est perdue. Le *Kitâb al-Fihrist* («Livre du catalogue»), rédigé à la fin du dixième siècle, recense sous la forme d'un inventaire bibliographique divers ouvrages persans traduits en arabe au début de la période abbasside (750-1258 ap. J.-C.). Le grand nom, et en quelque sorte le fondateur de l'école des traducteurs persans mentionnés par le *Fihrist*, est Abd Allah ibn al-Mouqaffa. L'homme, qui vivait au milieu du huitième siècle, mourut à moins de quarante ans dans des circonstances tragiques. Converti à l'islam à un âge déjà avancé, ce rejeton d'une famille iranienne noble fréquentait les cercles des littérateurs et des beaux esprits de la cour abbasside, tous personnages de mœurs libres et fortement suspectés d'«athéisme» par les rigoristes musulmans. Un de ses successeurs, issu assurément du même milieu éclairé, traduisit en arabe environ l'année 800 le texte pehlvi dérivé du *Lalita vistara* et d'autres productions bouddhiques. Cette œuvre, elle aussi perdue, devait être, si l'on en juge à la personnalité présumée de son auteur, dépourvue de toute imprégnation musulmane. C'est aussi ce que donnent à penser certains de ses surgeons littéraires de diffusion réduite: une paraphrase hébraïque du début du treizième siècle et deux ou trois versions arabes; ces ouvrages sont eux aussi exempts d'inspiration coranique.

Toute différente est la destinée du descendant principal du *Kitâb Bilawhar wa-budâsaf* (avec la variante *Yudâsaf*) rédigé par l'émule d'Ibn al-Mouqaffa. Dans l'élan de la conquête, les Arabes musulmans atteignirent relativement vite les abords de la mer Noire – Constantinople est assiégée, vainement, pendant une année entière (août 717-août 718) – et ceux du Caucase; une grande partie de la Géorgie est alors occupée et la langue arabe y sera assez largement pratiquée pendant une longue période. Par ailleurs l'élite intellectuelle géorgienne est en contact étroit avec le monde byzantin. À un moment qu'il est malaisé de préciser davantage, dans le courant du dixième siècle, l'ouvrage arabe est traduit en géorgien; les noms des deux protagonistes y apparaissent sous les formes de *Balahvar* et *Iodasap'*. Dans cette nouvelle version, le récit originel, déjà grossi auparavant de divers ajouts, reçut une forte empreinte chrétienne qui donnera au livre sa physionomie définitive.

Vers l'an mille ou un peu auparavant, le *Balahvari* ou *Balavariani* – pour reprendre la désignation géorgienne courante – est transposé de géorgien en grec par Euthyme, supérieur du monastère géorgien d'Iviron au mont Athos. L'homme est connu comme étant de grande culture, également versé dans l'une et l'autre langues et auteur, entre divers ouvrages, de traductions nombreuses. La transmission du texte, qui pendant plusieurs siècles avait suivi un cheminement très lent – du sanscrit au pehlvi, puis à l'arabe et enfin au géorgien –, connaît alors une accélération remarquable: dès 1048 apparaît la première traduction latine de l'œuvre; celle-ci, ou l'une de ses sœurs, donnera naissance aux innombrables versions occidentales, intégrales ou, plus souvent, abrégées et dépourvues des longues catéchèses de l'original. *La Légende dorée* de Jacques de Voragine, entre autres, consacre son chapitre 176 aux deux personnages, qui sont devenus les saints Barlaam et Josaphat. Ultime développement, le martyrologe romain, sous le pontificat de Sixte Quint (pape de 1585 à 1590), les accueillera et les fêtera à la date du 27 novembre.

La trame du récit qui, fixée en grec, ne changera plus dans aucune de ses nombreuses adaptations, est la suivante:

Au pays de l'Inde, où sont récemment apparus le christianisme et les communautés monastiques à la suite de la prédication de l'apôtre Thomas, règne le roi Abenner. Souverain persécuteur de la religion nouvellement introduite, Abenner n'a pas de fils. Quand enfin il en est gratifié, averti que son rejeton porterait haut les couleurs du Messie, il le confine dans un palais somptueux, entouré de tous les agréments de la vie et tenu éloigné du spectacle de la misère humaine. Cependant, au cours d'une promenade dont il a arraché la permission à la complaisance de son père, l'adolescent découvre l'affligeante condition de l'homme sous les espèces d'un lépreux, d'un aveugle et d'un vieillard cacochyme. Encore sous le coup de cette révélation douloureuse, il est visité, en cachette de son père, par un vieil ascète qui l'amène, au terme d'une longue instruction religieuse, à la foi chrétienne.

Quand le roi découvre la chose, il tente en vain de détourner son fils de son orientation nouvelle. Lors de plusieurs controverses – qui sont en fait des exposés dogmatiques –, les tenants de l'ancienne religion sont confondus par le prince, ou par un des leurs passé du côté de celui-ci. Au terme de ces tentatives inutiles, Abenner propose la moitié de son royaume à son fils; celui-ci convertit immédiatement au christianisme son nouvel apanage, puis le remet à un compagnon fidèle, pieux croyant de la première heure. Entre-temps Abenner s'était lui-même converti, puis avait passé ses derniers moments dans de grandes austérités pénitentielles.

Son fils peut alors accomplir son vœu le plus cher: après avoir quitté ses sujets qui veulent à toute force le retenir, il rejoint l'ascète son professeur dans la solitude érémitique et y gagne le salut éternel par une vie exemplaire. Au cours de sa quête dans le désert à la recherche du vieil homme, il avait préalablement déjoué les ruses de Satan qui avait tenté de l'effrayer par des apparitions démoniaques. Alors qu'il était encore dans le palais de son père, il avait par ailleurs su repousser victorieusement les offensives des belles jeunes filles qu'on avait placées à ses côtés pour le faire succomber aux plaisirs de la chair.

L'intrigue du roman grec, on le voit, ne s'éloigne guère du récit du *Lalista vistara* : même prédiction de vie ascétique; même réclusion dorée du jeune prince; même rencontre, dans tous ses détails, avec la vie réelle et tragique; même désir de retraite subséquent; même départ du palais; mêmes tentations charnelles et agressions maléfiques. Il n'est pas jusqu'à l'échange des vêtements royaux contre une tenue monacale qui ne soit à peu près identique. Quant au personnage de Barlaam absent du texte bouddhique, il faut peut-être en voir l'esquisse dans l'homme calme et serein que le prince indien croise et dont il envie le mode d'existence. La grande différence réside évidemment dans le traitement de la matière religieuse: autant les péripéties de l'histoire sont entrecoupées de développements mythologiques spécifiquement indiens dans l'œuvre originale, autant la version grecque multiplie à la place les expositions de la foi et les recommandations morales; l'érudition patristique de l'auteur se révèle, ce faisant, fort étendue. Quant à la longue quête de la perfection qui occupe, après la décision du retirement, le tiers du texte bouddhique, elle ne couvre pas le dixième des pages de l'adaptation grecque.

Non plus que le personnage, le nom de Barlaam, venu de l'arabe *Bilawhar* par l'intermédiaire du géorgien *Balahvar*, ne présente de correspondant certain dans le modèle indien. La forme grecque, assez éloignée de son ancêtre arabo-géorgien, a pu être suggérée au rédacteur embarrassé devant ce mot inconnu par le rapprochement avec le martyr bien connu Barlaam, mort pendant la persécution de Dioclétien. En revanche le nom de Josaphat – *Iôasaph* en grec – dérive en dernière analyse du sanscrit Boddhisattva, la désignation habituelle de Sâkyamouni avant qu'il eût atteint l'Éveil suprême. L'écriture arabe, avec ses points diacritiques souvent omis ou mal placés dans les manuscrits, permet aisément le glissement phonétique: de بودا سف (*budâsaf*, équivalent approximatif de *boddhisattva*) à يودا سف (*Yudâsaf*), seul diffère ب

de يـ; puis dans le passage de يدا سف (*yedâsaf*, graphie qui coexiste avec *yudâsaf*) à يوا سف (*yewâsaf*), qui sera à la fin de la chaîne de traductions la forme de la version arabe chrétienne puis de l'éthiopien, le د a été confondu, en une bévue courante, avec le و. D'autres noms propres du texte, d'origine également énigmatique, doivent peut-être leur existence à des réminiscences bibliques. Ainsi le roi Abenner (devenu Avennir dans la version française) doit-il vraisemblablement son nom à Abner, le généralissime et cousin de Saül (cf. entre autres *1Samuel* XIV, 50). Le magicien Tawdâs (du grec Theudas) a pu emprunter la forme de son nom à un autre Theudas, le trublion insurgé d'*Actes* V, 36.

Vers la même époque sans doute que la traduction latine, en tout cas très peu postérieurement, le *Barlaam* revint dans le monde arabe, sous l'exacte forme christianisée qui est celle de l'œuvre grecque. De nombreux manuscrits en sont conservés; ils s'échelonnent chronologiquement du 12e au 19e siècle, témoignant ainsi d'une faveur constante. L'auteur de cette version n'est pas identifié; peut-être s'agit-il du Barsom fils d'Abou Elfaraj (Barṣaumâ ibn Abû al-Faraj) mentionné par un manuscrit éthiopien (cf. *infra* 1er colophon). Ce personnage, qui ne semble pas cité par ailleurs, déclare avoir transposé le texte en arabe depuis l'«indien» (*sic*).

En revanche l'homme qui, en 1553, traduisit l'œuvre de l'arabe en éthiopien est bien connu. Enbâqom – le mot est la forme éthiopienne du nom Habacuc – est un musulman d'origine yéménite ou irakienne, venu dès sa jeunesse dans le pays des négus. Il avait fui son pays à la suite d'une mésentente avec ses parents due à son attitude critique vis-à-vis du Coran. De fait, instruit du christianisme par le supérieur de Dabra Libânos, il se fait bientôt baptiser; devenu diacre puis prêtre, il sera par la suite élu à la tête du prestigieux monastère. Dès avant cette date, il avait traduit d'arabe en éthiopien plusieurs textes bibliques et patristiques. Lorsqu'il mène à bien la traduction du *Barlaam*, il est, chose remarquable, plus qu'octogénaire. Le Synaxaire éthiopien, catalogue des saints retenus par l'Église abyssine, commémore Enbâqom, onzième abbé de Dabra Libânos, le 21 miyâzyâ (29 avril du calendrier grégorien).

Le texte éthiopien, malgré l'origine de son auteur, ne contient qu'un nombre assez restreint d'arabismes; il est par ailleurs fort proche du modèle grec. En l'absence du manuscrit arabe qui a servi de source, il n'est pas toujours possible de déterminer si les quelques erreurs, incompréhensions et omissions de la version éthiopienne sont dues à Enbâqom lui-même ou au traducteur du grec en arabe.

La tradition manuscrite, relativement fournie, ne présente pas de témoin pendant près d'un siècle et demi après la date à laquelle Enbâqom a achevé son travail. La majorité des exemplaires actuellement répertoriés (cinq sur huit) est concentrée dans les quelque cinquante années qui vont de 1690 au milieu du 18e siècle. Budge a utilisé pour son édition deux de ces manuscrits (BM 322, du début du 18e siècle, et BM 275, du milieu du même siècle); l'apparat critique du savant britannique montre que ces témoins sont très proches l'un de l'autre: l'immense majorité des variantes relevées – au demeurant assez peu nombreuses – est purement orthographique. Quant au manuscrit dont s'était servi auparavant Zotenberg (BN 140, du début du 18e siècle), il présente un texte identique à celui des témoins précités; dans ses rares variantes, il se rattache soit à l'un soit à l'autre de ceux-ci.

Après une éclipse presque totale, le livre refait son apparition au 20e siècle avec deux manuscrits datés respectivement de 1928 et 1965. Il est remarquable qu'au moins le plus récent d'entre eux (EMML 745) recèle lui aussi le colophon qui fait état de la traduction d'«indien» en arabe d'Abou Elfaraj. Un exemplaire, encore conservé dans son pays d'origine, lui aura servi de modèle; peut-être est-ce l'autre témoin du 20e siècle (EMML 1051 [le catalogue ne mentionne pas la teneur exacte de son colophon]): tous deux se trouvent dans la ville d'Addis-Abeba.

La traduction française qui suit a été faite sur le texte éthiopien publié par Budge. Il s'est glissé dans celui-ci, comme il est explicable dans un travail de cette ampleur, un certain nombre de coquilles. Il en est peu qui ne puissent être corrigées immédiatement; elles ne sont donc évidemment pas relevées, d'une façon ou d'une autre, dans la traduction française. Les autres, qui rendent problématique l'interprétation, sont signalées par un point d'interrogation entre parenthèses placé après le mot français concerné.

Ce même signe de ponctuation, pareillement encadré, suit aussi un mot dont le sens reste incertain sans qu'une coquille de l'éditeur puisse être incriminée. Les notes explicatives infra-paginales sont, grâce à ce parti, réduites au minimum.

Les parenthèses encadrent également des mots ne figurant pas dans l'éthiopien, mais nécessaires à la bonne intelligence de la version française.

Enfin l'éthiopien, comme on sait, omet volontiers la mention expresse du sujet et du complément, ou bien indique celui-ci par un simple suffixe. Dans ces cas-là, assez fréquents, le mot manquant – nom propre ou commun – est suppléé sans l'adjonction de parenthèses.

Le texte éthiopien est très proche du grec. Quand parfois il s'en écarte – et c'est à peu près toujours du fait d'une incompréhension –, il est néanmoins traduit ici tel quel lorsqu'il présente un sens en soi.

La division traditionnelle du texte grec en quarante chapitres a été reprise. De surcroît, à l'intérieur de ceux-ci, chaque paragraphe – ou groupe de paragraphes étroitement liés – est pourvu d'un numéro d'ordre.

Le texte du Barlaam, *outre les citations bibliques littérales ou explicitement alléguées par l'auteur, constitue en certains passages un véritable centon fait d'allusions scripturaires et d'extraits patristiques. Ces deux catégories n'ont pas été signalées en note; on en trouvera un relevé exhaustif dans les index 1 et 2 (*Bibelindex *et* Index der nichtbiblischen Quellen*) de l'édition de Volk citée dans la Note bibliographique ci-dessous.*

NOTE BIBLIOGRAPHIQUE

Le *Lalita vistara*, qui a fourni sa trame générale et certains de ses détails au *Barlaam*, est accessible dans la traduction de la version sanscrite faite par P.E. de FOUCAUX:

Le Lalita vistara. *L'histoire traditionnelle de la vie du Bouddha Çakyamuni*, Paris, 1884 (réimprimé en 1988 par *Les Deux Océans*).

Le texte grec de *Barlaam et Josaphat*, à l'origine de la quasi-totalité des versions en toute langue, a été longtemps considéré comme une œuvre originale, et non de traduction, et attribué à saint Jean Damascène. L'édition qu'on peut appeler princeps de l'ensemble de l'œuvre a été publiée à Paris par J.-F. BOISSONADE dans le volume IV de ses *Anecdota graeca*. Passé tel quel dans le tome XCVI de la *Patrologiae cursus completus. Series graeca* de J.-P. MIGNE, le texte procuré par Boissonade a été de nouveau imprimé dans la *Loeb Classical Library*:

G.R. WOODWARD et H. MATTINGLY, *[John Damascene] – Barlaam et Ioasaph. With an English Translation*, 1914 (le volume a été plusieurs fois réimprimé, encore en 2006).

Cette même année 2006 a paru l'édition qui peut être considérée comme définitive:

R. VOLK, *Die Schriften des Johannes von Damaskos*, volume VI/2.

L'éditeur annonce comme imminente la parution du volume VI/1 qui contiendra une introduction détaillée, le relevé de tous les manuscrits grecs et des études antérieures et une bibliographie exhaustive.

La version arabe chrétienne, dont dépend l'éthiopien, a été publiée au Caire en 1909:

WAHBÂ BEY et HABÎB GIRGIS, *Sîrat Barlâm wa-Yuwâsaf.*

Le texte édité ne constitue pas le modèle direct de la version éthiopienne; il est légèrement plus court que celle-ci d'une part, moins étroitement proche du grec d'autre part.

Dans le domaine éthiopien, le travail pionnier est celui d'H. ZOTENBERG:

Notice sur le texte et sur les versions orientales du Livre de Barlaam et Josaphat, dans *Notices et extraits des manuscrits de la Bibliothèque nationale*, tome XXVIII, 1ère partie, Paris, 1887.

L'édition de l'intégralité de l'œuvre, précédée d'une introduction très développée, est due à E.A.W. BUDGE:

Baralâm and Yewâsef [Barlaam and Josaphat] ... Ethiopic Text, edited from two manuscripts in the British Museum and translated into English, 2 volumes, 1923 (réimprimé en un seul volume en 1976).

L'œuvre est mentionnée dans les ouvrages généraux relatifs à la littérature éthiopienne. L'*Encyclopaedia Aethiopica* y consacre bien sûr un article dans son volume I paru en 2004:

ST. WENINGER, *Bärälam wäyëwasëf*, p.472-473.

L'auteur fournit entre autres la liste des manuscrits alors connus ainsi que des éléments bibliographiques.

Une place particulière doit être faite à une étude ancienne remarquable:

P. PEETERS, *La première traduction latine de «Barlaam et Joasaph» et son original grec*, dans *Analecta Bollandiana*, tome XLIX, 1931.

C'est au savant Bollandiste que revient le principal mérite d'avoir établi définitivement la chaîne de transmission du texte, avec entre autres le rôle d'intermédiaire de la version géorgienne.

HISTOIRE DE BARALÂM ET YEWÂSEF

(p.1) Au nom de Dieu le miséricordieux et clément – en lui est notre aide. Nous commençons, avec l'aide de Dieu et la bonté de sa faveur, à écrire une histoire qui est profitable à l'âme et au corps, que l'on a fait venir depuis le pays de l'Inde jusqu'à Jérusalem[1]*; un saint moine de Gethsémani, du nom de Jean, l'a mise par écrit. Que la bénédiction de sa prière et son intercession soient avec son cher Théodore dans les siècles des siècles, amen.*

Prologue

L'apôtre évangéliste dit: *Tous ceux qui font l'œuvre de l'Esprit Saint, ceux-là sont fils de Dieu*[2]. Quant aux saints, ce sont ceux qui ont été dignes de posséder la pratique des vertus, laquelle est la grâce qui est pleine de dispositions naturelles (?) et l'accomplissement de ce qui est souhaitable. En effet il en est parmi eux qui sont devenus martyrs dans de nombreuses épreuves; ils se sont attaqués au péché jusqu'au sang et l'ont combattu. Il en est parmi eux qui ont combattu dans la faim et l'ascèse en passant par la porte étroite, et ils sont devenus martyrs volontairement.

Nous commençons maintenant à narrer l'histoire de la victoire et de la fermeté de cœur de ceux qui ont eu la faculté de devenir martyrs en versant leur sang, eux qui ont ressemblé pendant leur vie aux anges par leur ascèse et sont devenus un exemple pour les générations qui hériteraient (du salut?) après eux. Quant à l'exemple qu'ils ont reçu des apôtres qui ont parlé par l'Esprit Saint et des pères bienheureux qui l'ont institué pour le salut de notre race, c'est la ressemblance du Christ. En effet *(p.2)* le chemin qui mène à la vie vertueuse est rude, lui qu'on ne peut parcourir (aisément); il est escarpé, lui qu'on ne peut fouler (aisément). Surtout il est ardu pour ceux qui ne se sont pas confiés à Dieu de tout leur cœur.

[1] Littéralement «la Maison sainte», «le Temple». C'est cette indication topographique et la mention subséquente du moine Jean qui ont longtemps fait croire à l'existence d'un original grec rédigé directement à partir de matériaux «indiens». Par ailleurs saint Jean Damascène, portant lui-même le nom allégué, familier des lieux et auteur ecclésiastique de grande réputation, a pu légitimement paraître, à un scribe d'époque bien postérieure, le responsable de la pieuse composition.

[2] *Romains* VIII, 14.

Mais, avant de s'attaquer à la violence des passions, il leur faut à cause de cela, au moment de l'entendre, qu'ils étudient attentivement le récit de la façon d'agir de ceux qui ont emprunté ce chemin sans douleur, et non qu'ils scrutent la façon d'agir de ceux qui ont perdu l'espoir. En effet la difficulté du chemin est légère et (il y a) de la joie pour qui fait le voyage, en allant par un chemin ardu et resserré, s'il rencontre quelqu'un qui l'affermit et l'éveille par la voix de l'enseignement; peut-être en tirera-t-il profit. En effet c'est peu de chose que ce qui suffit à l'éveiller; s'il voit que beaucoup ont fait le voyage et sont parvenus à une belle abondance de richesses, alors il sera tout disposé à se mettre en marche.

Quant à moi, cette considération m'a empli de zèle; une autre chose m'a également poussé à cela: j'ai observé la ruine du serviteur qui reçut un talent de son maître et l'enfouit dans la terre. Quand celui-ci le lui avait donné pour en tirer intérêt, il l'avait caché dans la terre sans en faire le commerce ni en tirer intérêt[3].

[3] Cf. *Matthieu* XXV, 18, 27: *Celui qui avait reçu un talent s'en alla creuser la terre et cacha l'argent de son maître. [...] (Son maître lui dit:) «Il te fallait mettre mon argent chez les banquiers, et en revenant, moi j'aurais recouvré ce qui est à moi avec un intérêt.»*

CHAPITRE I

§1 Voici donc que m'est parvenu le récit d'une histoire glorieuse et profitable à l'âme et au corps; je ne garderai pas le silence en ce qui concerne le fait de la rendre publique. Des gens riches du pays de l'Inde me l'ont racontée et me l'ont interprétée selon un mémoire secret digne de foi. Le pays de l'Inde est éloigné de la terre d'Égypte et est fort grand; nombreux sont ses habitants, des mers et de grandes étendues d'eau l'entourent. On y va avec des navires depuis le pays d'Égypte. Du côté de la terre ferme, il est proche des confins de la Barbarie[1] et de la Perse. Les habitants de ces contrées demeuraient jadis dans l'amour de l'idolâtrie et leur façon de vivre était très dissolue; surtout leur langage était inconnu.

§2 Lorsque le Fils unique de Dieu – qui est dans le sein de son Père – voulut le salut de ceux qui demeuraient dans ces contrées, il trouva bon de ne pas endurer le spectacle de ses créatures *(p.3)* s'asservissant au péché. À cause de cela, il usa de sa miséricorde habituelle: il se manifesta à nous sous notre aspect, à l'unique exception du péché, sans se dépouiller du trône de son Père; il demeura dans le ventre de la Vierge pure Marie – Mârihâm – pour nous faire demeurer dans les cieux, nous sauver du péché et que nous reçussions la condition de fils divin. Par l'opération de sa sagesse, il éprouva pour nous toute la faiblesse de la chair et accepta la crucifixion et la mort. Il fit que les êtres terrestres devinssent un avec les êtres célestes, d'une union ineffable; il ressuscita d'entre les morts, monta aux cieux dans sa gloire et s'assit à la droite de son Père. Il envoya son Esprit, le Consolateur, sous l'aspect de langues de feu auprès des siens et des gens de son mystère, selon qu'il leur avait promis; il envoya ceux-ci chez toutes les nations pour qu'ils éclairassent de leur lumière ceux qui demeuraient dans les ténèbres de la folie et qu'ils les baptisassent tous au nom du Père, du Fils et de l'Esprit Saint. Parmi eux, il en est auxquels le sort échut (d'aller) vers l'est; il en est qui furent envoyés dans l'ouest; il en est qui se mirent à parcourir les régions du sud et du nord; tous étaient accomplis dans la tâche.

[1] Le mot *Barbarie* traduit l'éthiopien አገም ፡, lui-même transcription de l'arabe عجم qui désigne les «barbares», les «non-arabes», les «Persans»; les termes *Barbarie* et *Perse* font ainsi double emploi.

§3 Alors fut envoyé au pays de l'Inde Thomas à la grande sainteté, un parmi l'assemblée des douze disciples. Il prêcha aux habitants l'Évangile du salut et leur fit connaître la voix des signes qui suivaient (la prédication), en sorte que voici que fut mis fin aux ténèbres de l'idolâtrie, voici que celle-ci fut supprimée comme un néant et détruite. Thomas fit abandonner au pays le sacrifice aux effigies et détourna ses habitants de l'erreur; le pays fut sanctifié et sauvé et ses habitants furent fermes dans la foi qui est sans fraude. Quand ils furent créés de nouveau par la main apostolique en recevant le vêtement du baptême, ils furent appelés à ce moment du nom du Christ; ils se multiplièrent partout et grandirent dans la foi parfaite. Des églises grandes et nombreuses furent construites.

§4 Quand l'institution monastique se développa dans la terre d'Égypte et que se rassembla dans les monastères *(p.4)* une multitude de moines qui étaient semblables aux anges dans leur manière d'être, la nouvelle de leur existence se répandit et parvint jusqu'aux confins de la terre. La nouvelle de la vigilance (spirituelle) de ces moines parvint aussi au pays de l'Inde, si bien que les habitants se rendirent semblables à eux par leur belle façon de vivre. Beaucoup d'entre eux abandonnèrent tout et demeurèrent dans les déserts; ils acquirent dans leur chair mortelle l'aspect de ceux qui n'ont pas de chair. Quand la beauté de leurs actions fut ainsi devenue très grande, beaucoup d'entre eux s'envolèrent avec des ailes d'or jusqu'au ciel, ainsi qu'il est dit[2].

§5 En ces jours-là régnait sur le pays un roi du nom de Wadâgos[3] dont la richesse était grande; il était solide dans sa puissance et avait vaincu tous ses adversaires. Il était vainqueur dans le combat, beau était l'aspect de son visage, noble et majestueuse sa stature; il était magnifique et loué grâce à tous les biens de ce monde transitoire. Mais dans son âme, il nourrissait une faiblesse complète et de nombreuses mauvaises (pensées); sa lignée (?) (était issue) du peuple des Grecs. Il honorait fort les démons qui l'abusaient par l'adoration des idoles qu'il adorait et écoutait. Ce roi vivait au milieu d'un grand luxe, d'une foule de gens, du divertissement dans les plaisirs et les jeux de ce monde. Il ne manquait de rien quant aux souhaits et aux désirs de son cœur. Rien ne lui interdisait ces actions ni n'attristait son âme, en dehors d'une chose qui était le manque d'enfants; en effet il n'avait jamais eu un seul fils. Et il prenait une peine extrême

[2] Cf. peut-être *Isaïe* XL, 31: *Ceux qui attendent Yahvé renouvellent leur vigueur, il leur pousse des ailes comme aux aigles.*

[3] Dans la version grecque, le nom du souverain est Abenner. Le texte guèze présente *infra* les formes Abaner, Anbeyer et Anbiyar.

pour se libérer de cette entrave et avoir un fils. Dans cette (intention), il donnait de nombreux cadeaux et aumônes. Ainsi était le souhait du roi.

§6 Quant à la famille des chrétiens revêtus de gloire, elle ne se souciait en rien des dieux du roi et la majesté de celui-ci ne l'effrayait nullement. Au contraire ils considéraient une idole comme méprisable et leur cœur était toujours emporté vers l'amour de Dieu. À cause de cela, ceux qui avaient choisi la dignité monastique méprisaient tous les désirs qui sont ici-bas, jusqu'à (affronter) la mort pour le Christ notre Seigneur. Leur cœur était suspendu *(p.5)* aux dons qui sont dans l'au-delà (?). Ils aimaient le nom du Christ notre Sauveur, sans crainte ni tremblement, au point d'offrir leur vie même. Ils n'avaient rien dans la bouche, si ce n'est le nom du Christ qu'ils mentionnaient ouvertement devant tous ceux dont la nature était faible – lesquels étaient destinés à disparaître rapidement – à cause de l'espérance de la vie à venir qui n'a pas de fin. Comme il a été dit qu'ils méprisaient les richesses, ils avaient fait vœu de devenir les vrais enfants de Dieu très-haut et d'obtenir la vie dans le Christ notre Seigneur. Par cela, beaucoup se mirent à briller avec cet enseignement glorieux, et ils se détournaient de l'erreur amère vers la lumière suave (de la vérité). Ils se multiplièrent au point que beaucoup des dignitaires et des conseillers du roi abandonnèrent toute (la vie) séculière et devinrent des solitaires.

§7 Quand le roi apprit cela, il fut tout rempli de colère et sa fureur flamba. Il émit aussitôt un décret de son propre mouvement: on devait contraindre les chrétiens à renier la foi droite et préparer des instruments de torture et des supplices sévères. Il envoya des lettres à toutes les villes qui étaient sous son autorité royale et à tous les préfets et gouverneurs pour qu'ils torturassent et tuassent au fil de l'épée ceux qui croyaient au Christ, en particulier les hommes d'élite et les solitaires (de) l'assemblée des moines. À cause de cela, la pensée de beaucoup d'entre les croyants fut ébranlée. D'autres ne purent endurer les supplices et déférèrent au commandement du roi qui était tout entier ténèbres. Mais parmi les chefs, les grands et l'ordre des moines, il y en eut qui méprisèrent le commandement du roi; ils subirent la mort en devenant martyrs et obtinrent la félicité qui ne passe pas. Il y en eut parmi eux qui se cachèrent loin de sa face dans les montagnes, les déserts et les grottes de la terre, non en craignant sa torture mais par la sagesse divine.

CHAPITRE II

§1 Quand ces ténèbres qui n'ont pas de fruit prévalurent sur le pays de l'Inde, les croyants furent partout persécutés et en butte à la violence. Les prêtres *(p.6)* des païens s'ébattaient dans le sang de leurs sacrifices et dans la fumée de ceux-ci; l'air était obscurci par leur impureté. Quand un des grands du roi, qui était honoré de celui-ci, entendit (parler) de ces faits – il était élevé au-dessus de tous par la pratique de la justice et de la victoire, par la grandeur, la beauté et la fermeté de la foi – et quand survint ce qui se produisait en fait de reniement et de doute alors qu'il était au milieu de cette erreur, dans l'honneur et les délices trompeuses qui passent, il se joignit aux moines volontairement et de son plein gré. Il alla dans un lieu désert et se soumit et s'adonna à un beau combat, jeûnant et priant avec ardeur, dans la veille et la lecture des Écritures divines, purifiant son âme et ses pensées rationnelles. Il se délivra de toutes les afflictions et de tout l'amour des passions, il brilla de la lumière de l'absence des passions du péché.

§2 Or le roi l'aimait beaucoup et l'honorait. Quand il entendit ces nouvelles à son sujet, son cœur s'affligea de ce qu'il l'avait perdu et sa colère s'enflamma fort contre les moines. Il l'envoya chercher en tout lieu, car voici que celui-ci avait établi sa demeure dans les déserts. On l'y chercha en le traquant, on l'appréhenda et on le plaça devant le trône du roi, (les mains) attachées par derrière. Quand le roi vit dans cette honte, cette humiliation et cet état méprisable fort pénible celui qui avait été revêtu de vêtements somptueux et d'une beauté splendide, celui qui avait vécu dans de nombreuses jouissances et délices, devenu ainsi pauvre de la beauté sévère de l'ascétisme – et la misère dans laquelle il était se révélait dans les traits (?) de son visage –, le cœur du roi fut à cause de cela empli de chagrin et de colère mêlés.

§3 Ils échangèrent des propos amicaux et le roi dit à l'homme: «Ô toi qui es dépourvu de sens, d'un naturel mauvais et ingénieux dans les discours mauvais et leur enseignement (?), que voulais-tu donc, que tu aies tourné l'honneur en honte et la grandeur en cette apparence misérable? En effet tu étais chef dans mon royaume et général de mes armées. Voici que maintenant tu t'es rendu objet d'exécration pour les petits enfants et tu n'as pas épargné tes enfants. Tu as considéré la richesse et tout l'honneur de la connaissance *(p.7)* comme rien et tu as choisi pour toi-même cette honte. Que sera ta fin et comment trouveras-tu le repos loin de cette (vie)? En effet tu t'es montré arrogant envers tous les dieux et les hommes en honorant celui qu'on appelle Jésus. Tu as choisi cette vie pénible, chemin de perdition, plutôt que les délices et plaisirs (éprouvés) en goûtant les beautés suaves et précieuses.»

§4 Quand l'homme de Dieu très-haut eut entendu ce discours, il répondit au roi par la voix de la sagesse, de la paix et de la douceur. Il lui parla ainsi: «Si tu veux ainsi, ô roi, disputer avec moi par des mots, chasse tous les ennemis qui sont à l'intérieur de toi; à ce moment, je te répondrai sur tout ce que tu souhaites apprendre de moi. En effet si ceux-ci restent avec toi, il ne me sera pas possible de te dire une seule parole. Après que je t'aurai dit cette mienne parole, torture-moi et fais-moi ce que tu veux; fais ce qu'il te plaît. En effet voici que le monde est crucifié pour moi et moi aussi, je suis crucifié à cause du monde, selon qu'a dit mon maître[1].»

§5 Le roi répondit et lui dit: «Qui sont ceux que tu m'ordonnes de chasser de mon palais?»

L'homme de Dieu répondit en disant: «Ce sont la colère et le désir; dès le commencement en effet, ils ont été envoyés d'auprès de Dieu, le créateur de tout, pour affaiblir la nature. Ils existent encore maintenant, non auprès de ceux qui sont dans une chair que dirige l'Esprit Saint, (mais) en vous, vous qui n'avez rien, qui êtes tout entiers dans une chair vide et en qui il n'y a rien de l'Esprit. Eux sont pour vous des adversaires et ils font en vous une œuvre d'ennemis et d'insensés. En effet le désir, s'il est mis en œuvre en vous, s'aiguillonne pour paraître agréable et, s'il s'y refuse, il engendre la colère. Éloigne donc ceux-là de toi aujourd'hui et approchons-nous d'une cour où s'installer pour écouter le jugement (porté sur nos) paroles, jugement de justice et de droit. Si *(p.8)* la colère et le désir sont enlevés de l'intérieur de toi et que tu entres volontairement auprès de la justice et du jugement droit, à ce moment je te parlerai à propos de tout.»

§6 Le roi lui répondit à propos de cela et lui dit: «Parle sans crainte. Où as-tu trouvé cette tromperie par laquelle tu as commencé à honorer une vaine espérance davantage que ce qui est réellement dans nos mains?»

[1] Cf. *Galates* VI, 14: *Pour moi, puissé-je ne me vanter que de la croix de notre Seigneur Jésus-Christ, par laquelle le monde est à jamais crucifié pour moi et moi pour le monde.*

L'homme de Dieu répondit et dit au roi: «Je n'ai abandonné ces choses transitoires que pour obtenir celles qui demeurent à jamais. Écoute: jadis, quand j'étais un tout petit enfant, j'ai entendu une parole belle et salvatrice; sa puissance s'est emparée de moi tout entier et s'est implantée dans mon cœur, à la ressemblance d'une semence divine, jusqu'à ce qu'elle apparût et germât. Voici que tu en vois le fruit de tes yeux. Quant à la puissance de la parole, elle est ainsi: (dirigée) vers ceux qui sont dépourvus de connaissance. Ils préfèrent le fait de dédaigner les choses durables, comme si elles n'existaient pas, et ils prennent les choses transitoires et les considèrent comme les choses durables. Il n'est pas possible à celui qui sait de considérer comme faible la puissance parfaite. Quant à celui qui la connaît, comment la mépriserait-il? En effet l'Écriture appelle les choses qui existent des choses durables à jamais, qui n'ont pas de fin. Quant aux choses transitoires qui s'écoulent comme de l'eau, elles sont (comprises dans?) le terme assigné à ces jours que tu vois, (cela) est implanté dans ton cœur. Voici que moi aussi je les voyais jadis et les préférais. Mais il y a une puissance qui m'aida et éveilla mon cœur, qui me guida vers le choix de ce qui est meilleur et honorable. Seulement la loi du péché l'emportait sur la loi de mon cœur et m'enchaînait dans des liens de fer; je fus lié par l'amour des choses transitoires, pour qu'elles me donnassent le repos.

§7 «Mais quand j'eus adopté une conduite bonne et profitable et que je fus baptisé au nom de notre Seigneur Jésus-Christ notre Dieu, ce jour-là, il lui plut de me racheter de cette *(p.9)* captivité pénible. Alors mon cœur commença à vaincre la loi du péché et (le Seigneur) ouvrit mes yeux pour la séparation de l'honorable d'avec le honteux; j'observai alors et je vis: voici que toutes les choses visibles étaient vanité, selon la parole de Salomon dans ses livres[2]. À ce moment, le voile du péché fut enlevé de mon cœur, le manteau des ténèbres qui couvrait mon âme fut déchiré, l'erreur charnelle me fut ôtée et je connus celui que j'avais trouvé. Voici qu'il me fallait aller auprès du Créateur, dont la gloire est très-haute, en exécutant (ses) commandements. À cause de cela, j'abandonnai tout et le suivis. Je louais Dieu par Jésus-Christ qui m'avait guidé et sauvé de la main du destructeur au cœur épais, l'ange des ténèbres de ce monde transitoire. Il m'a montré le chemin frayé, qui est rapidement trouvé, en lequel je me fie pour choisir la honte dans ce corps qui vieillit, en vue de la sagesse angélique que j'avais recherchée; puissé-je trouver celle-ci en

[2] Cf. *Ecclésiaste* I, 14: *J'ai vu toutes les œuvres qui se font sous le soleil et voici: tout est vanité et poursuite de vent.*

empruntant le chemin resserré et étroit! J'ai préféré les choses durables et dédaigné les choses transitoires qui (n')existent (qu'actuellement), ainsi que leur apparition qui n'a pas de durée, et aussi leurs circuits aux nombreux changements et révolutions. Je ne me suis pas mis en marche pour acquérir quelque autre foi que la foi véritable, celle dont tu t'es séparé, ô roi. À cause de cela, nous aussi sommes séparés de toi à présent. En effet voici que tu es tombé dans une perdition manifeste et évidente; tu veux nous perdre et nous amener dans un état de débiteur (?) à cause de cette perdition et de cette tromperie du siècle.

§8 «Toi-même tu m'es témoin que je ne t'ai rien caché. Quand tu as voulu nous faire violence, prendre le principal de nos biens, qui est notre belle foi, et nous perdre loin de Dieu d'une perdition totale, (tu l'as fait) en nous promettant des honneurs et (en voulant nous donner) l'amour des dignités. Pourquoi ne dirais-je pas que tes richesses sont dépourvues d'intelligence et de réflexion? *(p.10)* En effet tu méprises la foi de Dieu choisie et belle et considères comme véritables les honneurs charnels qui s'écoulent comme de l'eau. Surtout voici que nous te voyons, ô roi, renier Dieu qui t'a mis en possession de cette gloire, lui qui est Jésus-Christ le Seigneur de tout, qui n'a pas de commencement, qui existait avant le monde avec le Père, créateur par sa parole des eaux, de la terre et de tout ce qui s'y trouve, façonneur de l'homme par sa sagesse et par ses mains, (l'homme) qu'il a honoré et fait roi sur la terre et sur tout ce qui s'y trouve. Il a mis à part pour lui une contrée plus grande que tout royaume, laquelle est le Jardin des délices; (l'homme) en fut enlevé par l'envie de nourriture et fut séduit par le désir charnel du fait de l'envie de l'Envieux. Son créateur eut pitié de lui et éprouva de la miséricorde pour ses larmes à cause du désastre qui l'avait touché. En effet notre façonneur et créateur regarda de ses yeux amis du genre humain celui qu'il avait fait de ses mains. Il descendit (du ciel) sans que sa divinité fût changée de nature. Mais il devint homme pour nous à l'unique exception du péché; il se rendit semblable à notre apparence, subit la crucifixion et mourut volontairement. Il détruisit la ruse de l'Ennemi, que celui-ci avait jadis exercée sur notre race; il nous sauva de la captivité amère une deuxième fois et nous rendit notre liberté première après que nous avions chu en mangeant de l'arbre de la transgression. Dans son amour des hommes, il nous a transformés de nouveau et nous a rendus dignes d'un honneur plus grand qu'auparavant.

§9 «Et celui qui a souffert pour nous et nous a rendus dignes d'un tel honneur, toi tu lui as désobéi, tu l'as renié et tu blasphèmes contre sa croix vivifiante. Voici que tu es tout entier transpercé par l'envie amère et par le tourment destructeur; tu appelles *dieux* des idoles qui sont misérables et méprisables, qui n'entendent, ne voient ni ne parlent. Mais sois intelligent et attentif, car je ne t'obéirai pas et ne te donnerai pas mon assentiment en cette (matière); je ne renierai pas celui qui m'a fait du bien et qui m'a sauvé. Même si tu me livres aux bêtes, que tu me découpes avec des épées, que tu me précipites dans des gouffres *(p.11)* et que tu me jettes dans un feu, (chose) sur laquelle tu as pouvoir, moi je ne crains pas la mort et mon cœur ne désire pas les choses transitoires dont je connais la grande faiblesse et fragilité. Qu'ont-elles de profitable à présent et existent-elles sans (devoir) s'interrompre? Et il n'y a pas uniquement cela: l'existence aussi (se passe) dans des misères nombreuses, dans une grande affliction et dans des soucis sans fin. La richesse de ce monde est pauvreté et sa gloire est honte, qui dénombrera ses mécomptes? Dis-les-moi et fais-m'en le récit, toi qui disputes avec moi sur l'œuvre de la divinité. Elle-même dit dans la *Lettre* de Jean: *N'aimez pas le monde ni ce qui est dans le monde,* car celui-ci *tient par le mal; tout ce qui est en lui* est pour séduire la chair et l'œil et pour accroître l'affliction et les soucis. *Et le monde passe ainsi que son désir. Mais celui qui fait la volonté de Dieu demeure à jamais*[3].

§10 «À cause de cela, moi aussi je recherche la volonté profitable de Dieu. À cause de celle-ci, j'ai tout abandonné et je me suis lié d'amitié avec ceux qui ont acquis cet amour et ont recherché ce Dieu, eux qui ne sont pas avares ni jaloux, n'ont ni affliction ni soucis. Au contraire ils suivent une route divine et ils trouveront la demeure éternelle qu'a préparée le Père des lumières pour ceux qu'il aime. À cause de cela, je me suis retiré et ai fait ma demeure dans le désert en mettant mon espérance dans le Seigneur mon Dieu auprès de qui je me suis enfui, qui m'a sauvé de la défaillance de l'âme et de la transgression. C'est lui que j'adore, c'est lui que je glorifierai jusqu'à la sortie de mon âme, amen.»

C'est en ces termes que parla l'homme de Dieu, debout dans la seule crainte de Dieu.

§11 Le roi fut indigné et lui dit: «Scélérat, voici que tu as oublié la mort et rendu ta langue prolixe! Si je ne t'avais pas assuré, au début du propos, que je chasserais du milieu de l'assemblée ma colère et mon désir, je te livrerais à présent aux flammes du feu. Mais parce que tu t'es d'abord, aussitôt, *(p.12)* confié à ma parole, j'ai enduré ton audace à mon égard – également à cause de ton affection passée envers nous. Lève-toi

[3] Cf. *Jean* II, 15-17; V, 19.

à présent et fuis de devant ma face; si tu refuses de m'(obéir), je te ferai subir une male perdition et te détruirai.»

L'homme de Dieu sortit au désert, fut chassé et combattit avec les souverains des ténèbres qui tiennent le monde des ténèbres, selon que dit l'apôtre Paul[4]. Quant au roi, il accrut la rigueur de la persécution contre l'assemblée des moines et para les temples des idoles sculptées de grands honneurs.

§12 Alors qu'il était dans cette duperie complète, dans l'erreur pernicieuse et la cruauté rigoureuse, il lui naquit un enfant mâle à l'aspect fort beau. Le père se réjouit beaucoup de la grande vénusté qui demeurait sur l'enfant; celle-ci était due aux signes de la grâce qui, plus tard, devait apparaître sur lui. On disait de lui: «Jamais n'est apparu sur terre un enfant lumineux comme lui, ni qui l'emportât sur lui par la beauté.» Une grande joie emplit le roi du fait de la naissance de l'enfant. Le père appela celui-ci du nom de Yewâsef et, dépourvu d'intelligence, alla au temple des idoles sculptées afin d'offrir à celles-ci un sacrifice pour la naissance de son fils – en leur honneur, à elles qui n'ont pas de cœur et sont pires que lui quant au manque d'intelligence, et pour leur donner glorification et louange. Il renia (ainsi) la cause véritable de toute chose profitable. Il eût fallu qu'il offrît à celle-ci un sacrifice spirituel volontairement, mais il attribua la naissance de l'enfant aux idoles qui n'ont pas d'âme. Après cela, il dépêcha en tout lieu pour qu'une grande foule se rassemblât de ses villes; il prépara pour toute la foule une fête grande (et) royale et honora tous (les gens). Ceux-ci venaient et rivalisaient entre eux, apportant les nombreux cadeaux qu'ils avaient préparés en offrande pour la naissance de l'enfant.

[4] Cf. *Éphésiens* VI, 12: *Notre lutte n'est pas contre la chair et le sang, mais contre les Principautés, contre les Pouvoirs, contre les Souverains de ce monde de ténèbres [...].*

CHAPITRE III

§1 Il arriva auprès du roi *(p.13)* une grande foule de ceux qui connaissaient le comput des étoiles. Le roi les fit approcher de lui et leur demanda de l'informer sur ce qu'il en serait des actions de l'enfant qui était né. Ils firent à ce sujet une grande recherche et lui dirent: «L'enfant sera grand et renommé, souverain et puissant; il sera élevé au-dessus de tous les rois qui l'auront précédé.»

Mais un des astrologues, qui était considéré plus que tous ceux qui étaient venus avec lui, dit au roi: «Ô roi, toutes les étoiles m'ont indiqué ceci: la royauté de cet enfant ne sera pas à la ressemblance de ta royauté; au contraire (son royaume) sera à la ressemblance d'un autre royaume qui est plus élevé en honneur que ton royaume. Son élévation sera plus grande, à (mon) estime, et je pense que l'enfant prendra pour lui-même la loi chrétienne que tu chasses aujourd'hui loin de toi.»

Il me semble aussi, à moi, que cet astrologue, par son observation attentive et sa parole, ne mentait pas dans sa pensée. Il fit cela comme avait jadis fait Balaq le roi[1]. Cela n'eut pas lieu grâce à l'observation des étoiles, mais Dieu – que sa mémoire soit exaltée! – révèle d'une autre façon et par une autre observation à ses serviteurs qu'il écarte loin d'eux la tromperie des impies grâce à ceux-ci.

§2 Ayant entendu cette annonce de l'homme, le roi l'accueillit contre son gré et, par cela, il faisait venir le chagrin sur sa joie. Puis il ordonna de construire un beau palais royal dans sa ville, seul à l'écart, qui fût plus beau que les belles demeures; il y fit la demeure de l'enfant. À l'achèvement du palais, il ordonna de construire un mur qui entourât celui-ci. Il préposa à l'enfant un professeur et des serviteurs de belle prestance et d'aspect agréable et leur ordonna de ne rien révéler à celui-ci des épreuves de la vie et de ses afflictions – ni la mort ni la vieillesse ni la douleur ni la pauvreté, ni rien des soucis qui pouvaient lui enlever la joie. Au contraire, qu'ils lui apportassent tous amusements et douceurs pour que se réjouissent son cœur et sa pensée; qu'ils fissent pour lui *(p.14)* et lui montrassent tous instruments de musique et ce qui est désirable, pour que se réjouissent son cœur et sa pensée et qu'ils exultassent de leur suavité, en sorte qu'il ne pensât pas du tout aux choses dernières et

[1] Cf. *Nombres* XXII-XXIV.

n'entendît pas de parole élogieuse au sujet du Christ. Il voulait lui cacher cela, craignant surtout ce que lui avaient dit auparavant les astrologues. Il ordonna aussi que, si la maladie frappait les serviteurs qui étaient avec lui, ceux-ci fussent chassés de là et qu'on mît à leur place d'autres jeunes gens sains de corps, en sorte que l'enfant ne vît pas de chose affligeante à côté de la joie. Telle était constamment la pensée du roi: ayant des yeux, il ne voyait pas; ayant un cœur, il ne comprenait pas.

§3 Comme il apprit que certains des moines étaient restés – il s'était imaginé qu'aucun d'entre eux n'était resté –, il fut pris de colère et sa fureur contre eux le secoua. Il dépêcha dans toutes les villes et le pays pour que des hérauts circulassent en proclamant et disant: «S'il se trouve quelqu'un de l'ordre des moines dans nos villes, (qu'il parte); tous ceux qui s'y trouveront après cette (proclamation), qu'ils soient jetés au feu. En effet ce sont eux qui enseignent au peuple à se rendre auprès du Dieu qui a été crucifié.»

Après cela, il y eut une grande perturbation et je la rappelle: voici que la colère du roi s'appesantit sur les moines et il accrut sa fureur et sa colère.

CHAPITRE IV

§1 Il y avait un homme de haute position, très considéré, dans la maison du roi. Il vivait dans la piété et dans la foi, croyait d'une croyance bienheureuse et se gardait de toute impureté. Par peur du roi, il cachait (sa foi). Des gens furent jaloux de lui et le calomnièrent auprès du roi. Un jour, le roi sortit chasser en noble (équipage) et en grande pompe, selon qu'il avait accoutumé. Cet homme vertueux alla avec lui comme un des chasseurs. Alors qu'il allait seul, il trouva un homme gisant par *(p.15)* terre au moment de la fin de la journée; voici qu'un de ses pieds avait été blessé par la morsure d'une bête sauvage. Quand il vit l'homme vertueux, il lui demanda de ne pas l'abandonner, mais d'avoir pitié de lui et de le prendre dans sa demeure. Il lui dit: «Tu ne manqueras pas (d'obtenir) un profit de ma part.»

L'homme vertueux lui répondit et lui dit: «Je suis d'une famille de gens honorables; voici que je vais te conduire avec tes parents là où je réside, mais quel est ce profit dont tu m'as parlé?»

Le malheureux lui dit: «Je suis un homme qui redresse les paroles: s'il survient dans la conversation une bévue qu'il n'est pas possible de retirer et à cause de laquelle se produisent altercation et conflit, moi, à ce moment, j'en guéris l'(auteur) avec un remède qui lui est profitable, en sorte que conflit et altercation ne grossissent pas.»

Le dignitaire ordonna de conduire l'homme à sa demeure avec considération à cause d'un ordre venu d'en haut.

§2 Les envieux dont nous avons fait mention précédemment rendirent public le dessein qu'ils avaient médité avec perfidie et calomnièrent le dignitaire auprès du roi; ils dirent à celui-ci: «Non seulement il a oublié ton amitié, mais encore il a méprisé ton honneur et l'honneur des dieux et s'est tourné vers les chrétiens; il suscite l'hostilité contre ta royauté et attire les gens vers sa foi. Si tu veux savoir cela précisément, ô roi, fais-le venir auprès de toi en secret, vous deux seuls; parle-lui avec ruse et dis-lui: 'Je veux, ô saint, abandonner la foi de mes pères et les honneurs de ma royauté, devenir chrétien et revêtir l'apparence des moines que je persécutais auparavant; en effet ce qui s'est produit de mon fait n'était pas bien.'»

Ceux qui calomnièrent l'homme connaissaient la volonté et la beauté de son esprit; c'est à cause de cela qu'ils donnèrent ce conseil au roi pour que fût dévoilée par cela l'œuvre de l'homme: eux-mêmes seraient trouvés véridiques et ils vaincraient l'homme.

§3 Mais le roi n'oublia pas la beauté de l'affection de cet homme excellent; il considéra tout ce *(p.16)* qui lui avait été dit à propos de celui-ci comme mensonger et n'étant pas juste. Puis il (voulut) se rendre compte si cela était vrai ou (s')il ne devait pas accepter leurs paroles sans faire d'épreuve. À cause de cela, il voulut s'assurer du fait dont ils avaient accusé l'homme et il convoqua celui-ci seul pour l'éprouver. Il lui dit: «Tu sais, ô saint, ce que j'ai fait à ceux qui sont appelés moines et à tous les chrétiens. Voici que je me suis repenti de cela et je veux être de ceux qui mettent leur attente dans des espérances dont je les ai entendus parler, à savoir que ce royaume (futur?) est éternel, immortel, (qu') il y a une autre vie à venir qui n'a pas de fin et (que), quant à celle-ci, la mort doit l'abolir. Pour moi, je n'obtiendrai pas celle-là, à mon estime, sans devenir chrétien en abandonnant ces miens honneurs royaux et en abandonnant les plaisirs de ce monde. Que me diras-tu, toi, à propos de cela? Dis-moi la vérité; quel conseil me donneras-tu? Je connais la vérité de ta parole et la bonté de ta pensée à mon égard, et que tu m'aimes en vérité plus que tous.»

§4 Quand cet homme vertueux entendit cela de la part du roi, il ne reconnut pas la ruse qui était cachée dans le cœur de celui-ci. Au contraire l'homme, à ce moment, fut plein de courage dans (son) âme pure; des larmes abondantes coulèrent de ses yeux et il répondit au roi en disant: «Ô roi, vis à jamais! Voici qu'à présent tu as pris à ce sujet une belle décision. Voici qu'il y a un être bon, un sauveur, un roi céleste; même si l'endroit où il se trouve est éloigné, il te faut le chercher de toute ta force. Voici qu'il est dit que celui qui cherche Dieu le trouvera[1]. Quant au fait de jouir des choses transitoires – même si la joie et les délices (procurées) par celles-ci sont évidentes –, il est meilleur d'abandonner le transitoire, car il n'existe pas à jamais et on acquiert le durable qui n'a pas de fin. En effet ceux qui se réjouissent ici seront affligés au septuple; en effet les tracas de ce monde sont plus légers que l'obscurité qui passe: comme la trace d'un navire qui avance dans *(p.17)* l'abîme de la mer, comme la trace d'un oiseau qui avance dans l'air, de même ils passent rapidement. Mais le bien espéré à venir qu'attendent les chrétiens est durable, lui dont auront le fruit ceux qui sont affligés dans ce monde transitoire. L'image de cela existe dans ton royaume: si toi, ô roi, tu as un soldat qui te sert dans la justice et t'aide au combat, ne l'honores-tu pas

[1] Cf. entre autres *Matthieu* VI, 33: «*Cherchez d'abord le Royaume et sa justice, et tout cela vous sera surajouté.*»

plus que les autres et n'augmentes-tu pas sa solde? De même est l'espoir du monde à venir: chacun sera rétribué à proportion de (ses) actions. Les afflictions de ce monde sont temporaires et ses délices aussi – pour une seule heure. Quant aux souffrances des chrétiens, elles sont pour peu de jours; après cela (il y a) les délices pour toujours – et leur mort est leur gain. À présent, ô roi, sois ferme dans ta belle décision et sois résistant, car elle est très plaisante; échange les choses transitoires en prenant les choses durables.»

§5 Quand le roi entendit de l'homme ce discours, une grande colère l'emplit, mais il éloigna son âme de la fureur et ne parla pas à l'homme à ce moment. Quant à l'homme à l'action vertueuse, il était intelligent et très perspicace; il sut à l'instant que ses paroles avaient été importunes au roi; il sut que celui-ci l'avait mis à l'épreuve par la parole. Il retourna à sa demeure, le cœur affligé, en réfléchissant en son cœur de quelle manière il apitoierait le cœur du roi, trouverait miséricorde et se sauverait de sa colère. Il passa la nuit dans la veille; à ce moment, il pensa dans son cœur à la parole de l'homme malade. Il l'appela rapidement et lui dit: «Je me rappelle la parole que tu m'as dite, à savoir que tu portes remède aux mots qui ont été malheureux.»

(L'autre) lui répondit et lui dit: «Oui, j'y porte remède; est-ce que tu as besoin de cela, que je te fasse voir mon art qui porte remède aux mots?»

§6 L'homme vertueux se mit à lui raconter comment le roi l'aimait auparavant, comment le roi l'honorait et comment à présent il l'avait mis à l'épreuve par ruse. Le malade rassembla sa pensée et lui dit: «Il te faut savoir, ô homme *(p.18)* à la dignité honorée, que le roi a conçu à ton égard une pensée mauvaise et c'est en te mettant à l'épreuve qu'il t'a parlé. Aussi bien lève-toi à présent, rase tes cheveux, ôte de sur toi tes beaux vêtements, revêts à leur place un cilice et va auprès du roi au moment où se sera levé le matin. Quand il t'interrogera et te dira: 'Pourquoi es-tu venu à présent sous cette apparence où je te vois?', réponds-lui en disant: '(J'ai décidé de?) venir, ô roi, sous cette apparence quand tu m'as parlé hier; je suis venu décidé et prêt à te suivre sur ce chemin que tu veux emprunter; même s'il est pénible, si je suis avec toi, il sera pour moi aisé et frayé. En effet de même que tu m'as fait ton compagnon dans les belles choses qui sont ici-bas, de même il convient que je sois ton compagnon dans les peines qui vont se manifester.'»

L'homme agréa les paroles du malade et agit comme celui-ci le lui avait conseillé.

§7 Quand le matin se fut levé, l'homme de Dieu alla auprès du roi. Quand le roi le vit sous cette apparence, il lui dit: «Qu'as-tu?»

L'homme lui répondit selon qu'il l'avait appris du pauvre. Entendant son discours, le roi se réjouit fort de cela et s'émerveilla de l'affection de l'homme envers lui; il sut que ce dont on l'avait accusé était sans fondement, mensonger et propos envieux. Après cela, il établit l'homme grandement et l'honora fort, plus qu'auparavant. Quant à la colère du roi, elle augmenta contre les moines; en effet il disait: «Ce sont eux qui ont appris aux gens à s'éloigner des délices de ce monde et à attendre des espérances qui ne se manifesteront pas.»

§8 Un jour, le roi sortit chasser les bêtes sauvages et vit deux moines qui parcouraient le désert. Il ordonna de les appréhender et de les placer devant lui; il les regarda en colère et son cœur s'enflamma comme le feu. Il leur dit *(p.19)* en fureur: «N'avez-vous pas entendu, ô trompeurs et rebelles, la voix des hérauts faisant une proclamation à tous les gens et disant qu'après trois jours il ne se montrât plus aucun de ceux qui sont comme vous, misérables d'apparence et puants, et qu'il ne s'en trouvât ni dans la ville ni dans le pays ni dans les territoires de ma souveraineté? S'il s'en trouvait un, on devait le brûler dans les flammes du feu.»

§9 À ce moment, les moines lui répondirent: «Voici que, selon que tu l'as ordonné, nous sommes sortis de ta ville et de tes terres; il y avait un chemin devant nous pour aller auprès de nos frères. Quand nous avons manqué de quoi nous nourrir, nous avons voulu rassembler de la nourriture et ne pas mourir de faim.»

Le roi répondit et leur dit: «Celui à qui on a promis de mourir ne se fatigue pas à rassembler de quoi manger.»

Ils lui dirent: «Tu as parlé justement, ô roi: nous, nous ne craignons pas la mort, car ceux qui ont méprisé le désir vain, pourquoi fuiraient-ils la mort? Mais ceux qui usent de violence à l'envi entre eux en ce qui concerne les choses transitoires n'espèrent pas recevoir la grâce de là-bas (faite de) belles choses qui demeurent à jamais. Ceux-là obtiennent avec difficulté les choses transitoires et, à cause de cela, eux craignent la mort. Quant à nous qui haïssons ce monde transitoire, qui empruntons le chemin périlleux dans l'adversité pour le Christ, nous ne craignons pas la mort; nous ne voulons pas les choses transitoires, mais les choses durables qui viendront après. Quant à la mort qui nous arrive de par vous, elle nous apportera la vie éternelle.»

§10 À ce moment, le roi s'irrita et ordonna qu'ils fussent flagellés et qu'on fît d'eux du bois à brûler (?) pour (?) la flamme du feu; on agit ainsi envers eux et ils devinrent publiquement des martyrs dans la foi droite à cause du commandement d'en haut. Puis (le roi) émit aussitôt un ordre rigoureux en disant: «Si quelqu'un trouve un moine, qu'il le tue sans en avoir reçu l'autorisation de moi et sans consulter.»

Quand le roi eut parlé selon cette erreur, il ne resta personne de l'ordre des moines dans ses provinces en dehors de ceux qui s'étaient cachés dans les montagnes et les grottes. Il en était ainsi en ces jours.

CHAPITRE V

§1 Quant au fils du roi, dont nous avons parlé auparavant, il demeura caché dans le palais royal que l'on avait construit pour lui. Lorsqu'il eut atteint l'âge d'homme, il avait acquis tout le savoir du pays de l'Inde, de celui des aigles de mer (?), de la Nubie et de la Perse. Il réfléchissait et sa réflexion n'était pas petite mais fort grande. Dans son corps, son aspect était plus beau que tout. Dans la sagesse aussi, il était éclatant; pour acquérir les biens qui ne passent pas, il avait un désir assidu. Il faisait sortir rapidement de son cœur des questions relatives à la nature. Il interrogeait son maître au point que les gens s'émerveillaient de l'acuité de l'esprit de l'enfant. Le roi aussi s'émerveillait de la beauté de son visage et (de) la sagesse (?) de son âme. Le roi ordonna à ceux qui étaient avec l'enfant de ne jamais parler à celui-ci des épreuves de ce monde; il voulait que la venue de la mort lui fût cachée par le spectacle des joies de ce monde, confiant dans un espoir vain. Elle fut accomplie sur lui (la parole) qui a été dite: Ils tournèrent vers le ciel leur bouche[1]. Comment lui aurait-il été possible de cacher la connaissance de la mort, qu'il la cachât à une nature charnelle? Il ne lui était ainsi pas possible de cacher la mort à la nature de l'enfant; en effet la pensée de celui-ci était pleine de savoir et il pensait en son âme à la raison pour laquelle son père avait ordonné de (la) lui cacher et de ne permettre d'entrer auprès de lui à aucun de ceux qui voulaient entrer là où il était. L'enfant réfléchit et dit: «Si je demande *(p.21)* à mon père la raison exacte pour laquelle je suis dissimulé aux gens, il ne me parlera pas.»

Et il voulut s'informer de cela auprès d'autres et non auprès de son père.

§2 Il y avait un de ses pédagogues (qui) lui était plus cher que ceux que (son père) avait choisis. Dans sa grande affection pour celui-ci, il lui faisait des présents et l'honorait fort. Il l'appela et lui dit seul à seul: «Que veut mon père en me tenant enfermé? Apprends-moi la raison de cela, car tu es choisi par moi entre tous mes nobles; je ferai un pacte avec toi et t'aimerai toujours.»

Le pédagogue était intelligent et perspicace, il savait la sagesse de l'enfant et que son intelligence était accomplie. Il réfléchit et dit: «Si je ne lui parle pas, (cela) sera pour moi une cause de ruine.»

[1] Allusion énigmatique; le grec parle de l'archer de la fable qui tire vers le ciel.

Alors il raconta à l'enfant tout ce qui avait été fait et comment son père avait chassé les chrétiens – ils s'étaient enfuis de ses provinces –, surtout les moines qui combattaient selon la règle de l'érémitisme. Il lui apprit aussi ce qu'avaient dit les astrologues au moment de sa naissance. Et il lui dit: «Je te conseille, si tu entends (parler) de leur doctrine, de ne pas la choisir de préférence à notre foi. C'est à cause de cela que ton père a ordonné que personne ne te parlât de cela. À nous aussi il a ordonné de ne pas te parler des malheurs de ce monde ni de ses épreuves.»

§3 Quand le fils du roi entendit cela de la part de l'homme, il commença à y être fort attentif; il garda dans son cœur sa parole salvatrice et il le regarda de ce moment comme un père consolateur. Quant à son père, il venait maintes fois dans son palais pour voir son garçon et il l'aimait d'une affection profonde. Un jour, celui-ci dit à son père: «Je désire de toi que tu m'apprennes, ô mon seigneur le roi, la raison (du souci?) qui m'afflige; un tourment incessant m'écrase l'âme et la dévore.»

Quand le roi entendit cela de sa part, son cœur fut frappé de chagrin; il lui dit: «Raconte-moi, ô mon fils et perfection de ma joie, quel est le chagrin qui te recouvre et quelle est sa cause, afin que je le change rapidement en joie.»

Son fils lui répondit en disant: «Quelle est la raison de mon enfermement en prison au milieu de murs, avec les portes fermées: *(p.22)* tu m'as caché aux yeux de tous?»

Le roi lui dit: «J'ai voulu, ô mon fils, que tu ne visses pas ce qui pouvait nuire à ton âme et l'écarter de la joie et de l'allégresse; j'ai préféré que tu vécusses, toi, dans des délices éternelles, dans toute joie et dans ce qui est doux à l'âme.»

Le fils répondit à son père et lui dit: «Il faut que tu saches, ô mon père, que, dans cette situation, je ne vis pas dans les délices de la vie et dans la joie, mais dans l'affliction et dans un grand tourment; toute ma nourriture et ma boisson sont très amères, insipides. En effet je veux voir tout ce qui est à l'extérieur de ces portes. Si tu veux que je ne passe pas (ma) vie dans l'affliction, ordonne que je sorte et mon âme sera libérée par la vue de ce que je n'ai (jamais) vu.»

§4 Le roi s'attrista quand il entendit ce discours; il réfléchit en disant: «Si je le prive de cela, ce sera pour lui une cause de redoublement d'affliction.» Il répondit en disant: «Ô mon fils bien-aimé, j'accomplirai tout ton désir.»

Et le roi ordonna de préparer des chevaux beaux et choisis et d'apprêter des armes qui convinssent à la coutume royale. Puis il ordonna de faire sortir son fils et de le promener là où il voudrait. Il ordonna à ceux qui étaient avec celui-ci qu'il ne se trouvât sur son chemin absolument rien qui eût un aspect déplaisant; au contraire qu'on lui montrât toute chose qui réjouit, qu'on préparât pour lui sur son chemin des chants et des applaudissements, des jeux et des divertissements avec différents chœurs musicaux et des danseurs, pour que son cœur s'illuminât et que (tout) lui fût agréable.

§5 Quand ce fut pour le fils du roi le terme des jours (passés) dans la réjouissance et les plaisirs, il vit ses soldats chassant (des gens) qui étaient malades de la lèpre; l'un d'entre eux avait le corps ulcéreux, l'autre était aveugle. Quand il les vit, (son) âme les eut en horreur et il dit à ceux qui étaient avec lui: «Que sont ceux-ci? Qu'en est-il d'eux?»

Il ne leur fut pas possible de (le) lui cacher, car il les avait vus de ses propres yeux; ils lui répondirent en disant: «Ce *(p.23)* sont des contraintes dont sont éprouvés les êtres de chair, c'est ainsi qu'il échoit aux hommes dans ce monde corruptible; dans un corps qui a des humeurs mauvaises, cela arrive aussi.»

Le jeune homme leur répondit et leur dit: «Cela arrive-t-il habituellement à tous les hommes?»

Ils lui répondirent et lui dirent: «Cela n'arrive pas habituellement à tous, mais à quelques-uns.»

Il leur dit: «Est-ce que (les gens) savent par avance que cela va leur arriver ou bien cette maladie survient-elle sur eux soudainement, sans moment préfixé?»

Ils lui répondirent et lui dirent: «Quel est celui d'entre les hommes à qui il est possible de savoir ce qui lui arrivera – à côté des dieux qui ne connaissent pas la mort?»

À ce moment, le fils du roi cessa de les interroger et son cœur souffrit beaucoup de ce qu'il avait vu. La beauté de son apparence fut changée et son visage s'assombrit, car il avait vu ce qu'il n'avait (encore) jamais vu.

§5 Ensuite, plusieurs jours après, alors qu'il passait, vint à sa rencontre un vieillard qui était très âgé; son visage était sombre et très laid, ses jambes étaient malades et son dos voûté, ses dents étaient tombées et sa voix affaiblie. Voyant cela, (le fils du roi) fut bouleversé et stupéfait. Il demanda à ceux qui étaient avec lui ce qu'avait cet (homme). Ils lui dirent: «Celui-ci compte beaucoup d'années et sa fin est proche; comme (il en est) de la vie des vieillards (?), en déclinant peu à peu il s'est affaibli au point d'arriver à l'état misérable où tu le vois à présent. Chaque nouveau jour, ses membres s'affaiblissent beaucoup.»

Il leur dit: «Que sera sa fin?»

Ils lui dirent: «Il ne lui reste rien que la mort.»

Il leur répondit et leur dit: «Cela est-il établi pour tous les hommes ou bien ne touche que quelques-uns?»

Ils lui dirent: «La mort est instituée pour tous les hommes, ainsi est la fin de leur vie.»

L'adolescent leur dit: «En combien d'années cela survient-il sur les hommes? Peut-il se produire que la venue de la mort ne soit pas permise sur tous les hommes? S'il y a un moyen qui existe pour être sauvé de cela, pourquoi personne ne s'enfuit-il auparavant là où il serait sauvé de cela?»

Ils lui répondirent et lui dirent: «C'est après quatre-vingts ans que *(p.24)* cette vieillesse atteint l'homme. À ce moment, il meurt; en effet la mort est la sentence de la nature prescrite pour le monde entier depuis le commencement.»

§6 Quand le jeune homme sage et intelligent entendit cela, il gémit du fond de son cœur en disant: «Comme est amère cette vie qui est pleine de toute peine et douleur! Si cela est établi, personne n'est exempt d'affliction parmi ceux qui attendent la mort cachée dont la venue ne peut être évitée.»

Et il s'en alla en disputant dans son cœur au sujet du monde transitoire, au sujet de ce qui ne passe pas et également au sujet de la mort. Il resta après cela à vivre (sa) vie dans la douleur et la tristesse, il rappelait à son âme la venue de la mort. Il dit: «Qui est celui qui renouvellera mon souvenir après la mort, si le temps amène l'oubli sur tous et si je dois, après être mort, me corrompre et ne plus exister? Y a-t-il une autre vie et un autre monde?»

§7 Il resta à penser sans cesse à cela et à des choses semblables, son apparence se flétrit et son corps se consuma. Mais quand il se présentait devant son père, il se montrait à celui-ci comme quelqu'un qui se réjouit et comme quelqu'un qui n'a pas d'affliction; il ne parlait de rien de cela à son père. Il désirait fort en son cœur rencontrer un homme sage pour lui exposer sa pensée, et qui semât dans ses oreilles la parole de vérité. Il se mit à demander au noble son pédagogue s'il connaissait un homme sage qui réconforterait sa pensée et accomplirait pour lui le désir de son cœur. Il lui dit encore: «Je ne peux soustraire mon attention à cela.»

Son pédagogue répondit en lui rappelant le discours qu'il lui avait tenu précédemment sur son père, à savoir que celui-ci avait tué les sages qui s'attachaient à la vérité. Il lui dit: «Ceux-ci, comme toi, demeuraient tout le temps dans cette pensée, philosophant en toute sagesse; ton père en colère les a chassés et je ne sais où trouver un de ceux qui leur ressemblent, car il ne reste aucun d'entre eux dans cette ville.»

Le cœur du jeune homme fut empli *(p.25)* d'un grand chagrin, son cœur fut gravement blessé à cause de cela.

CHAPITRE VI

§1 Il y avait dans cette ville un homme qui avait dépensé en aumônes un grand trésor et avait fixé son cœur là où était son trésor. À cause de cela, il avait établi sa vie dans l'affliction et la tristesse; toutes les délices du monde étaient pour lui impures et méprisables. L'homme demeurait dans la détresse, cherchant à trouver les choses vertueuses et belles. Quand l'œil qui voit tout regarda vers lui, celui qui maintient tout ne dédaigna pas de le sauver, car son habitude est d'aimer les hommes; il révéla à cet homme la voie qu'il lui convenait de suivre. En effet celui-ci était fort sage de la sagesse divine; il était embelli par la manière de vivre magnifique de l'état monacal. Je ne (saurais) dire d'où il était ni de quelle race, mais il demeurait dans un désert fort effrayant dans la terre de Silâ[1]; là, il avait établi sa demeure. Il était accompli par la grâce de la divinité et par la dignité sacerdotale; le nom de ce vieillard était seigneur Baralâm. Quand celui-ci apprit, par une vision divine qui lui était apparue, que le fils du roi entrait dans la foi droite, il sortit du désert et entra dans le siècle. Il changea son apparence, revêtit les vêtements d'un homme du siècle et alla dans le royaume de l'Inde; il prit l'apparence d'un riche marchand et entra dans la ville où était le palais du fils du roi.

§2 Il resta de nombreux jours à demander qui, entre tous les nobles, était (le plus) proche de celui-ci; on lui dit du pédagogue dont nous avons parlé précédemment que c'était lui qui était le plus proche de tous. Il alla auprès de lui, là où il était seul, et lui parla en disant: «Ô cher (ami), j'ai quelque chose à te dire: je suis un marchand, je suis venu ici d'un pays éloigné et j'ai une perle très précieuse, telle qu'il ne s'en est jamais trouvé qui fût comme elle jusqu'à aujourd'hui; je ne l'ai montrée à personne. Voici que je te parle de ce qu'il en est d'elle, car je te vois homme intelligent et avisé et je veux la donner au fils du roi. Je te demande de m'introduire *(p.26)* auprès de lui et je la lui donnerai, car elle sera aimée de lui beaucoup plus que toutes les richesses éclatantes de beauté. Cette perle a le pouvoir de donner aux aveugles la lumière de la sagesse, d'ouvrir les oreilles des sourds, de faire que les muets parlent et de chasser la douleur de sur les malades; elle les gratifie de la santé, rend sages les

[1] Senaar dans le grec; cf. entre autres *Genèse* X, 10, le mot y désigne la Babylonie. Cf. aussi les chapitres XVIII, §1 et XXXVI, §8 où le nom se présente, respectivement, sous les formes Sanâor et Sinâor.

insensés et chasse les démons; elle donne à ceux qui l'acquièrent toute la richesse de l'intelligence qui peut être désirée, sans qu'elle s'épuise ni ne s'affaiblisse (?).»

§3 Le pédagogue lui répondit en disant: «Je te vois homme à la sagesse ferme et au cœur sain. Mais cette tienne parole montre que tu te vantes d'une vanterie qui passe la mesure. Je vais te dire ce que j'ai vu en fait de pierres précieuses royales et de perles de différentes couleurs: il n'y avait pas en elles cette puissance (?) dont toi-même m'as parlé; je n'ai jamais vu ni entendu quelque chose comme cela. Néanmoins montre-la-moi; si cette tienne parole est véridique, je t'introduirai rapidement auprès du fils du roi et tu obtiendras auprès de lui à ce moment de grands honneurs et surtout des présents. Il ne m'est pas possible (?), avant que tu m'aies donné la preuve de cela et que mon œil ait vu la perle, de parler à mon seigneur et roi d'une chose de la description (?) de laquelle la vérité n'est pas évidente (et) dont l'éloge (qu'on en fait) est grand et stupéfiant.»

§4 Baralâm lui répondit et lui dit: «Tu dis vrai: toi tu n'as jamais vu une telle chose ni entendu quelque chose comme cette mienne parole; en effet (la perle) n'est pas inférieure quant à la grâce dont elle est pourvue, au contraire elle est grande et merveilleuse. Pour ce qui est de ta demande de la voir, écoute ce que je vais te dire auparavant. Cette perle précieuse d'un prix élevé, il a été dit d'elle précédemment qu'elle faisait des miracles; personne ne peut la regarder, surtout celui qui n'a pas une bonne vue et une pensée pure et dont toute la personne n'est pas sans tache. S'il y a quelqu'un qui n'a pas ces *(p.27)* deux qualités, s'il regarde cette pierre, il ne lui sera pas possible dans son cœur de la contempler. Je ne suis pas ignorant de la pratique de la médecine et je crains d'être cause de la perte de ta vue. Mais j'ai souvent entendu que le fils du roi se réjouissait dans la pratique de la pureté, et aussi que ses yeux étaient bons et qu'ils regardaient vers la pratique de la justice et de ce qui est sain. À cause de cela, j'ose (vouloir) lui montrer cette pierre. Ne sois donc pas jaloux et ne prive pas ton élève bien-aimé de ce grand don.»

Le pédagogue lui répondit et lui dit: «Si (la perle) a cette propriété dont tu parles, ne me la montre pas, car moi, depuis mon enfance jusqu'à aujourd'hui, j'ai grandi dans une abondance de péché; quant à mes yeux, ainsi que tu l'as dit, ils ne sont pas sains. Cependant je défère à ta parole et n'hésite pas à informer le fils du roi, mon bien-aimé, de cette affaire; en effet il est accompli dans la vision (?) et la bonté de la vue, ainsi que tu l'as dit toi-même de lui.»

§5 Ensuite le pédagogue s'en alla, entra auprès du fils du roi et lui raconta cela dans l'ordre. Quand celui-ci entendit le discours de son pédagogue, il l'accueillit avec la joie et l'allégresse spirituelles qui étaient dans son cœur; en effet il avait trouvé ce qu'il désirait dans son esprit. Il ordonna d'introduire rapidement l'homme sage. Quand Baralâm se tint devant le fils du roi, il le salua selon qu'il convenait à la dignité de celui-ci. Aussitôt Yewâsef lui ordonna de s'asseoir et son pédagogue se retira.

§6 Yewâsef dit au vieillard Baralâm: «Montre-moi la pierre précieuse dont tu as parlé en en faisant l'éloge à cause de (ses) nombreuses propriétés prodigieuses, ainsi que me l'a raconté mon professeur à son sujet.»

Baralâm se mit à parler pour lui répondre et lui dit: «Il ne convient pas, ô prince, que je profère devant ta grandeur quelque mensonge que ce soit; en revanche, après recherche et examen de tout ce qu'on t'a dit à mon sujet, (tu verras) que c'est vrai indubitablement. Cependant, avant d'avoir éprouvé auparavant ta constance, il ne convient pas que je te montre *(p.28)* la perle; en effet mon Seigneur a dit ce que moi je vais te dire à présent: le semeur est sorti pour semer; il y eut (des grains) qui tombèrent sur le chemin et des oiseaux vinrent et les mangèrent. Il y en eut qui tombèrent dans les épines et les chardons et ceux-ci les étouffèrent. Il y en eut qui tombèrent dans la bonne terre et ils donnèrent du fruit au centuple[2]. Moi aussi, si je trouve dans ton cœur de la terre qui porte un beau fruit, je n'hésiterai pas à semer en toi la semence divine et à te révéler ouvertement le grand mystère. Mais si la terre est dure et caillouteuse, elle que tous foulent, il ne convient pas d'y planter cette semence salvatrice: qu'elle ne devienne pas la nourriture des oiseaux et des bêtes sauvages. En effet nous avons reçu l'ordre, avant toute chose, de ne pas jeter la perle[3]. Mais à toi, à cause de la vertu de tes actions qui sont proches du salut, il revient de voir la pierre précieuse dont le prix ne peut être appréhendé. À toi il revient de voir l'éclat de sa lumière pour que celle-ci illumine ton cœur. En effet c'est pour toi que je suis venu de loin et que j'ai peiné sur un chemin difficile afin de te montrer ce que tes yeux n'ont jamais vu et t'informer de ce que tu n'as (jamais) entendu.»

§7 Yewâsef répondit et lui dit: «Ô vieillard honoré, je demande d'un souhait ardent et d'un désir sans limite à entendre une parole nouvelle, salvatrice et bonne. Il y a dans mon ventre à cause de cela un feu qui brûle, je n'ai jamais dit cela à personne. Peux-tu par quelque chose consoler

[2] Cf. entre autres *Marc* IV, 3-8.

[3] Cf. *Matthieu* VII, 6: *«Ne donnez pas aux chiens ce qui est sacré et ne jetez pas vos perles devant les cochons, de peur qu'ils ne les piétinent avec leurs pattes et que, se retournant, ils ne vous déchirent.»*

mon cœur de ces tourments? Quant à moi, si je trouve un homme à la parole sage et que j'entende de sa bouche une parole de salut, alors je garderai celle-ci et ne l'abandonnerai pas aux oiseaux ni aux bêtes sauvages, ni à la terre rocheuse ni aux ronces pour que celles-ci l'étouffent, selon ta parole. Si tu es quelqu'un qui connaît quelque *(p.29)* chose de cela, fais-le-moi connaître et ne me le cache pas. En effet quand j'ai entendu que tu étais venu d'une terre lointaine, mon âme s'est fort réjouie de cela et j'eus bon espoir de trouver par toi ce que je souhaite. En effet (mon pédagogue) t'a envoyé rapidement auprès de moi et, à cause de cela, j'espère que mon espoir ne sera pas trompé (?).»

§8 Baralâm lui dit: «tu as bien agi quant à ce qui convient à la gloire de ta royauté; en effet tu n'as pas regardé vers ces choses physiques (?) visibles – elles sont transitoires –, mais vers l'espérance qui demeure à jamais. Écoute ce que je vais te raconter: il y avait un roi glorieux et splendide qui était monté sur un char, plaqué d'or et incrusté de pierreries, qui convenait à la grandeur de sa royauté. Il rencontra par hasard deux hommes qui étaient vêtus de guenilles sales et dont le visage était fort amaigri; le roi fit signe à ces hommes au visage amaigri par les peines, car ils avaient acquis le meilleur. Il descendit de son char, se prosterna à terre et les vénéra, puis il se leva, les prit dans ses bras et se mit à leur donner des baisers avec une affection pleine et entière. Mais les nobles et les grands du royaume considérèrent cela avec déplaisir et furent mécontents, car il avait fait ce qui ne convient pas à un roi. Ils dissimulèrent cela dans leur cœur et n'osèrent pas lui en parler ouvertement. Mais ils demandèrent à son frère de lui parler en secret et de lui dire de ne pas avilir la couronne royale; son frère lui parla selon que lui avaient prescrit les grands du royaume. Ayant entendu, le roi s'irrita contre lui à cause de la petitesse de son intelligence.

§9 «C'était la coutume de ce roi, quand il portait une sentence (de mort) contre un homme, d'envoyer un héraut; celui-ci soufflait devant la porte de la maison de l'homme une sonnerie (de trompette) en signe de mort, par quoi tous les gens savaient que la mort attendait celui-ci. Quand le soir fut venu, le roi envoya celui qui soufflait de la trompette souffler devant la porte de son frère. Entendant le son de la trompette, signe de mort, son frère perdit l'espoir du salut et, tout au long de la nuit, mit ordre à toutes ses affaires. Le matin venu, il revêtit un vêtement noir, en signe d'affliction, avec sa femme *(p.30)* et ses enfants, et ils vinrent à la porte du palais royal en pleurant et se lamentant. À ce moment, le roi les fit entrer auprès de lui; il vit le visage de son frère sombre et dit à celui-ci: 'Ô insensé et le plus dépourvu d'intelligence de tous les hommes, si tu as ainsi peur d'un héraut de chair, dont la nature est comme la tienne, et de ton frère et ami qui s'est fait ton égal en honneur et envers qui tu n'as jamais fauté, pourquoi m'as-tu repris et méprisé quand j'ai accueilli avec humilité le héraut céleste qui est plus digne d'honneur que le son de la trompette de ce monde, moi qui sais que je mourrai et rencontrerai mon Seigneur qui m'a créé, envers lequel je crois dans mon cœur que j'ai fauté et ai commis de grands péchés? Je n'ai fait cela envers toi que pour fustiger ta folie et reprendre la folie de ceux qui t'ont poussé à me reprendre et à me faire cesser (d'agir ainsi).'

«Quand il eut repris son frère et (l') eut stimulé par cette parole, celle-ci lui fut profitable et le roi le renvoya dans sa demeure.

§10 «Le roi ordonna aussitôt de faire quatre coffres de bois, de plaquer entièrement d'or deux d'entre eux, d'y mettre des ossements de cadavres très putréfiés et de les fermer avec des cercles d'or. Quant aux deux autres, il ordonna de les enduire de poix et de goudron, d'y mettre des pierres précieuses, des perles de grand prix et des parfums odorants et de les attacher avec des cordes en crin. Puis il ordonna d'appeler les personnages considérables qui l'avaient repris parce qu'il avait accueilli les hommes pauvres. Il approcha d'eux les quatre coffres et leur ordonna d'évaluer le prix de chacune des paires et de lui dire son prix. Ils lui dirent: 'Nous jugeons que le prix des coffres en or l'emporte fort sur (celui des) autres.'

«En effet il leur semblait qu'il s'y trouvait des couronnes royales et des ceintures d'argent. Quant à ceux qui étaient enduits de poix et de goudron, ils en estimèrent le prix à peu de chose.

§11 «Le roi prit la parole et leur dit: 'Voici que je savais que vous parleriez ainsi, *(p.31)* en effet vos yeux sont de chair et ne perçoivent pas. Quant à nous, il ne convient pas que nous soyons comme vous, mais il nous faut voir avec les yeux intérieurs de notre cœur ce qui est dans les coffres, que ce soit précieux ou vil.' Et il ordonna aussitôt d'ouvrir les deux coffres plaqués d'or, il en sortit alors une odeur fort infecte et fétide.

«Le roi leur dit: 'Ceci est une indication de l'aspect de ceux qui sont vêtus de magnifiques vêtements de beauté: ce sont ceux qui se glorifient dans leur orgueil et à l'intérieur desquels il y a les œuvres de tromperie qui sont infectes comme des cadavres.'

§12 «Il ordonna encore d'ouvrir les coffres enduits de poix pour que tous ceux qui étaient là se réjouissent de l'éclat et de la beauté des choses qui s'y trouvaient et de l'odeur suave de leur parfum. Le roi leur dit: 'Savez-vous à qui ressemblent ces coffres? Ils sont l'image de ces hommes humbles, vêtus d'un vêtement de gloire cachée, dont vous avez vu, vous, l'apparence visible, et il vous a semblé qu'il m'advenait de la honte au moment où je suis tombé sur ma face en me prosternant devant eux et leur ai rendu honneur. Mais moi, par les yeux de mon cœur, j'ai distingué cette gloire qui est leur, grande et magnifique, et je l'ai désirée avec l'ardeur du cœur; je les ai embrassés et leur ai rendu honneur plus qu'à mes couronnes et à mes vêtements royaux.'

«Le roi les confondit et leur fit honte par cette parole; il leur apprit à ne pas être séduits par ce monde visible, mais par ce qui est caché.

§13 «Voici que tu as fait cela, ô prince sage, quand tu m'as accueilli avec un bel espoir pour me faire connaître ta pensée dont tu n'as pas honte.»

Yewâsef lui dit: «Cette parole que tu as prononcée est fort belle et agréable à dire. Cependant je veux savoir qui est ton Seigneur, dont tu as fait mention précédemment, et qui est le semeur qui sème.»

CHAPITRE VII

§1 *(p.32)* Baralâm se mit à lui parler et lui dit: «Si tu veux connaître mon Seigneur, c'est le Christ, le Fils unique de Dieu – louange, grandeur et puissance à lui seul! –, Roi des rois et Seigneur des seigneurs, vivant qui ne meurt pas, qui demeure dans la lumière où personne ne l'approche, égal en gloire avec le Père et l'Esprit Saint. Moi je ne suis pas de ceux qui croient en des dieux sans règle ni de ceux qui les adorent, eux qui sont des statues sans âme. Mais j'adore le Dieu unique et je crois qu'il est glorieux au-delà de la gloire des anges lumineux; trois personnes – le Père, le Fils et l'Esprit Saint –, une seule nature, une seule substance, une seule gloire, une seule royauté indivisible; trin selon ses personnes, un seul Dieu sans commencement ni fin, qui était avant le monde et sera à jamais; increé qui ne peut être ni cerné ni touché ni vu ni contenu – les pensées n'y accèdent pas –, lui seul bon et juste; créateur qui a tout fait venir du néant: les choses visibles et les choses invisibles, les nombreuses puissances célestes invisibles, sans nombre, qui ne meurent pas et ne sont pas corporelles – ce sont des esprits qui servent la grandeur du Dieu très-haut; créateur de ce monde visible, du ciel, de la terre et de la mer. Il les a illuminés de sa grande lumière et les a ornés; le ciel, il l'a orné avec le soleil, la lune et les étoiles; la terre, il l'a ornée avec toutes les plantes et les différents animaux domestiques et bêtes sauvages; les mers, avec leurs différentes enceintes (?) et avec tout ce qui a été créé dans l'eau, selon qu'il a été dit: *Car il a dit et ils furent*[1]; il a ordonné et ils furent créés.

§2 «Quant à l'homme, il l'a créé de ses mains: il prit de la poussière de la terre et le créa en corps; quant à l'âme rationnelle *(p.33)* et intelligente, il la lui donna de son souffle, selon qu'il est écrit: Il a créé l'homme à l'image de Dieu et à sa ressemblance[2]. Quant à ce qui est dit – «à la ressemblance de Dieu» –, cela est à propos de sa connaissance et de son intelligence étendue et à propos de la puissance qui réside en lui. Quant à ce qui est dit – «à son image» –, cela est à propos de l'abondance de force, d'honneur et de puissance qui a été donnée à l'homme, ainsi que (du fait de) ne pas être mortel et que (Dieu) lui a donné la domination sur tout ce qui est sur terre et l'en a fait roi. Il fit sortir la femme de son côté pour qu'elle lui fût une aide. Il planta le

[1] *Psaumes* CXLVIII, 5.
[2] Cf. *Genèse* I, 26, 27.

jardin d'Éden à l'orient et l'emplit de toute joie et liesse et de l'allégresse des délices. Il y plaça l'homme qu'il avait créé et lui permit de manger de toutes les plantes divines sans interdiction. Il lui fixa une limite par un commandement: qu'il ne mangeât jamais d'un d'entre les arbres, du nom (d'arbre) de la connaissance du bien et du mal; il lui dit: 'Le jour où vous en mangerez, vous mourrez.'

§3 «Mais une des puissances angéliques que nous avons mentionnées précédemment, le chef d'un ordre dans lequel n'avait jamais été créée une trace de mal naturel – uniquement le bien –, par sa propre volonté, passa de son propre chef du bien vers le mal; il s'enorgueillit et se rebella contre son Seigneur. À cause de cela, il fut déchu de son rang et, à la place de l'honneur, de la richesse et de l'appellation d'*angélique*, il fut appelé *rebelle*. Dieu le Très-Haut précipita celui qui avait été digne d'un honneur très-haut. Churent également ceux qui étaient sous sa domination, de par leur volonté et leur agrément, et ils furent appelés *trompeurs* et *séducteurs*; ils renièrent complètement la vie et le salut et acquirent un naturel mauvais et corrompu. (Satan) se mit à jalouser l'homme quand il vit la grandeur et la gloire qui avaient été données à celui-ci alors que lui-même était déchu de cet honneur, et il méditait une tromperie par laquelle il pût précipiter l'homme loin de cette vie bienheureuse. Il fit *(p.34)* du serpent une arme pour lui, qui attaquerait l'homme par ruse. Il alla auprès de la femme et lui persuada de manger de l'arbre dont (Dieu) leur avait ordonné de ne pas manger. Adam et la femme mangèrent, dans le désir de devenir Dieu, par la séduction de Satan. Quand le premier être façonné – le premier homme – eut fléchi et mangé de l'arbre de la transgression, il fut haï de son créateur et chassé du Jardin des délices. À la place de cette vie-là bienheureuse et de cette nature sans corruption, il tomba dans cette vie-ci misérable et malheureuse; Dieu prononça contre lui, pour sa fin, une sentence de mort. De ce moment, Satan prit la puissance de la victoire et s'enorgueillit de sa victoire; quand la race des hommes se multiplia, il prépara pour ceux-ci toute voie de mauvaiseté.

§4 «À cause de cela, Dieu le Très-Haut voulut couper court à l'essor de l'abondance des péchés; il fit venir le déluge sur la terre et détruisit toute âme vivante. En ces jours-là, il ne trouva qu'un seul juste; Dieu le sauva avec ses enfants et sa femme dans un bateau – eux seuls sur la terre. Quand les enfants des hommes commencèrent à se multiplier sur la terre, ils oublièrent Dieu; ils se tournèrent vers leur impiété et leur mauvaiseté, ils agirent (mal) de plus belle et s'adonnèrent à différents péchés, ils se corrompirent en faisant des choses honteuses et se divisèrent dans (toute) sorte de mauvaises actions destructrices.

§5 «Certains d'entre eux pensaient que toutes les créatures avaient été faites de par leur propre nature et n'avaient pas de créateur ni de seigneur qui leur donnât des ordres. Certains autres vénéraient des dieux mauvais aux multiples passions, afin qu'ils fussent reconnus au fait qu'ils leur donnaient des passions et qu'ils leur fussent une aide dans la pratique du mal. Ils se mirent à faire pour eux-mêmes, à leur ressemblance et à leur image, des idoles de bois et de pierre – (objets) sourds qui ne se meuvent pas; il les adorèrent à la place du Créateur, se prosternèrent devant elles et (leur) offrirent *(p.35)* des sacrifices. D'autres adorèrent le soleil, la lune et les étoiles qu'avait placés Dieu pour qu'ils éclairassent ce monde, et qui n'ont pas d'âme ni de souffle; mais c'est par la sagesse de Dieu le Créateur qu'ils sont fermes et ils ne peuvent rien faire par leur volonté. Certains adoraient les arbres et n'avaient pas honte, étant intelligents avec une âme intelligente, de les adorer. D'autres adoraient les bêtes sauvages, les hyènes et les animaux qui vont à quatre pattes; ils leur apportèrent des présents tout en sachant que ceux-ci étaient des animaux, différents de ceux qui les adoraient. D'autres appelaient *dieux* les statues d'hommes impurs et misérables – certaines d'entre elles étaient masculines, certaines d'entre elles étaient féminines –, dont ils disaient publiquement à cause d'eux-mêmes (?) qu'ils étaient adultères, meurtriers, colériques, vindicatifs, jaloux de leurs pères et de leurs frères, voleurs, pillards, boiteux, infirmes, pervers, sorciers. Certains d'entre eux étaient morts, certains avaient perdu le sens en servant des hommes et restaient à fuir (?), à se lamenter et à gémir dans leur malheur. À cause de leurs actions perverses et impures, les ténèbres du mal dominèrent sur notre race en ces années-là et il n'y avait aucun sage qui recherchât Dieu.

§6 «Il se trouva en ces jours un homme accompli du nom d'Abraham, dont les pensées de l'âme étaient belles, saines et fortes et qui avait reconnu l'artisan sage en regardant ses créatures. En effet en scrutant, il avait vu le ciel, la terre, la mer, le soleil, la lune, toutes les choses créées et leur disposition. Quand il eut vu ce monde et tout ce qui y est, il réfléchit et comprit que toutes les choses ont un auteur, qu'elles ne se sont pas créées elles-mêmes et que cette disposition n'était pas advenue par la sagesse d'éléments terrestres ni de statues qui n'ont pas d'âme. Il sut que cela était la sagesse du vrai Dieu et que celui-ci était le créateur *(p.36)* de tout, était présent en tout et avait fait venir tout du néant. Dieu accueillit ses belles pensées et son intelligence droite; il lui révéla que lui-même était Dieu par sa nature. Il n'est pas possible en effet, (même) aux natures saintes, de voir la nature très-haute de Dieu, mais celle-ci leur est révélée par la sagesse de sa divinité, selon que Dieu l'a voulu. Celui-ci mit dans le cœur d'Abraham la connaissance parfaite et fit de lui un messager, lui dont la foi était belle, elle qui s'était levée de lui grâce à la balance (?) de ses interrogations. Il lui apprit à connaître Dieu et Dieu eut plaisir à ce qu'il héritât d'une descendance nombreuse, qu'on ne peut compter ni déterminer, et il les appela un peuple considérable et excellent.

§7 «Le peuple égyptien et Pharaon, son roi pervers, violent et injuste, les asservirent. Dieu les fit sortir de là par la main de Moïse et d'Aaron, de saintes gens à la face éclairée par l'éclat de la prophétie, en une sortie publique et terrifiante, dans les signes, les miracles et les prodiges. Il engloutit les Égyptiens, ainsi qu'il convenait à leur mauvaiseté, et fit passer à Israël, la descendance d'Abraham, la mer redoutable. L'eau fut divisée pour lui, un mur à droite et un mur à gauche. Quand Pharaon et ses armées avec les Égyptiens voulurent le suivre, les eaux revinrent sur eux et les anéantirent tous ensemble. Ce peuple demeura dans le désert, en voyant des signes et des miracles, pendant quarante ans, se nourrissant du pain du ciel. Dieu lui donna une loi sur des tables de pierre, qui était écrite avec son doigt. Il la remit à Moïse en haut d'une montagne et elle fut un signe et un exemple pour ceux qui la désiraient, elle qui les éloignait de l'adoration des idoles et de toutes actions mauvaises, qui leur apprenait l'adoration du Dieu juste, qui est à jamais, et à acquérir la beauté des actions. Avec de tels signes il fit sortir *(p.37)* les Israélites et (les conduisit) jusqu'à ce qu'il les fît entrer dans une terre belle et lumineuse dont il avait promis précédemment au chef des patriarches, Abraham, qu'il la donnerait à sa descendance. Si nous voulions faire connaître tout ce qui est arrivé à la descendance d'Abraham en fait de signes et de prodiges innombrables, le discours serait très long; mais nous avons eu à cœur, avec tout cela, de raconter la volonté de Dieu: il a eu plaisir à tirer la race des enfants des hommes de la sujétion d'une servitude mauvaise et de la pratique du péché, ainsi qu'à les remettre dans leur état premier. Mais ils restaient des natures enclines à contourner la Loi par la contrainte de Satan qui les régit et les asservit tous et les conduisit dans le chéol, dans le châtiment.

§8 «Quand nous fûmes tombés au fin fond de la misère et du malheur, le Créateur qui nous avait fait venir à l'existence depuis le néant ne nous abandonna pas ni ne méprisa son ouvrage, l'œuvre de ses mains, afin qu'il ne pérît pas complètement. Au contraire, par le bon plaisir de Dieu le Père, son Fils unique, le Verbe de Dieu qui est à jamais, descendit du sein du Père céleste, lui qui est égal à l'Esprit Saint quant à sa nature, qui existe avant les temps, dont l'existence est avant le monde, qui est égal au Père, sans commencement – il est Dieu à jamais; il descendit auprès de ses serviteurs d'une descente merveilleuse qui ne peut être appréhendée. Dieu éternel (et) premier, il devint homme parfait à partir de l'Esprit Saint et de Marie, la sainte Vierge Mère de Dieu, non à partir d'une semence d'homme ni par la volonté de l'homme. Il ne fut pas conçu par une union charnelle dans le sein de la Vierge dont la pureté est parfaite, mais à partir de l'Esprit Saint, selon que celui-ci avait envoyé pour cela un des archanges: celui-ci avait annoncé à la Vierge cette conception étrange (et cet) enfantement ineffable. Elle conçut le Fils de Dieu à partir de l'Esprit Saint sans semence d'homme. Il se sema lui-même dans le ventre de la Vierge: un homme vivant avec une âme rationnelle et intelligente naquit et sortit, et il garda la virginité de sa mère *(p.38)* intacte. Il fut à notre ressemblance, à l'unique exception du péché; il fut le sauveur et porta notre souffrance. Par lui nous trouvâmes la liberté, par sa venue dans le monde, et, dans sa miséricorde, il voulut nous racheter de la mort par sa propre mort.

§9 «Il grandit peu à peu au milieu des hommes. La trentième année, il fut baptisé dans le fleuve du Jourdain par la main de Jean, (homme) d'une sainteté accomplie. *Il vint une voix du ciel,* d'auprès de Dieu le Père, *disant: 'Celui-ci est mon Fils que j'aime, en qui je me complais* [3], et l'Esprit Saint descendit sur lui sous l'aspect d'une colombe. De ce moment, il se mit à faire de grands prodiges et des miracles stupéfiants: il ressuscita les morts, donna la lumière aux yeux des aveugles, chassa les démons, guérit les paralytiques, purifia les lépreux; partout il remit à neuf, loin du changement, notre nature et admonesta nos âmes avec ses commandements. Il nous enseigna la voie des vertus, nous éloigna de la corruption et nous guida vers la vie éternelle. Alors il se choisit des disciples – douze hommes – et les appela *apôtres*. Il leur ordonna de prêcher à tous les hommes la vie céleste pour révéler laquelle il était venu sur terre. Par sa sagesse, nous sommes devenus parfaits, nous êtres terrestres; il nous a gratifiés du baptême et nous a rendus êtres célestes.

§10 «Les chefs des prêtres et les dirigeants des Juifs furent jaloux de lui, car il avait autorité au milieu d'eux. Ils s'irritèrent des signes et des miracles, que nous avons mentionnés précédemment, qu'il faisait devant eux. Ils oublièrent tout cela et prononcèrent contre lui une sentence de mort, ayant pris un de ses disciples qui le leur livrerait. Ils se saisirent alors de lui et le livrèrent, pour la vie de tous, aux païens, lui-même agréant ce qu'il avait voulu dès le commencement. C'est en effet pour

[3] *Matthieu* III, 17.

nous qu'il était venu, et il porta toutes nos souffrances pour nous délivrer de la souffrance. Ils lui firent beaucoup de mal et, après cela, le condamnèrent à la mort sur la croix. Il endura tout dans le corps des enfants des hommes qu'il avait pris de nous. Ils crucifièrent, dans son corps, celui qui était sans *(p.39)* péché, notre Seigneur Jésus-Christ qui est pur du péché *et dans la bouche duquel le mensonge ne s'est pas trouvé*[4], qui ne méritait pas la mort. Comme je l'ai dit auparavant en effet, c'est à cause du péché que la mort est entrée dans le monde et il convient donc que le sauveur du monde soit sans péché. Il mourut dans la chair pour nous, afin de nous libérer et de nous racheter de la servitude de la mort et du péché. Il descendit dans le chéol, en brisa les verrous et délia les âmes des prisonniers qui avaient pris leur demeure là avant les temps (de la Révélation?). On le mit au tombeau et, le troisième jour, il ressuscita. Il vainquit la mort et nous donna un héritage sans corruption. Il apparut à ses disciples purs et leur fit présent de la paix; il leur donna aussi de guider tous les hommes sur le chemin de la justice. Après quarante jours, il monta aux cieux et il est assis à la droite du Père. Et aussi, il reviendra en gloire pour juger les vivants et les morts et rétribuer chacun selon ses actions.

§11 «Après son ascension en gloire dans les cieux, il envoya son Esprit Saint à ses disciples sous l'apparence de langues de feu. Ils se mirent à parler en différentes langues, selon que leur avait permis l'Esprit Saint. Puis ils furent envoyés par sa grâce chez toutes les nations et prêchèrent à celles-ci la foi droite. Ils les baptisèrent au nom du Père, du Fils et de l'Esprit Saint et, en tout temps, affermirent les nations qui étaient égarées dans leur doctrine, afin qu'elles gardassent les commandements du salut. Ils abolirent la crainte des démons et l'erreur des idoles. Cependant, jusqu'à présent, Satan séduit ceux dont le cœur est insensé et la connaissance déficiente, afin qu'ils s'adonnent à l'adoration des idoles; seulement sa puissance de jadis n'est plus, en effet elle a beaucoup faibli grâce à la puissance du Christ, notre Dieu à jamais.

§12 «Voici qu'à présent je t'ai fait connaître et t'ai révélé la miséricorde de notre Seigneur, notre Dieu et notre Sauveur Jésus-Christ – gloire à lui dans les siècles des siècles, amen! Voici qu'à toi, désormais, il reviendra de connaître cette chose après que ton âme aura reçu sa grâce très-haute et après que tu auras été digne de devenir son serviteur.»

[4] *1Pierre* II, 22.

CHAPITRE VIII

(p.40) **§1** Quand le fils du roi, Yewâsef, eut entendu ces paroles, une lumière divine naquit dans son cœur; il se leva de son siège en se réjouissant et exultant et embrassa Baralâm en disant: «Ô le plus honoré de tous les hommes, en vérité tu n'as pas menti d'un seul mot au sujet de la perle précieuse dont le prix est grand. Voici que tu as un mystère caché; révèle-le à présent à ceux dont la pensée de l'âme est ferme et droite. Quant à moi, voici que j'ai reçu ce discours en écoutant et une grande lumière, très plaisante, a fulguré sur moi et a demeuré dans mon cœur; elle a levé le voile de lourd chagrin qui enveloppait ma pensée et l'a retiré rapidement. Si tu sais quelque chose d'autre, ne refuse pas de me le révéler, mais informe-m'en.»

§2 Baralâm lui répondit en disant: «Oui, mon seigneur roi, ceci est le grand mystère qui a été caché aux générations et aux temps et, dans les derniers jours, a été manifesté à la race des enfants des hommes, lesquels ont commencé à prophétiser à son sujet par la grâce de l'Esprit Saint. Beaucoup ont connu cela de nombreuses façons et par différents signes; cependant c'est à cette dernière génération qu'il est revenu de recevoir le salut et *celui qui croira et sera baptisé sera sauvé, mais celui qui ne croira pas sera condamné*[1].»

§3 Yewâsef répondit et lui dit: «Je crois tout ce que tu m'as dit et je vais adorer le Dieu dont tu m'as parlé et sur lequel tu m'as donné des connaissances. Cependant révèle-moi tout sans barguigner et apprends-moi ce qu'il me faut pour être baptisé, et ce qu'est ce baptême dont tu m'as fait mention; donne-m'en une intelligence complète.»

Baralâm lui dit: «C'est le fondement de la sainte foi des chrétiens qui est sans tache – un fondement solide –, que ce baptême divin qui purifie des péchés et nettoie la souillure première; en effet notre Sauveur a prescrit ainsi: que (les hommes) naquissent à nouveau, de l'eau et de l'Esprit, et qu'ils retournassent dans (leur) état *(p.41)* premier par la prière, la supplication et l'invocation (?) salvatrice, par la descente de l'Esprit Saint sur l'eau. C'est à cause de cela qu'ils sont baptisés du baptême chrétien, selon qu'a dit notre Seigneur – gloire à lui!: '*En les baptisant,* dites: *Au nom du Père, du Fils et de l'Esprit Saint*[2].'

[1] *Marc* XVI, 16.
[2] *Matthieu* XXVIII, 19.

«De cette manière, la grâce de Dieu demeure dans l'âme (du baptisé), elle l'illumine et la rend égale (à Dieu?) par l'héritage de ce qui ne se corrompt pas; (le baptisé) obtient la vie éternelle, car il est né une deuxième fois. Mais sans le baptême chrétien, aucun n'obtient cette espérance profitable, même si ses actions sont meilleures que (celles de) tous les dévots. En effet le Verbe de Dieu qui s'est fait homme pour nous a dit ainsi: *'En vérité, en vérité je* vous *le dis: celui qui n'est pas né à nouveau de l'eau et de l'Esprit ne peut entrer dans le royaume de Dieu*[3]*.'*

«Quant à moi, je souhaite avant tout que tu reçoives dans la foi ton âme et que tu t'approches avec un désir fervent du baptême chrétien. Rien ne t'en empêche, car ce qui empêcherait cela est un grand péché: la mort est un mystère caché.»

§4 Yewâsef répondit et lui dit: «Quelle est cette espérance profitable dont tu m'as dit qu'on ne l'obtenait pas sans le baptême chrétien et quel est ce royaume des cieux que tu m'as nommé? Où as-tu entendu l'histoire de ce Dieu qui s'est fait homme et quelle est l'heure de la mort cachée qui est plantée dans mon cœur? Elle me porte fort à penser, elle consume ma chair de souffrance et dévore ma puissance avec mes os. Et est-ce que nous sommes, nous les hommes, des mortels qui seront détruits – et il n'y a pas d'autre monde après que nous serons partis d'ici et un autre monde que (Dieu) lui-même ait établi ne suivra pas?»

Baralâm lui dit: «L'espérance profitable dont je t'ai parlé est l'espoir du royaume des cieux; en effet l'Écriture dit de celui-ci: *Ce que l'œil n'a pas vu et que l'oreille n'a pas entendu, ce qui n'a pas été pensé dans le cœur de l'homme, ce que Dieu a préparé pour ceux qui l'aiment*[4].

«Après qu'il *(p.42)* nous est revenu d'abandonner le poids de cette chair et d'obtenir cet état bienheureux, alors (Dieu) qui nous a rendus dignes d'obtenir l'espérance nous enseigne et nous fait comprendre ces belles choses et la gloire qui est élevée au-dessus de toutes les pensées, la lumière qui ne peut être appréhendée et la vie qui n'a pas de fin, à proportion des possibilités de la nature humaine. Tu connaîtras alors ce que tu ne connais pas à présent. Cet enseignement dont je parle vient des Écritures spirituelles. Si elles ne peuvent être connues et diffusées (?) par la parole, cette gloire, cette lumière et ces beautés que l'on ne peut décrire, cela n'est pas merveille: s'il advenait que nous les comprissions par nos pensées et que nous pussions les célébrer par la parole, nous êtres terrestres qui vieillissons, revêtus de cette chair pesante et faible qui

[3] *Jean* III, 5.

[4] *1Corinthiens* II, 9.

souffre, alors elles ne seraient pas glorieuses et merveilleuses; celui-ci (Dieu?), si nous le connaissons, (c'est) par ces choses glorieuses. Reçois à présent la foi seule, sans doute, et hâte-toi de pratiquer les actions de bien par lesquelles tu obtiendras le royaume durable dans lequel il n'y a pas de mort et que, si tu en deviens digne, tu connaîtras en perfection.

§5 «Quant à ce que tu m'as dit – 'Où as-tu entendu l'histoire du Dieu qui s'est incarné?' –, sache précisément que c'est de la parole de l'Évangile glorieux que nous connaissons toutes ses actions. Le nom de ce livre saint est *Bon Annonciateur*, lui qui nous a annoncé, (à nous) êtres mortels de poussière, qu'il n'y a là-bas ni mort ni corruption, mais la vie éternelle dans le royaume des cieux. Ceux qui l'ont écrit sont les ministres de Dieu qui ont vu celui-ci de leurs yeux, eux dont je t'ai dit précédemment que le Christ notre Sauveur les avait choisis et en avait fait pour lui des disciples et des apôtres. Ce sont eux qui nous ont remis l'Évangile après son ascension au ciel. Ils nous ont raconté tous ses traits de sagesse, ses enseignements et ses miracles. Personne ne peut raconter (complètement) son histoire et ses miracles, ni par écrit ni en parlant, selon que dit le plus honoré des évangélistes, Jean aux vertus surabondantes, à la fin du texte de son évangile: *C'est cela qu'a fait* (p.43) *le Seigneur Jésus. Il y a beaucoup d'autres choses qu'il a faites. Si elles étaient écrites une par une, le monde ne pourrait même pas contenir les livres qui en seraient écrits*[5].

«Dans cet évangile saint, il est écrit par la sagesse de l'Esprit Saint le fait de son incarnation pure, la manifestation de sa sagesse et de ses miracles et la disposition de ses commandements; (il est) également (écrit) au sujet de ses souffrances qu'il a endurées pour nous, au sujet de sa résurrection le troisième jour, au sujet de son ascension au ciel et au sujet de sa deuxième venue dans la gloire et une grande majesté. En effet il appartient au Fils de Dieu de venir dans une gloire ineffable avec de nombreuses milices célestes pour juger notre race et rémunérer chacun selon ses actions.

§6 «En effet au commencement, Dieu créa l'homme de la poussière de la terre, comme je te l'ai dit précédemment. Il insuffla en lui l'esprit de vie, c'est celui-ci qui est appelé âme rationnelle et intelligente. Quand il nous a châtiés avec une sentence de mort, il n'a pas été possible que cette coupe passât loin même d'un seul des hommes. Cette mort est la séparation de l'âme du corps. Ce corps qui a été créé de la terre retournera à la terre dont il a été pris: il vieillira et se corrompra. Mais l'âme n'est pas mortelle, elle va là où lui commande son créateur en fonction

[5] *Jean* XXI, 25.

de ce qu'il a préparé pour elle alors qu'elle était dans son corps. En effet tout homme, en fonction de ce qu'il fait ici-bas, est rétribué là-bas.

§7 «Notre Dieu le Christ reviendra après de nombreuses années dans une grande gloire ineffable, qui est étrangère à (toute) mesure, qui est extrêmement redoutable. *L'armée des cieux sera ébranlée*[6], toutes les milices des anges se tiendront devant lui, les morts se lèveront à la sonnerie de la trompette de Dieu et se tiendront devant son trône redoutable. Cette résurrection est la deuxième réunion de l'âme avec le corps. Quant au corps, il sera dans une grande crainte et frayeur, étant très affligé. La sentence sortira de nouveau sur lui et sur l'âme jusqu'à ce que (Dieu) le suscite *(p.44)* de nouveau, (le corps) étant tourné d'une manière d'être vers une (autre) manière d'être, selon qu'il l'avait créé auparavant de la non-existence, en tant que le meilleur de sa création première. Mais à présent ils sont séparés quant à leur état et (Dieu) les remettra comme ils étaient. Leur remise ensemble par le créateur des créatures est plus facile que leur réunion (première) à partir de l'absence, de la non-existence. Et si tu considères combien Dieu a créé et fait venir à l'existence (d'êtres) qui n'existaient pas, fais de ceux-ci pour toi un exemple et cette considération sera pour toi une lumière qui te suffira pour cela.

§8 «En effet au commencement, il a pris de la poussière de la terre et il en a créé l'homme raisonnable. La terre (n'?) existait (pas?) non plus auparavant: comment la terre est-elle devenue homme raisonnable et comment (Dieu) en a-t-il fait sortir la race des animaux domestiques, les nombreuses bêtes sauvages et les nombreuses plantes qui ont fructifié? Et encore, réfléchis à notre création, (à nous) les enfants des hommes: une petite goutte de semence est versée dans une matrice, et la matrice qui la reçoit, d'où façonne-t-elle les os de cet être vivant? Celui que nous savons (exister?) avant tout cela, depuis le commencement jusqu'à la fin, nous le voyons créer ainsi; ne lui est-il pas possible de relever de la terre celui qui s'est endormi? Deux choses ont été séparées sur son ordre, les remettre (ensemble) est donc facile pour lui; en effet il ne lui est pas impossible de le faire, même étant joints l'épais et le subtil et appariés le pesant et ce qui est de l'essence. Quant à ces corps mortels, leurs âmes qui ne meurent pas retournent pareillement auprès d'eux, à la ressemblance d'un dépôt qu'on a confié jusqu'au moment de son retour dans sa maison: la maison sera ressuscitée au moment de la venue du Christ pour que chacun soit rétribué dans la droiture selon ses actions.

§9 «Voici qu'il a été dit que ce monde d'à présent est le temps du travail et le monde qui viendra le temps de la rétribution. En effet (ce

[6] *Luc* XXI, 26.

monde?) n'existait pas auparavant et justice est la droiture de Dieu. En effet voici que de nombreux justes ont peiné dans ce monde, on les a tourmentés et tués injustement. Il y a aussi des hérétiques qui ont transgressé la Loi et passé leur vie dans les délices *(p.45)* et le repos en vivant dans une grande volupté. Dieu très-haut, bon et droit a établi un jour de résurrection pour la miséricorde et la rétribution: voici que les pécheurs ont reçu ici les biens de ce monde, et là-bas ils seront tourmentés à cause de leurs fautes et de leurs péchés; voici que les bons ont été tourmentés ici devant les pécheurs, et ils iront vers les biens et hériteront les délices éternelles. En effet notre Seigneur a dit: *Ceux qui sont dans le tombeau entendront sa voix, et ils sortiront, ceux qui auront fait le bien, dans une résurrection de vie, ceux qui auront fait le mal, dans une résurrection qui est pour le châtiment*[7].

«Quand on placera les trônes, le créateur de tout s'assiéra sur eux; on ouvrira des livres dans lesquels sont écrites nos actions, nos paroles et nos pensées; un fleuve de feu s'écoulera et toutes les choses cachées apparaîtront. Rien alors n'aidera, ni la voix du serment, ni une déclaration mensongère, ni le pouvoir par la richesse en biens, ni le désir (?) des dignités, ni le don de présents. Au contraire (Dieu) est le juge qui n'accepte pas de dons corrupteurs, au contraire il jugera chacun dans la balance du droit. Il donnera à ceux qui ont fait le bien la vie qui est à jamais et les délices qui ne passent pas et ne peuvent être décrites; ils se réjouiront avec les anges en jouissant de l'agrément de biens étrangers à la description, debout publiquement devant la Trinité sainte.

§10 «Quant à ceux qui auront fait le mal, (ils iront) dans le tourment qui est à jamais – qu'on appelle *géhenne* –, ils iront au bout des ténèbres, (dans) les grincements de dents et le malheur et, ce qui est pire que tout, (dans) l'éloignement de Dieu et l'exil de devant sa face, (dans) la privation de cette gloire qui ne peut être décrite, la honte et l'opprobre devant toute la création, la honte et le mépris sans fin. Quand sera passé le moment de cette sentence terrible, chaque créature sera sans modification ni changement; la vie des justes sera sans fin et il n'y aura pas de terme à la pénitence des pécheurs. En effet après celui-ci, il n'y a pas d'autre juge qui soit plus haut que lui. *(p.46)* Ainsi il n'y a pas de deuxième accomplissement des actions, il n'y a pas de souvenir du travail (?), il n'y a pas de miséricorde pour ceux qu'on tourmentera perpétuellement d'un châtiment de tourment.

«S'il en est ainsi, il convient donc que notre vie soit dans une sainte pratique de la sagesse et une belle piété pour que nous soyons dignes du

[7] *Jean* V, 28-29.

salut et de l'espérance qui viendra, et que (Dieu) nous donne en partage de nous tenir à la droite du Fils de Dieu, là où se tiennent les justes qu'il a appelés et à qui il a dit: *Venez, les bénis de mon Père, recevez en héritage le royaume*[8] (sans) fin, amen.»

[8] *Matthieu* XXV, 34.

CHAPITRE IX

§1 Quand Yewâsef entendit ces paroles, il répondit à Baralâm en disant: «Voici que tu m'as raconté, ô homme, de grandes actions qui sont fort merveilleuses, qu'il convient d'accueillir avec crainte et grand tremblement. S'il en est ainsi, il y a après la mort et la corruption une résurrection, une deuxième vie et un jugement au sujet des actions (faites) quand nous étions dans la vie de ce monde. Par quoi cela est-il rendu évident et comment avez-vous connu ce que vous n'avez pas vu? Par quoi le déclarez-vous juste ainsi, l'estimez-vous vrai et y croyez-vous sans doute? Quant à celles qui ont été manifestées, parmi toutes les actions, êtes-vous ceux qui les ont vues ou bien en avez-vous entendu (parler) par la voix de ceux qui les louent? Quant à celles qui ne sont pas visibles, que vous-même prêchez, comment, avec une telle grandeur qui ne peut être appréhendée, y croyez-vous d'une croyance solide?»

Baralâm lui répondit en disant: «Quant à cette croyance, nous l'avons reçue de prédicateurs véridiques qui n'ajoutent rien à la parole droite, mais (c'est) par des signes et des miracles merveilleux (qu') ils ont agi; il ont fait apparaître et ont établi fermement par des paroles (les choses?) qui ont été dites au sujet des faits à venir. De même qu'ils n'ont rien fait ici en quoi il y eût une parole de tromperie – mais dans tout ce qu'ils disaient et faisaient brille un éclat lumineux qui illumine plus que la lumière du soleil –, (de même) ils ont donné comme loi par la parole les vérités qu'a établies fermement notre Seigneur Jésus-Christ *(p.47)* par la parole et par l'action en disant ainsi: '*En vérité, en vérité je vous dis qu'elle vient, l'heure – et c'est maintenant – où les morts entendront la voix du Fils de Dieu, et ceux qui entendront* vivront[1].'

«Il dit encore: 'Il arrivera, le moment, *et ils entendront sa voix, tous ceux qui sont dans le tombeau. Et ils sortiront, ceux qui auront fait le bien, dans une résurrection de vie, et ceux qui auront fait le mal, dans une résurrection qui est pour le châtiment*[2].'

«Il dit encore: '*Sur la résurrection des morts, n'avez-vous pas lu* ce qui est écrit, qu'a dit Dieu: *Moi je suis le Dieu d'Abraham et le Dieu d'Isaac et le Dieu de Jacob? Il n'est pas un Dieu de morts, mais un Dieu de vivants*[3].' *De même qu'on rassemble l'ivraie et qu'on la jette au feu, de*

[1] *Jean* V, 25.
[2] *Jean* V, 28-29.
[3] *Matthieu* XXII, 31-32.

même en sera-t-il à la fin du monde. Le Fils de l'homme enverra ses anges, et ils rassembleront les fauteurs de péchés et les jetteront dans la fournaise de feu: là sont les pleurs et les grincements de dents. Alors les justes brilleront dans le royaume de leur Père comme le soleil.'

«Il dit ainsi: *'Que celui qui a des oreilles qui entendent entende*[4].'

§2 «Avec de telles (?) paroles et beaucoup d'autres, notre Seigneur Jésus-Christ nous a révélé la résurrection de nos corps; il nous a fait comprendre ses paroles: il avait ressuscité des morts nombreux quand il a eu achevé de mettre en pratique sa volonté glorieuse sur terre. Et encore, il a appelé de l'intérieur du tombeau son ami, du nom de Lazare, après qu'il eut pourri quatre jours, et l'a ressuscité, vivant. Lui-même aussi, étant Seigneur, devint le commencement de la résurrection des morts et il est aussi les prémices de notre résurrection, lui qui n'est pas entré sous la domination de la mort, mais a goûté la mort dans sa chair dont il a fait un manteau pour notre repos. Il est ressuscité d'entre les morts et est devenu les prémices de la résurrection de tous. Ainsi a-t-il accompli la parole de ses premiers prophètes qui ont annoncé aux morts et à toute la création la nouvelle de la résurrection. Paul l'apôtre dit: Ma vocation ne provient pas des hommes, mais du ciel, elle qui est advenue[5]. Il dit cela en avertissant: *Je vous rappelle, mes (?) frères,* que la nouvelle que j'ai reçue et que vous avez reçue, vous, c'est au début que je l'ai reçue, *(p.48) à savoir que Christ est mort pour nos péchés comme disent les Écritures.* Si on proclame à propos du Christ qu'il n'y a pas de résurrection des morts, *et si les morts ne ressuscitent pas, Christ non plus n'est pas ressuscité d'entre les morts; et si Christ n'est pas ressuscité, vaine est* notre mort dans cette vie. Christ ne nous a-t-il pas rachetés par lui-même et goûté cette coupe pour les hommes? Voici que Christ est ressuscité et il a été pour nous un exemple, *car par un seul homme advint la mort et par la mort d'un seul advint la résurrection des morts. Et de même que c'est à cause d'Adam que tous meurent, de même tous revivront dans le Christ*[6].

«Paul dit, ayant avancé un peu: Voici qu'*il reviendra à celui qui* vieillit *de revêtir ce qui ne* vieillit *pas et à celui qui meurt de revêtir ce qui ne meurt pas. Alors s'accomplira la parole de l'Écriture qui dit: La mort a été engloutie dans* la défaite. *Où est ta* flèche, *ô mort? Où est ta victoire, ô chéol*[7]*?* En effet, à ce moment, la mort tout entière sera

[4] *Matthieu* XIII, 40-43.

[5] Cf. *Galates* I, 1: *Paul apôtre, non de par les hommes ni par un homme, mais par Jésus-Christ et Dieu le Père qui l'a relevé d'entre les morts.*

[6] Cf. pour tout ce passage *1Corinthiens* XV, 1-22.

[7] *1Corinthiens* XV, 53-55.

abolie, sa puissance sera détruite et son action supprimée à jamais; les hommes obtiendront l'immortalité et l'incorruptibilité, et la résurrection sera donnée indubitablement aux morts.

§3 «Nous croyons cela sans reniement, mais il nous faut savoir et être sûrs qu'il y a une récompense et un châtiment selon que nous aurons agi, étant dans ce monde transitoire, le jour de la venue de notre Seigneur Jésus-Christ, quand le ciel se dissoudra et que les coins du monde s'embraseront et se dissoudront, selon que disent les théologiens. Voici que nous verrons des cieux nouveaux et une terre nouvelle[8]; là, (les hommes) seront rétribués pour les bonnes et les mauvaises actions – en acte, en parole et en pensée. Il leur reviendra une récompense; en effet le Seigneur – gloire à lui! – a dit: *'Celui qui abreuvera l'un de ces petits, d'une seule coupe d'eau fraîche, ne perdra pas son salaire*[9]*.'*

«Il a dit aussi: *'Quand le Fils de l'homme viendra dans sa gloire, et tous ses* saints *anges avec lui,* il rassemblera *toutes les nations devant lui et il séparera les uns d'avec les autres, comme le berger sépare les brebis d'avec les boucs, et il placera* (p.49) *les brebis à sa droite et les boucs à sa gauche. Alors le roi dira à ceux à sa droite: Venez, ô bénis de mon Père, recevez en héritage le royaume qui a été préparé avant que le monde fût créé. Car j'ai eu faim, et vous m'avez donné à manger; j'ai eu soif, et vous m'avez donné à boire; j'étais étranger, et vous* m'avez fait demeurer (avec vous); *j'étais nu, et vous m'avez vêtu; j'étais malade, et vous m'avez visité; j'étais en prison, et vous* (m') avez consolé[10]*.'*

«En un autre endroit, il a dit: *'Quiconque se déclarera pour moi devant les hommes, je me déclarerai pour lui, moi aussi, devant mon Père qui est dans les cieux*[11]*.'*

§4 «Voici qu'il nous a révélé tout cela au sujet du salaire des belles actions qui demeurent à jamais. Il nous a aussi raconté les tourments du châtiment qui atteindra les méchants, par une parabole merveilleuse dans laquelle est, par sa puissance, une source de sagesse: *Il y avait un homme riche qui était vêtu d'un vêtement de lin* écarlate *et se réjouissait tous les jours;* il n'avait pas de pitié envers les indigents. *Il y avait un pauvre du nom de Lazare gisant à son portail;* (le riche) ne lui donnait même pas *les miettes de sa table.* Tous deux moururent et *on conduisit* le pauvre ulcéreux *dans le sein d'Abraham,* c'est-à-dire la demeure des anges.

[8] Cf. *2Pierre* III, 12-13: *[...] la venue du jour de Dieu, où les cieux enflammés se dissoudront et les éléments embrasés se liquéfieront. Mais, selon sa promesse, nous attendons de nouveaux cieux et une terre nouvelle, où doit habiter la justice.*

[9] *Matthieu* X, 42.

[10] *Matthieu* XXV, 31-36.

[11] *Matthieu* X, 32.

Quant au riche, on le conduisit aux tourments de la géhenne. C'est lui à qui Abraham dit: 'Tu as déjà vécu dans la volupté pendant la vie, et de même Lazare a demeuré dans l'indigence. Voici que *maintenant il se réjouit ici, et toi, tu es tourmenté*[12].'

§5 «En un autre endroit, il dit: *'Le royaume des Cieux ressemble à un roi qui fit des noces pour son fils*[13].' Il indique avec *noces* la joie et l'allégresse qui doivent advenir; en effet il parlait avec des gens aimant les choses terrestres, il fit pour eux une comparaison habituelle qu'eux-mêmes comprissent. En effet Dieu n'indiqua pas par cela qu'il y eût là-bas noces et banquet, mais il condescendit et dit cela à cause de l'épaisseur de leur cœur et il usa de ces mots pour leur faire comprendre les choses dernières. Il dit que le roi, par la voix d'un héraut, invita chacun à venir à ses noces pour se divertir de ces belles choses qui ne peuvent être décrites. Nombreux furent parmi les invités ceux qui *(p.50)* négligèrent de venir; il y en eut parmi eux dont la malice de ce monde transitoire troubla le cœur; il y en eut parmi eux qui prétextèrent (le travail de) leurs champs; il y en eut (qui s'excusèrent) sur le négoce, d'autres sur des mariages (récents). Ils se privèrent de la beauté de la chambre nuptiale céleste et de ses joies; de leur plein gré, ils furent étrangers à la joie et aux délices. À ce moment, (le roi) invita d'autres (gens) et la maison fut pleine de (gens) qui étaient à table. Les serviteurs du roi *entrèrent pour voir ceux qui étaient à table, et il se trouva là un homme qui n'était pas vêtu d'un vêtement de noces. Le roi lui dit* publiquement: *'Comment es-tu entré ici sans qu'il y eût sur toi un vêtement de noces?'* L'homme resta silencieux, affligé. *Alors le roi dit à ses serviteurs: 'Liez-lui les mains et les pieds et jetez-le dans les ténèbres du dehors: là il y a les pleurs et les grincements de dents*[14].'

«En effet ceux qui n'ont pas écouté la voix du héraut de tout leur cœur, ce sont ceux qui refusent la foi dans le Christ et restent dans l'adoration des idoles ou dans un autre culte. Et l'homme qui n'était pas vêtu d'un vêtement de noces, il crut en une foi et des actes impurs et souilla le vêtement glorieux, qui est le vêtement du baptême, qui, par un jugement droit, est sorti de la joie de la chambre nuptiale.

§6 «Il prononça encore une autre parabole, celle des dix vierges, cinq sages et cinq folles: *Au moment du milieu de la nuit, il y eut un cri: 'L'époux est arrivé! Sortez, accueillez-le.'* Il indiquait avec *milieu de la nuit* le jour caché. Alors *les vierges qui s'étaient préparées* s'éveillèrent,

[12] *Luc* XVI, 19-25.
[13] *Matthieu* XXII, 2.
[14] *Matthieu* XXII, 3-13.

allèrent au-devant de l'époux *et entrèrent avec lui dans la salle des noces et la porte fut fermée.* Mais celles qui ne s'étaient pas préparées, et qui sont appelées *folles*, quand elles virent que leurs lampes s'étaient éteintes, allèrent acheter de l'huile. Quand elles revinrent, après que la porte avait été fermée, elles s'écrièrent en disant: *'Seigneur, seigneur, ouvre-nous,* que nous entrions.' *Mais celui-ci leur répondit en disant: 'En vérité, je vous le dis: je ne vous connais pas*[15]*.'*

«Il indique par cela qu'il y a une rétribution pour la parole et les pensées.

§7 «Il dit encore *(p.51)* que *'toute parole oiseuse que prononce un homme, on en demandera compte à celui-ci au jour du jugement*[16]*.'*

«Il dit encore: *'Même un cheveu de votre tête sera compté*[17]*.'*

«Cela est l'image de nos pensées qui sont aussi minces qu'un cheveu.

«De même le bienheureux Paul a enseigné avec quelque chose qui ressemble à cette parole en disant: *Car elle est vivante, la parole de Dieu, efficace et plus coupante qu'une épée à double tranchant.* Elle coupe les tendons de l'âme et de l'esprit, des membres et de la cervelle. Elle sépare la pensée du cœur; *il n'y a rien de caché devant elle, mais tout est découvert et* manifeste[18].

§8 «À propos de cela, (Dieu) a jadis donné la connaissance aux prophètes par la grâce de l'Esprit Saint. Isaïe dit: *Moi je connais leurs actions et leurs pensées et je les rétribuerai* – dit Dieu. *Voici que je viendrai et rassemblerai toutes les langues. Elles viendront et verront ma gloire.* Le ciel deviendra nouveau et la terre nouvelle, eux que je ferai devant moi à jamais. *Tout ce qui est vivant viendra et se prosternera devant moi – dit le Seigneur. On verra les cadavres des hommes qui m'ont été infidèles.* En effet le temps doit venir et leur jour est proche: *leur ver ne mourra pas et leur feu ne s'éteindra pas*[19].

«Il dit encore à propos de ce jour: Je roulerai le ciel *comme un livre et les étoiles tomberont comme tombe le feuillage de la vigne*[20]. *Voici que le jour de Dieu viendra* sans épargner pour la destruction et la colère, pour faire de la terre un lieu dévasté; il anéantira les pécheurs loin de celle-ci, car les étoiles du ciel et toutes ses parures ne donneront pas leur lumière. Le soleil sera obscurci, ainsi que la lune. Je détruirai le souvenir des hommes et je rendrai faible la force des insensés[21].

[15] *Matthieu* XXV, 1-12.
[16] *Matthieu* XII, 36.
[17] *Matthieu* X, 30.
[18] *Hébreux* IV, 12-13.
[19] Cf. pour ce paragraphe *Isaïe* LXVI, 18-24.
[20] *Isaïe* XXXIV, 4.
[21] Cf. *Isaïe* XIII, 9-11.

«Il dit encore: *Malheur à ceux qui tirent comme une longue corde leur péché et comme les traits du joug d'un bœuf leur faute! Malheur à ceux qui font du mal le bien et du bien le mal, qui font des ténèbres la lumière et de la lumière* (p.52) *les ténèbres, qui estiment doux ce qui est amer et amer ce qui est doux! Malheur* aux violents et *à ceux qui reçoivent des cadeaux corrupteurs*[22], *qui détournent le droit du pauvre,* qui enlèvent le bien des indigents, *qui dépouillent les veuves et pillent l'orphelin!* Que feront-ils de ce qu'ils ont pillé quand ils mourront? À qui donneront-ils des cadeaux pour être aidés ou à qui laisseront-ils (leur butin?)[23]? En effet ils sont (ainsi): *De même que le roseau est brûlé par le brasier du feu, de même leur racine* sera brûlée par les flammes et deviendra *comme de la poussière. Car ils n'ont pas voulu de la loi du Dieu des armes, eux qui ont irrité la parole du Saint d'Israël*[24].

§9 «Il est dit encore: *Il est proche, le jour du Seigneur;* stupéfiant est ce jour. *Jour d'emportement, jour d'affliction et de malheur, jour de nuage et de nuée, jour de* tonnerre *et de clameur!* Malheur aux méchants, car *ils marcheront à tâtons parce qu'ils ont péché contre Dieu! Leur or ni leur argent ne pourront les sauver au jour de la colère de Dieu. Par sa jalousie il détruira la terre*[25].

«David aussi, le prophète et roi, dit ainsi:

Dieu vient ouvertement, notre Dieu ne se taira pas.
Un feu brûle devant lui,
autour de lui il y a une tempête puissante.
Il appelle le ciel d'en haut,
et la terre, pour juger son peuple[26].

«Il dit encore:

Lève-toi, Seigneur, et juge la terre[27].
Car l'esprit des hommes te louera, Seigneur[28],
et toi, tu rétribues chacun selon ses actions[29].

Ce psalmiste a raconté de nombreuses belles choses. Tous les prophètes ont prêché par l'Esprit Saint au sujet du monde à venir et au sujet de la venue du Sauveur (effectuée) pour accomplir la parole de leur prophétie qui nous a ordonné de croire en la résurrection des morts et en la rétribution pour ce que nous avons fait pendant notre vie, afin que nous héritions la vie sans fin dans le monde à venir, amen.»

[22] *Isaïe* V, 18, 20, 23.
[23] *Isaïe* X, 1-3.
[24] *Isaïe* V, 24.
[25] *Sophonie* I, 14-18.
[26] *Psaumes* L, 3-4.
[27] *Psaumes* LXXXII, 8.
[28] *Psaumes* LXXVI, 11.
[29] *Psaumes* LXII, 13.

CHAPITRE X

§1 Quant à Yewâsef, son âme fut emplie de ces belles choses et il fut réjoui tout entier. Il dit au vieillard Baralâm: «Voici que tu m'as fait un récit au *(p. 53)* sujet de tout, tu me l'as fait connaître avec évidence et tu m'as apporté une confirmation complète de cette vocation terrible. Si cela est établi pour les hommes, que faut-il que nous fassions, nous, pour fuir ces tourments qu'on a préparés pour les pécheurs là-bas, et que nous devenions dignes de la joie des justes?»

Baralâm répondit en disant: «Il est écrit que lorsque Pierre, le chef des apôtres, connut la crainte du cœur du peuple, comme toi aujourd'hui – et *ils lui dirent: 'Qu'allons-nous faire?* ' –, il leur répondit et *leur dit: 'Repentez-vous et soyez baptisés,* chacun d'entre vous, *pour la rémission de vos péchés et vous recevrez le don de l'Esprit Saint. En effet c'est à vous qu'il a fait la promesse, ainsi qu'à vos enfants et à tous ceux qui sont au loin qu'aura appelés le Seigneur notre Dieu*[1].'

«Voici que sur toi à présent il a versé sa miséricorde et la richesse de sa gloire et il t'a appelé, toi qui étais dans ta pensée éloigné de lui, adorant des êtres étrangers qui ne sont pas des dieux – au contraire ils sont des démons destructeurs. À cause de cela, avant tout, approche-toi de celui qui t'a appelé pour recevoir de lui la sagesse de la connaissance qui n'a pas de tromperie et d'autres choses cachées qui ne sont pas visibles. En effet voici qu'il t'a appelé, ne tarde pas jusqu'à ce que tu sois devenu pur de la faute par le jugement droit de Dieu. Voici qu'ainsi dit Pierre l'apôtre à un des disciples croyants[2]. Quant à nous, nous avons confiance en toi, parce que tu as obéi à notre appel; tu peux beaucoup, tu porteras la croix et tu suivras Dieu qui t'a appelé, qui appelle de la mort dans la vie et des ténèbres dans la lumière. En effet celui qui ne connaît pas Dieu demeure dans les ténèbres et la mort de l'âme, et celui qui sert les démons détruit sa nature. En effet il est dépourvu de toute la puissance de la connaissance et il acquiert l'impiété de ceux qui lui (ressemblent) et vont dans leur impiété.

§2 «Mais voici que je vais te donner un signe qui demeure à jamais, que m'a raconté un homme sage. En effet ceux qui se prosternent devant

[1] *Actes* II, 37-39.

[2] Cf. peut-être *Actes* VIII, 22: *Repens-toi donc de ta méchanceté et prie le Seigneur pour que te soit remise, si possible, la pensée de ton cœur.*

les idoles, leurs actions ressemblent à (celle d') un chasseur *(p.54)* qui avait pris au filet un petit oiseau du nom de *merle* et qui avait saisi un couteau pour l'égorger et le manger. Le merle ouvrit le bec et parla à l'homme d'une voix droite en disant: 'Ô homme, à quoi te servira de m'égorger, (toi) à qui il ne sera pas possible de remplir ton ventre avec moi? Mais si tu me laisses, je te dirai trois paroles; si tu les gardes, elles te seront plus profitables que toute chose dans ta vie.'

«Le chasseur fut stupéfait et promit à l'oiseau d'écouter la vérité de sa parole et de le libérer rapidement de ses liens. Le merle ouvrit le bec et dit à l'homme: 'Ne cherche jamais à prendre quelque chose qu'il ne t'est pas possible (de prendre); n'aie pas de regret d'une chose qui t'a échappé; ne crois pas des paroles qui ne sont pas véridiques. Garde ces trois commandements et toute chose pour toi sera bonne et porteuse de paix.'

§3 «L'homme s'étonna de cela, délivra l'oiseau et celui-ci s'envola en l'air. Le merle voulut savoir si le chasseur avait compris la force de ses paroles qu'il lui avait dites et s'il avait tiré profit de celles-ci. L'oiseau, étant en l'air, dit à l'homme: 'Hélas pour ta décision, ô homme! Un grand trésor s'est échappé aujourd'hui de ta main; en effet il y a dans mon ventre une perle grosse autant qu'un œuf d'autruche.'

«Quand le chasseur entendit ce propos, il perdit tout entier le sens; ses membres se relâchèrent et il se lamenta sur cela. Il voulut reprendre l'oiseau par ruse et lui dit: 'Viens dans ma demeure; je prendrai soin de toi, comme mon ami, avec une belle sollicitude et te laisserai partir dans l'honneur.'

«Le merle lui répondit en disant: 'Voici qu'à présent je connais et sais sûrement la perfection de ta folie; en effet tu as entendu et accueilli tout ce que je t'ai dit avec attention et approbation, mais tu n'en as gardé aucun profit. Ne t'ai-je pas dit: N'aie pas de regret de ce qui t'a échappé? Et voici que tu t'affliges complètement de ce que je me sois échappé de ta main, tout en ayant du regret à cause d'une chose qui est passée. Je t'ai également prescrit de ne rien chercher *(p.55)* que tu ne pusses (atteindre), et voici que tu machines de me prendre au filet alors que tu ne peux me prendre au filet ni suivre mon chemin. Je t'ai prescrit aussi de ne pas croire une parole qui n'est pas véridique, et voici qu'à présent tu crois qu'(il y a) dans mon ventre une perle qui est plus grosse que ma taille. Tu n'as pas réfléchi et tu n'as pas reconnu que, si on me pèse, moi tout entier, dans une balance, je n'égalerai pas (le poids de) la coquille d'un œuf d'autruche. Comment contiendrais-je dans mon ventre un objet (?) d'une telle taille?'

§4 «Ainsi sont insensés ceux qui s'en remettent à des idoles qu'ils ont faites de leurs mains et disent: 'Elles nous ont créés', tout en les gardant des voleurs avec diligence pour qu'on ne les volent pas; et ils les appellent *gardiens de leur salut.* Cette folie est (?) erreur et absence de connaissance. À cause de cela, David le prophète s'est écrié à leur sujet en disant:

Comme elles soient tous ceux qui les font de leurs mains,
et tous ceux qui s'en remettent à elles[3].

«Il est aussi dit à leur sujet:

Ils sont couverts d'opprobre et couverts *de honte,*
ceux qui se prosternent devant une statue et qui s'en remettent à leurs dieux[4].

«Il est dit encore: *Ils ont sacrifié aux démons et non à Dieu, car ils sont une génération perverse et ils n'ont pas de foi*[5].

«Et au sujet d'une telle race mauvaise qui ne croit pas, il est dit: '*Sortez du milieu d'eux et séparez-vous*[6] pour *vous sauver de cette génération perverse*[7]. Fuyez *et allez*[8]', et ce qui suit cela.

§5 «Quant à nous, nous n'avons pas comme eux de nombreux dieux et seigneurs, mais nous adorons un seul Dieu, *Dieu le Père d'où (vient) toute chose – et nous sommes en lui –, un seul Seigneur, Jésus-Christ, grâce à qui est toute chose, et nous aussi grâce à lui*[9], *qui est l'image* de la personne *de Dieu* le Très-Haut, qui est *le Premier-Né de toute la création* et de tous les temps, *parce qu'en lui (Dieu) a créé tout ce qui est au ciel et sur la terre, le visible et l'invisible* ensemble[10]; *tout est advenu par lui, et sans lui rien n'est advenu*[11]; un seul Esprit Saint, que tous attendent, Esprit droit, Esprit consolateur, qui a inspiré aux prophètes de prophétiser la louange de Dieu. Ces trois *(p.56)* noms sont une seule nature, chacun d'entre eux est connu par sa personne et ils sont égaux: Père, Fils et Esprit Saint, unique est la divinité d'eux trois; une seule substance, une seule royauté, un seul honneur, une seule puissance, séparés par l'appellation uniquement. Unique est le Père par le fait d'être engendreur et de n'avoir pas été engendré, unique est le Fils par le fait de

[3] *Psaumes* CXV, 8; CXXXV, 18.
[4] *Psaumes* XCVII, 7.
[5] *Deutéronome* XXXII, 17, 20.
[6] *2Corinthiens* VI, 17.
[7] *Actes* II, 40.
[8] *Michée* II, 10.
[9] *1Corinthiens* VIII, 6.
[10] *Colossiens* I, 15-16.
[11] *Jean* I, 3.

l'engendrement, unique est l'Esprit Saint par le fait de la procession. De même pour nous: de la lumière du Père le Fils lumière s'est levé sur nous dans l'éclat de l'Esprit Saint – des trois personnes une seule s'est incarnée; cela est un seul vrai Dieu uniquement qui est connu dans la Trinité, *duquel, pour lequel et par lequel toute chose est advenue*[12].

§ **6** «Par sa grâce j'ai eu connaissance de ton affaire et j'ai été envoyé pour t'enseigner (ce à quoi?) j'ai réfléchi depuis le commencement; la fin (en) est ceci: si tu crois et es baptisé, tu seras sauvé; si tu ne crois pas, tu seras condamné. En effet ce que tu vois en fait d'honneur, de richesses et de toute tromperie de ce monde dans peu sera changé et disparaîtra. Toi aussi, on te fera sortir d'ici de force et ton corps, on l'enfermera seul dans une petite prison. Il sera privé de ses gens et de ses amis, car les plaisirs de ce monde périssent rapidement et, à la place de la beauté et de la fragrance du parfum, il en sortira saleté et odeur fétide. Quant à ton âme, on la suspendra dans la région inférieure de la terre, dans le châtiment du chéol, jusqu'au jour de la résurrection des morts. Lorsque l'âme revêtira son corps en ce jour, on la chassera de devant la face de Dieu et on la conduira dans le feu de la géhenne qui brûle et est ardent toujours, sans cesse. Il t'arrivera quelque chose de pire que cela si tu demeures dans ton incroyance, si tu ne me suis pas avec bonne volonté, moi qui t'appelle au salut, si tu ne t'éveilles pas en désirant être couvert de l'éclat (de Dieu?), si tu ne le suis pas sans te détourner, si tu ne renonces pas à tout et ne crois pas en lui seul.

§7 «Quant à ce que tu trouveras et auprès de quoi tu iras en fait de repos et de joie, écoute ce que je vais te dire, c'est ceci: lorsque tu t'assiéras, tu seras sans *(p.57)* tremblement et, si tu t'endors, tu trouveras un sommeil agréable, sans frayeur. Il ne se trouvera pas pour toi de chute là où tu marcheras et il ne t'apparaîtra pas une levée de démons, au contraire tu marcheras avec confiance, assuré comme un lion. Tu vivras dans la joie et dans l'allégresse éternelles, sur ta tête (il y aura) beauté et gloire et tu trouveras la joie quand s'enfuiront l'affliction, la souffrance et les gémissements. Alors ta lumière sera envoyée, s'étant levée (?), *ton droit marchera devant toi et la gloire de Dieu te couvrira*. À ce moment, si tu t'écries, Dieu t'entendra; quand tu l'appelleras, *il te dira: 'Me voici, je suis (là)*[13], moi ton Sauveur *qui efface tes péchés et ne m'en souviens pas* contre toi[14]. Confesse tes péchés, ils seront remis. *Si tes péchés sont noirs, je les* rendrai blancs *comme la laine* pure, *car la bouche de Dieu a parlé ainsi*[15].'»

[12] *Romains* XI, 36.
[13] *Isaïe* LVIII, 8-9.
[14] *Isaïe* XLIII, 25.
[15] *Isaïe* I, 18, 20.

CHAPITRE XI

§1 Yewâsef dit à Baralâm: «Ton discours, mon seigneur, est beau et merveilleux; quant à moi, j'ai cru – et je crois encore – et j'ai pris en haine complètement, de tout mon cœur, l'adoration des idoles. Avant que tu entres auprès de moi, mon âme les haïssait avec un grand doute à leur endroit. À présent je les ai prises en haine – et je les haïrai complètement – parce que j'ai appris de toi leur vanité (?) et la folie de leurs adorateurs. Je désire à présent être le serviteur du Dieu de justice, s'il ne me rejette pas à cause de mes nombreuses fautes, parce que je ne suis pas digne de cela. Cependant, que lui-même me pardonne toutes mes fautes, car il est ami du genre humain et de cœur miséricordieux, comme tu me l'as dit toi-même, et il me rendra digne d'être un serviteur pour lui. Voici que je suis prêt à recevoir le baptême chrétien. Mais cela peut-il être fait par la foi, et le baptême chrétien est-il l'accomplissement du salut, ou faut-il encore leur ajouter quelque chose d'autre?»

(p.58) Baralâm répondit en disant: «Écoute ce qu'il faut après avoir reçu le baptême saint, c'est (ceci:) se tenir éloigné de tout péché et de toute affection mauvaise et que le fondement de ta foi droite soit construit sur la pratique des vertus; en effet la foi sans les œuvres est morte, et de même les œuvres sans la foi. En effet l'apôtre Paul dit: 'Quant à vous, *allez dans l'esprit, ne* soyez *pas* assidus *aux plaisirs de la chair,* car *les œuvres de la chair* apparaissent ouvertement; *ce sont fornication, luxure, impureté,* fraude, *idolâtrie, sorcellerie,* dispute, querelle, *meurtre,* amour des richesses, blasphème, *ivresse,* orgueil et ce qui ressemble à cela, *comme je* te *l'ai dit auparavant.* En effet *ceux qui font ces choses n'hériteront pas le royaume* des cieux. *Mais le fruit de l'Esprit Saint,* c'est *l'amour mutuel, la joie, la paix, la patience, la bonté, la* belle *foi, la douceur, la continence*[1], la pureté de l'âme et du corps, l'humilité du cœur dans une grande contrition, la miséricorde, le pardon du mal, la veille, la repentance véritable pour tout ce qui est passé – péchés, fautes, chutes, erreurs – dans des pleurs abondants avec la crainte de Dieu et dans les lamentations à cause des péchés, l'amour du prochain et ce qui ressemble à cela. Ces actions sont pour le croyant semblables à une échelle pour monter, un barreau suivant l'autre; s'assemblant entre eux,

[1] *Galates* V, 16, 19-23.

ceux-ci font monter l'âme jusqu'au ciel. En effet (le Christ) nous a ordonné d'entrer par la porte étroite et de nous tenir loin de son opposé.

§2 «Mais si, après avoir cru à la justice, nous retournons à faire des actions honteuses mortelles, ayant recommencé, nous devenons à la ressemblance d'un chien qui est retourné à sa vomissure. Ce que dit le Seigneur est accompli sur nous: *Après que l'esprit impur est sorti de sur l'homme, il parcourt* un lieu où il n'y a pas d'eau, *cherchant du repos; il n'en trouve pas et dit: 'Je vais retourner là d'où je suis sorti.' Il vent et trouve (l'endroit) vacant, balayé et orné. Il amène avec lui sept autres esprits qui étaient pires que lui; ils entrent et* (p.59) *demeurent là, et le dernier (état) de l'homme devient pire que le premier*[2].

§3 «En effet le baptême chrétien pur engloutit dans l'eau tous nos péchés qui sont passés, lesquels avaient été écrits par la main très-haute, et leur fait subir une destruction complète; après cela, il devient un rempart solide, une tour puissante et une arme solide devant la face de l'Ennemi. Cependant il n'enlève pas la domination de la chair, en revanche il détruit les péchés qui ont été faits dans le passé: nous ne sommes pas baptisés dans la piscine d'eau inutilement. Mais nous croyons en un seul baptême pour la rémission des péchés et il nous faut nous purifier et nous garder afin de ne pas tomber de nouveau dans quelque pratique des péchés; au contraire nous devons mettre en pratique les commandements de Dieu le Très-Haut. En effet il a dit à ses apôtres purs: *'Allez, prêchez à toutes les nations et baptisez-les au nom du Père, du Fils et de l'Esprit Saint*[3]*.'* Il ne dit pas cela seulement, mais il ajouta et dit: *'Enseignez-leur tout ce que je vous ai prescrit, moi*[4]*.'* En ce qui concerne ses commandements glorieux, l'Esprit Saint a demeuré sur nous et lui-même, ses apôtres auxquels il avait donné l'état de bienheureux, il les appela ses frères, eux qui étaient dignes du royaume des cieux.

§4 «Il nous ordonna encore de nous lamenter dans ce monde et de devenir dignes de la joie à venir; de devenir doux et d'éprouver la faim et la soif pour la justice; d'être pitoyables et de donner gracieusement; d'être purs de cœur et éloignés de toute impureté d'un cœur assuré, en pratiquant la paix avec notre prochain; d'endurer l'affliction, la violence – pour la justice et pour son nom saint – et tout ce qui nous arrive; de recevoir le don de la grâce, la joie et l'allégresse qui sont éternelles[5]. Il ordonna que, dans ce monde, notre *lumière brillât,* selon qu'il a dit,

[2] *Matthieu* XII, 43-45.
[3] *Matthieu* XXVIII, 19.
[4] *Matthieu* XXVIII, 20.
[5] Cf. pour tout ce passage *Matthieu* V, 3-12.

afin qu'ils vissent la beauté de vos œuvres et glorifiassent votre Père qui est dans les cieux[6].

§5 «En effet la loi de Moïse, qui a été donnée précédemment aux enfants d'Israël, dit ainsi: *'Ne tue pas, ne fornique pas, ne vole pas, ne sois pas un témoin mensonger*[7].'

«Mais le Christ *(p.60)* dit: *'Celui qui se met en colère contre son frère* inutilement mérite *le châtiment* du jugement, *et celui qui dit à son frère* loqueteux *mérite le feu de la géhenne. Si tu as apporté ton* offrande *et que tu te rappelles que ton frère* est fâché contre toi, *laisse ton offrande sur l'autel et va d'abord te réconcilier avec ton frère*[8].'

«Il dit (encore): *'Quiconque voit une femme et la désire a déjà forniqué avec elle dans son cœur*[9].'

«Souiller (son) âme, et se soumettre à la passion du péché, il appelle cela fornication.

§6 «La Loi interdit le faux serment, mais le Christ a ordonné de *ne pas jurer du tout* mais *de dire oui* au moment du *oui* et *non* au moment du *non*[10]. La Loi dit: *'Œil pour œil, dent pour dent*[11].' Mais le Christ dit: *'Celui qui a frappé ta joue, tends-lui aussi l'autre.* Celui qui t'a arraché *ton vêtement, donne-lui aussi ta* chemise. *Celui qui te requiert pour un mille, fais-en deux avec lui. À celui qui te demande, donne; et celui qui veut t'emprunter, ne le rebute pas*[12].'

«Il dit encore: *'Aimez vos ennemis et bénissez ceux qui vous maudissent. Faites le bien à ceux qui vous attaquent et priez pour ceux qui vous font* violence *afin de devenir fils de votre Père qui est dans les cieux, parce qu'il fait lever son soleil sur les justes et les mauvais et fait tomber la pluie sur les justes et les impies*[13].'

«Il dit encore: *'Ne jugez pas, pour n'être pas jugés*[14].' 'Pardonnez et on vous pardonnera[15].' *'Ne vous amassez pas un trésor sur terre là où il y a des vers et des voleurs qui creusent et volent,* mais *amassez-vous un trésor* qui est *dans les cieux, là où* il n'y a ni vers ni voleurs; *là où il y a vos trésors, là seront vos cœurs*[16]. *Ne vous souciez pas pour votre vie de*

[6] *Matthieu* V, 16.
[7] *Exode* XX, 13-16.
[8] *Matthieu* V, 22-24.
[9] *Matthieu* V, 28.
[10] Cf. *Matthieu* V, 33-37.
[11] Cf. entre autres *Exode* XXI, 24.
[12] *Matthieu* V, 38-42.
[13] *Matthieu* V, 44-45.
[14] *Matthieu* VII, 1.
[15] Cf. *Matthieu* VI, 14.
[16] *Matthieu* VI, 19-21.

ce que vous mangerez et de ce que vous boirez, *ni pour votre corps de ce dont vous le revêtirez. En effet votre Père céleste sait que vous, vous désirez tout cela*[17].'

§7 «En vérité, sans mensonge, le créateur de l'âme et du corps donne la nourriture à tous; il nourrit les oiseaux du ciel et pare la terre de la beauté des fleurs. *Cherchez d'abord le royaume* des cieux *et tout cela vous sera surajouté. Ne vous souciez pas de demain, car demain se souciera de lui-même*[18]. Selon que *vous voudriez qu'agissent pour vous* (p.61) *les hommes, de même agissez pour eux, vous aussi. Entrez par la porte étroite, parce que resserré est le chemin qui mène dans la vie et peu nombreux sont ceux qui* le recherchent, et très *large et spacieux le chemin qui mène à la perdition et nombreux ceux qui y marchent*[19]. *Ce ne sont pas tous ceux qui me disent: Seigneur, Seigneur! qui entrent dans le royaume des cieux, mais celui qui fait la volonté de mon Père qui est dans les cieux*[20]. *Qui aime père ou mère plus que moi n'est pas digne de moi, qui aime fils ou fille plus que moi n'est pas digne de moi; et qui ne porte pas sa croix et ne me suit pas n'est pas digne de moi*[21].'

«C'est de telles actions et ce qui leur ressemble que Dieu a ordonné aux apôtres d'enseigner à ceux qui croiraient en lui. Tout cela, il nous faut le garder si nous voulons atteindre la perfection et recevoir *la couronne de justice* qui ne vieillit pas, *que Dieu, le juste Juge,* donnera *en ce jour à ceux qui auront aimé son apparition*[22].»

§8 Yewâsef lui dit: «Si ces prescriptions veulent être à ce point gardées avec un scrupule extrême et si le péché me surprend après le baptême chrétien, serai-je privé de l'espoir de la vie (éternelle) et toute mon espérance sera-t-elle vaine?»

Baralâm lui répondit en disant: «Ne pense pas cela; en effet le Verbe de Dieu qui s'est incarné pour le salut de notre race connaît la grandeur de notre faiblesse et ne nous laisse pas tomber malade de cette sorte d'affection qui n'a pas de remède. Au contraire, comme un médecin à l'art accompli, il a préparé pour nous un remède avec le repentir et il a prêché celui-ci pour le pardon du péché, lui qu'il a établi pour l'expiation. En effet après que nous avons acquis la connaissance de la vérité, que nous sommes baptisés par l'eau et par l'Esprit et purifiés par le signe de croix de tous les péchés, s'il nous arrive de tomber dans le *(p.62)* péché,

[17] *Matthieu* VI, 25, 32.
[18] *Matthieu* VI, 33-34.
[19] *Matthieu* VII, 12-14.
[20] *Matthieu* VII, 21.
[21] *Matthieu* X, 37-38.
[22] *2Timothée* IV, 8.

il ne nous est pas nécessaire d'être baptisés de nouveau; en effet ce don n'est donné qu'une seule fois. Mais nous sommes sauvés en faisant un acte de repentir qui nous est donné par notre créateur, lequel est le jeûne, la prière et les larmes brûlantes; cela, par la grâce de Dieu, est appelé baptême. Cependant il faut peiner quelques jours pour être sauvé, surtout (?) d'une grande chute. Avec une telle façon (de faire), il n'y a pas de péché qui vainque l'amour de Dieu. Cependant il nous faut nous attacher au repentir avant la venue de la mort, pour que celle-ci ne nous fasse pas sortir d'ici alors que nous sommes souillés; en effet il n'y a pas de repentir dans le chéol. À cause de cela, Dieu a ordonné que nous ne perdissions pas l'espoir quand nous fautons; en effet nous connaissons la bonté de Dieu et nous savons à propos du péché qu'il en a établi pour nous le pardon, l'ami des hommes qui a répandu son sang pour notre péché – gloire à lui dans les siècles des siècles, amen!

§9 «Dans de nombreux passages, la puissance du repentir apparaît avec certitude, surtout (dans) les commandements et les paraboles de notre Seigneur et Sauveur Jésus-Christ. En effet au début de son enseignement, il dit: *'Repentez-vous, voici que le royaume des cieux est proche*[23]*.'*

«Il s'exprima par une parabole et parla du fils qui avait pris les richesses de son père, *était parti dans un pays éloigné et y avait dissipé tout son bien dans* l'inconduite. À ce moment-là, il y eut *dans ce pays* une pénurie sévère, *une grande famine. Il alla et* se joignit *à un* méchant *parmi les gens de ce pays.* On dit que celui-ci *l'envoya dans son champ faire paître* pour lui *les cochons.* Il ne lui fut pas possible de se remplir le ventre *des caroubes dont se nourrissaient les cochons.* Au moment où sa vie s'affaiblissait (?), il revint de cette conduite honteuse et se lamenta sur lui-même en disant: *'Combien* y a-t-il de salariés dans la maison *de mon père qui ont* de la nourriture *de reste, et moi ici* je suis tourmenté *par la faim! Je vais aller,* donc, *chez mon père et lui dire: Père, j'ai fauté contre le ciel et envers toi; je ne suis pas digne d'être appelé ton fils, traite-moi* simplement *comme un de tes* salariés.' Il se *(p.63)* leva et alla chez son père. *Quand son père le vit de loin,* il eut pitié *de lui;* il se hâta *et l'embrassa.* Il fit une fête dans la joie parce qu'il l'avait retrouvé et il égorgea *un veau gras* magnifique[24].

§10 «Cette parabole, il l'a produite au sujet de ceux qui se détournent de leurs péchés vers le repentir. Il donne encore une indication avec un signe évident relatif au bon pasteur *qui a cent brebis* : quand *il perdit l'une d'entre elles, il laissa les quatre-vingt-dix-neuf* (autres) et alla

[23] *Matthieu* IV, 17.
[24] Cf. pour ce passage *Luc* XV, 11-24.

chercher *celle qui était perdue jusqu'à ce qu'il la trouvât; il la porta sur son épaule,* la réunit à celles qui n'étaient pas égarées et *appela ses amis et ses voisins. 'C'est ainsi,* dit notre Sauveur, *qu'il y aura une* grande joie *dans les cieux pour un seul pécheur qui se repent, plus que pour quatre-vingt-dix-neuf justes qui n'ont pas besoin de repentir*[25]*.'*

§11 «De même le chef des disciples, Pierre, le rocher de la foi, au moment de la passion du Sauveur, par l'opération de la sagesse de celui-ci – afin de lui faire comprendre la faiblesse des enfants des hommes –, tomba dans la chute du reniement. Quand il se rappela la parole de notre Seigneur, il versa alors des pleurs amers. Par l'effusion de ses larmes brûlantes, il se sauva lui-même de la défaite (?), car il était rompu au combat. Même s'il avait chuté, il ne faiblit pas ni ne perdit l'espoir. Lui devint chef par son action, exemple pour tout le monde quant à la pratique du repentir. Après être ressuscité par la puissance de sa divinité, notre Seigneur Jésus-Christ l'interrogea en disant: *'Pierre, m'aimes-tu?'*, et il renforça les trois reniements par trois questionnements. Pierre répondit en disant: *'Oui, Seigneur, tu sais, toi, que moi je t'aime*[26]*.'*

§12 «Avec tout cela et avec beaucoup d'autres actions, le chiffre trois fut affermi et la puissance des larmes manifestée. Aimons donc rejeter le péché, l'éloigner et le fuir par l'effusion des larmes, comme dit David:

Je me fatigue dans le malheur;
je baigne ma couche *toute la nuit,*
de mes larmes j'arrose mon lit[27].

«Il faut que l'homme, après qu'il a connu la vérité, la deuxième naissance et le goût du mystère divin, se garde de toute sa force et craigne de tomber, car le fait de tomber n'est pas bon pour ceux qui *(p.64)* combattent. En effet nombreux sont ceux qui sont tombés et n'ont pu se relever. Il y en a parmi eux qui ont ouvert à la passion la porte et y sont demeurés; il y en a parmi eux qui n'ont pu s'en arracher, ils n'ont pu non plus aller vers le repentir et ne se sont pas relevés par la foi, en sorte qu'ils nettoyassent la souillure de leurs péchés. À cause de cela, la chute survient brusquement et, après que la chute est survenue, il est nécessaire de se relever rapidement et de bien combattre. À chaque fois qu'arrive une telle chose, il faut se relever et combattre jusqu'à la fin; en effet notre Seigneur dit: *Revenez vers moi et je reviendrai vers vous*[28].»

[25] *Luc* XV, 4-7.
[26] Cf. *Jean* XXI, 15-17.
[27] *Psaumes* VI, 7.
[28] *Zacharie* I, 3.

CHAPITRE XII

§1 Yewâsef répondit et dit à Baralâm: «Comment, après avoir été baptisé, se garde-t-on pur de tout péché? En effet je voudrais trouver le chemin de Dieu, (m'y tenir) avec scrupule, ne pas m'en écarter et ne pas tomber de nouveau après la rémission de mes péchés passés.»

Baralâm lui dit: «Très beau est ce que tu as dit, ô prince. Cela est (aussi) ma volonté et mon désir, mais c'est difficile: on ne peut marcher dans le feu et ne pas être brûlé, et il est difficile de se tenir dans le feu. Il est très dur qu'un homme soit (ainsi), alors qu'il est lié par les actions du monde et par ses soucis, qu'il peine nécessairement (?) et qu'il vit dans la richesse et les délices, que (donc) il aille sans s'écarter du chemin du commandement de Dieu et qu'il se sauve lui-même complètement. En effet Dieu a dit: *'Un serviteur ne peut s'asservir à deux maîtres: ou bien il haïra l'un et aimera l'autre, (ou bien) il* honorera *l'un* et méprisera *l'autre. Vous ne pouvez vous asservir à Dieu et à la richesse*[1].'

«Jean l'évangéliste, l'aimé du Christ, le théologien, a écrit dans son épître en disant: *N'aimez pas le monde ni ce qui est dans le monde,* en effet l'amour du monde est *le désir de la chair et des yeux. Et le monde passe et ses désirs avec lui, mais celui qui fait la volonté de* (*p.65*) *Dieu demeure dans les siècles des siècles*[2].

§2 «Regarde donc nos pères revêtus de la divinité, qui ont entendu cela de la bouche du Christ: ils ont prescrit que, après le baptême chrétien, les hommes possédassent leur âme qui fût incorruptible. Il y en a parmi eux qui eurent la volonté de recevoir le deuxième baptême, c'est-à-dire devenir martyr par l'effusion de son sang. En effet celui-là aussi est appelé baptême; il est très glorieux et terrible, car il n'est pas souillé de nouveau par la souillure des péchés. En effet (les martyrs) se sont livrés aux rois et aux gouverneurs impies pour le Christ. Ils ont enduré toute sorte de supplices: on les a jetés aux lions, au feu et aux épées; ils ont confessé la belle confession, accompli leur carrière et gardé leur foi. Ils ont été rétribués du salaire de la justice et devinrent compagnons des anges et héritiers du Christ qui avait fait ainsi resplendir leurs vertus et les avait fait briller, au point que se répandit sur toute la terre la richesse de leur grâce et que, dans tous les confins du monde, éclata la splendeur

[1] *Matthieu* VI, 24; *Luc* XVI, 13.
[2] *1Jean* II, 15-17.

de leur enseignement. (Cela) n'(eut) pas (lieu) uniquement par leur traitement ignominieux (?), mais aussi par leurs actions et l'effusion de leur sang. Et leurs ossements sont pleins de toute sainteté, faisant fuir les démons et guérissant ceux qui souffrent d'une maladie grave, et on les honore toujours parmi les créatures. Le récit serait long si nous voulions faire connaître l'histoire de leurs vertus.

§3 «Quand les méchants et les corrupteurs eurent péri, régnèrent dans tout le monde des rois croyants. (Certains?) scrutèrent à ce moment les pères (de l'Église?) avec une pensée droite pour approcher leur corps et leur âme de Dieu le Très-Haut, sans souillure. Ils retranchèrent toutes les actions passionnelles et s'écartèrent de la souillure du corps et de l'âme. Quand ils comprirent qu'il ne leur était pas possible de faire cela, excepté en gardant les commandements de Dieu – et ils nous apprirent aussi à acquérir ces (vertus?), à garder les commandements et à les mettre en pratique dans le danger et la misère qui nous touchent dans la persécution séculière –, ils acquirent pour eux-mêmes une façon de vivre autre et étrange, selon la parole *(p.66)* divine: ils méprisèrent tout, ils abandonnèrent leurs pères, leurs frères et leurs enfants, leurs amis et leurs parents, leurs biens et leurs plaisirs, et ils oublièrent tout ce qui est dans le monde. Ils s'enfuirent – comme les gens qui s'enfuient – dans des déserts vides, tristes et périlleux; *dans les montagnes, les cavernes et les antres de la terre,* ils établirent leur demeure[3]. Ils s'éloignèrent de toutes les joies qui sont dans ce monde – vêtement, nourriture, terres habitées – et, errant çà et là de cette (manière), ils trouvèrent deux types de repos; l'un d'entre eux (était de) ne pas voir le monde transitoire et ses passions, afin de couper le désir à sa racine et en détruire le souvenir et afin de planter dans son cœur le désir céleste et (l'envie de) l'obtenir. Le deuxième d'entre eux (était pour eux) de détruire l'œuvre de chair, de devenir martyrs par leur volonté et de se rendre semblables au Christ par leurs souffrances, à proportion de leurs possibilités, pour devenir ses compagnons dans le royaume qui ne finit pas.

§4 «Quand ils virent que ce dessein était bon, ils abandonnèrent leurs tentes et se cachèrent dans les grottes et les cavernes. Ils vécurent ainsi, acquirent des vertus et les soutinrent. Ils méprisèrent tout pour obtenir la joie et le repos. Ils choisirent de se nourrir d'herbe qui n'était pas cuite au feu, et c'est avec cette nourriture chiche qu'ils entretenaient la vie de leur corps. Il y en avait parmi eux qui passaient toute la semaine sans manger; il y en avait parmi eux qui mangeaient deux fois par semaine;

[3] Cf. pour ce passage *Hébreux* XI, 37-38.

d'autres se nourrissaient tous les soirs, ne faisant que goûter uniquement (?). Quant à leurs prières et à leurs veilles, elles étaient de peu moindres que (celles des) anges. Ils méprisèrent l'or, l'argent et les biens d'un mépris complet et avaient oublié tout ce qui, entre les hommes, est objet de vente et d'achat. Il n'y avait pas place en eux pour la jalousie et l'orgueil, mais ils étaient profitables à eux-mêmes par l'humilité de cœur, (estimant qu')ils ne faisaient absolument rien. Au contraire ils étaient attentifs (?), ainsi que dit notre Seigneur: *'Si vous avez accompli tous les commandements, dites: Nous sommes des esclaves inutiles, car nous n'avons fait* (*p.67*) *que ce que nous* avions reçu l'ordre *de faire*[4]*.'*

«Il y en avait parmi eux qui jugeaient à propos d'eux-mêmes qu'ils ne faisaient rien si ce n'est ce dont ils avaient reçu l'ordre. De même chacun avait acquis pour soi une pensée belle, il n'y avait pas en eux de gloriole vaine ni de préférence à propos d'eux-mêmes (?). Ils avaient abandonné le monde et habité dans les déserts, espérant leur récompense auprès de Dieu et non des hommes, ayant dans leur pensée que, pour l'ascèse qui est pratiquée en vue de la louange vaine, il n'y a pas de récompense, car elle est à l'image de l'homme. Mais ceux qui désiraient la gloire très-haute, qui la voulaient, méprisèrent les choses terrestres.

§5 «Ils menèrent chaque combat (?) jusqu'à sa fin et s'éloignèrent de la demeure des hommes pendant tous leurs jours. À cause de cela, ils furent proches de Dieu. Il y en a qui établirent leur demeure loin de leurs compagnons, chacun seul. Le dimanche, ils se rassemblaient dans l'église sainte pour recevoir le mystère divin, qui est le sacrifice du corps et du sang purs du Christ glorieux, dont il a gratifié les croyants pour la rémission de leur péché, pour illuminer et sanctifier l'âme et le corps, l'un étant renforcé par l'autre grâce à l'exercice des paroles divines. Ils révélaient la façon d'attaquer des adversaires qui (agissent) en secret, pour que n'y fût pris aucun de ceux qui ne connaissaient pas la façon d'entrer dans le combat. Après cela, ils retournaient dans leurs demeures, ayant mis le miel des vertus dans les ruches (?) à miel pur de (leurs) cœurs avec un zèle accompli, et ils en faisaient un fruit savoureux qui serait profitable pour la table céleste.

§6 «D'autres suivaient la règle de vie de l'association, eux qui se rassemblaient, en assemblée nombreuse, dans une seule communauté. Ils abandonnaient leur cœur à l'obéissance envers tous les croyants, tranchaient leurs désirs avec le couteau de l'obéissance et se considéraient comme des esclaves qui ont été achetés de par leur volonté. Je dis donc

[4] *Luc* XVII, 10.

qu'ils ne vivaient pas pour eux-mêmes, (mais) de la vie du Christ qui demeure en eux, qu'ils suivent *(p.68)* et pour lequel ils ont renoncé à tout. C'est le retirement loin du monde, (dans?) lequel leur sont données différentes sortes de guérison par lesquelles ils sont protégés de la mort, ainsi que le renoncement à ce qui est de la nature inférieure grâce au désir de ce qui est supérieur à la nature de glaise. Ce sont eux qui se conduisent sur terre à la ressemblance des anges, chantant ensemble des psaumes et des hymnes à Dieu. Ils sont forts comme les martyrs, eux qui ont exprimé leur foi par le combat de l'obéissance, eux à propos de qui a été accomplie la parole du Seigneur: *'Là où deux ou trois sont rassemblés en mon nom, moi je suis au milieu d'eux*[5]*.'*

«En effet il désigne par *deux ou trois* toute assemblée sans nombre (défini) – selon les chemins de la vie solitaire ou de la vie en commun (?) – où se rassemblent quelques-uns ou beaucoup pour son nom saint, l'adorant avec ardeur de cœur. Nous croyons et professons que, là, il est au milieu de ses serviteurs et est en eux.

§7 «Par ces signes-ci, les êtres terrestres rivalisent avec l'action des êtres célestes: par le jeûne et par la veille, par la prière et par les larmes brûlantes, le souvenir de la mort, l'éloignement de la colère et le silence des lèvres, dans l'ascèse manifeste, dans la pureté et dans la continence, dans l'amour complet de Dieu et dans l'amour du prochain aussi. Ils ont passé ainsi leurs jours à la ressemblance des anges. À cause de cela, Dieu les a parés de miracles et de prodiges et il a fait que la grâce de leur carrière prodigieuse fût entendue et résonnât dans tout l'univers. Si je te racontais la carrière – qui est conservée dans ma bouche – de l'un d'entre eux, qu'on appelle Antoine, tu saurais – et t'(en) émerveillerais – comment, d'un seul arbre dont l'aspect est identique (aux autres arbres), le fruit (pareillement) doux et les branches identiques, il a établi le fondement de l'ascèse, quelle est la hauteur du toit qui s'est élevé, et qu'il lui est revenu de recevoir la béatitude de la part de notre Sauveur. D'autres aussi ont combattu à sa ressemblance et obtenu les couronnes célestes.

§8 «Heureux ceux qui ont aimé Dieu et, à cause de l'amour de celui-ci, ont méprisé tout! En effet ils sont restés à se lamenter jour et nuit pour obtenir la joie qui n'a pas de fin et ils ont incliné leur pensée *(p.69)* de leur plein gré pour être élevés là-bas. Ils ont dissous leur corps par la faim et par la soif et la veille pour recevoir la liberté des êtres spirituels, la joie du Jardin des délices et le royaume éternel. Ils furent purs de cœur et demeure de l'Esprit Saint. Ils se crucifièrent pour le monde afin de se

[5] *Matthieu* XVIII, 20.

tenir à la droite de celui qui avait été crucifié pour eux. Ils ceignirent leurs reins et tinrent prêts leurs lampes à tout moment en attendant la venue du fiancé qui ne meurt pas. En effet ils avaient acquis deux yeux lumineux, réfléchis et à la vision acérée, et ils guettaient constamment l'heure terrifiante, les belles choses qui ne passent pas et le châtiment éternel. (Cela) était empreint dans leur cœur et ils s'appliquaient avec un grand effort pour obtenir la gloire qui demeure à jamais. Ils devinrent saufs de la passion du péché, comme les anges. À présent ils vont (aussi?) çà et là, ceux qui sont semblables par leur carrière. Ils sont heureux comme eux; en effet par les yeux de leur cœur qui ne se laissent pas tromper, ils ont supprimé le poids des êtres transitoires qui ne tiennent pas. Ils ont renoncé à tout cela, ont amassé pour eux les belles choses qui ne passent ni ne meurent et s'en sont fortifiés, eux qui sont des hommes saints et merveilleux.

§9 «Quant à nous, nous sommes des êtres faibles qui ne sont absolument pas dignes d'être comparés à eux, car nous ne sommes pas parvenus à leur sagesse très-haute qui demeure dans le ciel. Cependant, à proportion de ce que peuvent notre faiblesse et l'ébranlement de notre force transitoire, soyons semblables (à eux) dans leur façon de vivre et revêtons leur aspect. Si nous avons fauté dans nos actions, voici qu'il y a une espérance divine: nous savons que Dieu (nous) aidera en ce qui concerne l'exemption de corruption qui nous a été donnée au moment de recevoir le baptême divin. Suivons les paroles de ces bienheureux et connaissons précisément la fin des affaires transitoires de ce monde, lesquelles n'ont pas de profit; elles sont plus légères que les rêves, que l'ombre qui disparaît et que le vent qui souffle dans l'air. De même sont les choses de ce *(p.70)* monde, (monde) qu'ils nous ont appris à ne pas aimer du tout, mais au contraire à haïr d'une haine complète, car il mérite d'être haï. En effet il emporte dans la fureur tous ses amis, à qui il a été donné, et les entraîne vers l'affliction, dépouillés de toutes les vertus. Il leur impose une lourde charge et fait chuter ceux qui étaient élevés. Tel est son aspect, tels sont ses dons. Il hait ses amis et injurie ceux qui ne font pas son bon plaisir. Il fait descendre le mal sur tous ceux qui s'appuient sur lui et coupe les racines de ceux qui ont confiance en lui. Il conclut un pacte avec les insensés et leur fait des promesses mensongères pour les attirer vers lui. Quand ils ont assouvi leur désir avec lui, il leur apparaît aussitôt que le monde est trompeur et mauvais et qu'il n'accomplit en rien tout ce dont ils étaient convenus avec lui.

§10 «Aujourd'hui il satisfait à leur désir et rend savoureuse pour eux la nourriture; demain il fait d'eux une nourriture pour les ennemis.

Aujourd'hui il fait roi l'un d'entre eux; demain il le livre à la male servitude et à la honte. Aujourd'hui il lui donne de nombreuses myriades de bonnes choses; demain il le fait indigent. Aujourd'hui il met une couronne de gloire sur sa tête; demain il le fait descendre à terre, tombé sur sa face. Aujourd'hui il orne sa nuque de gloire et de l'appareil des honneurs; demain il le montre (?) avec un carcan de fer à sa nuque. Il le rend aimé de tous pour une heure; peu après il le rend haï à l'extrême. Aujourd'hui il le fait se réjouir et prendre du plaisir; demain il le fait se tourmenter dans les larmes et les lamentations. Et quelle est la fin qui sera la leur? Écoute à présent: il établit la demeure de ceux qui l'aiment dans le feu de la géhenne, lieu de malheur et de perdition; tel est toujours le type de sa conduite. Ceci est ce qu'il aime: il ne pleure pas ceux qui sont morts et n'a pas pitié de ceux qui vivent. En effet il a trompé ceux-là par sa méchanceté et les a pris dans ses filets; contre ceux-ci il veut éprouver son action *(p.71)* et ne veut pas que quiconque échappe à ses filets pernicieux. Ces (gens) servent un tel maître! Voici qu'ils se sont éloignés, dans la corruption de leur cœur, de la gloire; ils chutent dans leur espoir (?), s'étant dissous dans l'amour des choses transitoires; ils ne pensent absolument pas au monde à venir et s'ébattent dans les plaisirs charnels. Quant à leur âme, ils la rejettent en sorte qu'elle est consumée de faim et abreuvée de myriades de maux.

§11 «Il me semble qu'ils sont semblables à un homme qui fuyait devant la face d'une licorne, en grande frayeur, et ne pouvait supporter d'entendre le son de sa voix et (le bruit) terrible de celle-ci. Au contraire il fuyait de toute sa force pour ne pas lui servir de nourriture et, alors qu'effrayé il fuyait en hâte, il tomba dans un puits profond qui était très grand. Au moment de sa chute, il tendit les mains, saisit un arbre qui avait deux branches et l'agrippa fermement de ses mains. Ses pieds se posèrent sur les côtés de l'arbre et il lui sembla que, par cela, il avait trouvé le salut (et) qu'il ne glisserait pas. Alors qu'il regardait, il vit deux sauterelles (?), l'une blanche et l'autre noire; elles mangeaient sans relâche les branches que l'homme tenait fermement, et il s'en fallait de peu qu'elles fussent coupées. Il regarda vers le fond du puits et vit un dragon d'aspect effrayant qui soufflait du feu. Ses yeux lançaient de violents éclairs et sa gueule était ouverte vers lui et voulait l'avaler. Il tourna son regard vers l'appui sur lequel se tenaient ses pieds; il vit quatre serpents qui sortaient leurs têtes de leurs trous, lesquels étaient dans la paroi contre laquelle il s'appuyait.

«Il leva les yeux et vit une abeille qui fabriquait du miel qui coulait du haut de l'arbre aux deux branches; il lécha avec sa langue, goûta le miel et s'en réjouit. Il (y) attacha (?) son cœur, loin de penser à sa situation, et cessa de se soucier des périls qui l'entouraient. Il ne songea pas que la licorne, à l'extérieur du puits, rugissait et cherchait à le dévorer; que, dans la profondeur du puits, (il y avait) aussi le dragon dont *(p.72)* la gueule était ouverte pour l'avaler; qu'il ne restait que peu aux branches qu'il tenait pour être coupées et que ses pieds reposaient sur (un appui) qui n'était pas solide (et) qui ne le sauverait pas des quatre serpents. Il oublia tous ces périls et leur gravité et s'attacha (?) au goût de ce peu de miel.

§12 «Cela est l'image de ceux qui se dissolvent dans le désir d'aimer la tromperie du monde transitoire. Voici que je suis sur le point (?) de t'expliquer cela: la licorne est le pouvoir de la mort qui toujours poursuit les (hommes) en courant pour parvenir à la race d'Adam. Le puits est le monde qui est plein de tous tourments et maux, il est semblable au tombeau. L'arbre aux deux branches qui sont mangées sans répit par les sauterelles est la durée de notre vie qui est consommée et qui passe; la sauterelle noire est la nuit et la blanche est le jour. Les quatre serpents sont quatre éléments qui ne sont pas stables dans l'être humain, qui, s'ils sont écartés de leur ordre ou bien ébranlés, détruisent à cause de cela la disposition du corps. Le dragon est semblable au ventre du chéol dont le brasier est allumé pour recevoir ceux qui ont choisi l'agitation de ces choses transitoires de préférence aux belles choses à venir. Le miel est le goût suave et le désir de ce monde qui trompe ses amis et ne leur permet pas de se soucier du salut de leur âme.»

CHAPITRE XIII

§1 Yewâsef répondit et dit: «Vraiment, en vérité, cela est juste et s'accorde avec tes paroles. Ne tarde pas à me révéler (des récits) tels que ces paraboles et signes, en m'informant toujours avec précision, pour que je sache complètement quelle est la vie dans ce monde transitoire et ce qui nous arrivera à la fin de celle-ci.»

Le vieillard illustre lui répondit en disant: «Voici que ceux qui aiment la joie de la vie transitoire et les choses aimables de ce monde, *(p.73)* ceux à qui la saveur des désirs de celui-ci est agréable et qui ont choisi les choses transitoires plutôt que les choses durables qui ne passent pas, (ceux-là donc) ressemblent à un homme (qui) avait trois amis. Il honorait deux d'entre eux, se battait pour eux et multipliait les attentions à leur égard. Quant au troisième, il le méprisait beaucoup; il ne l'honorait ni ne l'aimait comme il convenait, mais, superficiellement (?), il l'aimait un peu. Un jour survinrent chez lui des soldats d'aspect effrayant et terrifiant, venus en hâte (et) avec beaucoup d'instance, pour conduire l'homme auprès du roi afin qu'il rendît le montant d'une dette qui (pesait) sur lui, dix mille talents. Comme l'affaire était grave pour lui, il chercha qui l'aiderait quand on lui demanderait compte à la cour du roi. Il alla le matin chez son premier ami, qu'il aimait beaucoup, et lui dit: 'Tu sais, ô mon ami, qu'en tout temps j'ai offert ma vie pour toi; voici que j'ai besoin à présent, en ce jour, de quelqu'un qui me secoure et me sauve de la grandeur du péril qui m'environne. Avec quoi à présent m'aideras-tu, toi, et quel est l'espoir qui me viendra de toi, ô mon ami?'

«L'(autre) répondit en disant: 'Homme, je n'ai jamais été ami avec toi et je ne sais d'où tu (viens). J'ai d'autres amis avec lesquels je dois me réjouir aujourd'hui; j'en fais dorénavant mes amis. Cependant voici qu'à présent je te donne deux guenilles pour qu'elles soient à toi dans le chemin par lequel tu vas aller, elles qui ne te seront profitables absolument en rien. Ne nourris pas de ma part d'autre espoir.'

«Quand l'homme entendit ce discours, il désespéra de l'aide qu'il attendait de lui et alla vers son deuxième ami.

§2 «Il lui dit: 'Rappelle-toi, ô mon ami, combien de belles choses je t'ai données et quelle beauté d'affection je t'ai montrée. Voici que je suis tombé aujourd'hui dans l'affliction et un grand malheur; j'ai besoin d'un secoureur qui me secoure. Indique-moi dans quelle mesure il t'est possible d'être éprouvé avec moi.'

«Cet (homme) lui répondit et lui dit: 'Je ne suis pas *(p.74)* disponible pour cela en ce jour, en effet moi aussi je suis dans les soucis, les ennuis et l'affliction. Cependant je vais aller un peu avec toi, en effet je ne puis t'être profitable en rien, et je reviendrai rapidement chez moi. Je m'occuperai de mes ennuis et de mes soucis relatifs aux choses transitoires.'

«L'homme s'en revint de là, de nouveau les mains vides, affligé de toutes les manières. Il souhaita malheur à ce qu'il espérait faussement, ainsi qu'à ces amis à la pensée mauvaise qui ne lui étaient pas utiles, en qui il se plaisait et qu'il aimait précédemment.

§**3** «Il alla alors vers son troisième ami, à qui il n'avait jamais donné de réconfort (?) ni n'avait admis à se joindre à sa joie. Il lui dit, avec un visage honteux et contracté, en éprouvant de la crainte: 'Il ne convient pas que j'ouvre la bouche devant toi ni que je lève les yeux vers toi; en effet je sais précisément que je n'ai pas fait pour toi une seule chose bonne et que je ne me suis pas tourné vers toi en étant un ami. Cependant je suis venu auprès de toi à présent à cause du malheur qui m'a touché, et je n'ai pas trouvé auprès de mes autres amis d'accès (?) ni de secours. Si tu (en) as la possibilité ou (que tu as) un petit secours, secouremoi avec celui-ci; ne me refuse pas cela et ne me garde pas rancune à cause de ma mauvaiseté de pensée que j'ai exercée à ton encontre.'

L'(autre) répondit avec un visage ouvert et joyeux: 'Oui, je suis ton ami véritable et je me rappelle pour toi les choses bonnes, qu'elles soient nombreuses ou peu nombreuses, que tu as faites avec moi. Voici que je te les rendrai aujourd'hui et j'y ajouterai pour toi. N'aie pas peur et ne tremble pas; j'irai devant toi et solliciterai le roi pour toi afin qu'il ne te livre pas dans la main de tes ennemis. Aie confiance à présent, ô mon ami, et n'aie pas peur.'

§**4** «À ce moment, l'homme fut pris de peur (?) et versa ses larmes avec une douleur de cœur brûlante; il dit: 'Malheur à moi! Sur quoi me lamenterai-je: sur ce qui est passé ou sur ce qui est venu en dernier? Je pleurerai à présent sur la mansuétude et la compassion, qui ont été perdues, dont je faisais preuve envers ces miens faux amis qui ne se sont pas rappelé mes bienfaits. Malheur à mon cœur et à ma folie qui ne se sont pas liés d'amitié avec cet ami salutaire!'»

(p.75) §**5** Ce discours plut à Yewâsef et il en demanda l'explication à Baralâm. Celui-ci répondit en disant: «Le premier ami est la richesse et l'amour de la fortune par lesquels l'homme tombe dans une myriade de périls, et il lui arrive de nombreuses misères. Quand arrive l'heure de sa mort, il n'emporte rien avec lui sauf des guenilles qui ne sont pas utiles, c'est-à-dire le linceul de sa dépouille uniquement. Le deuxième ami est l'épouse, les enfants et le reste de la parenté vers lesquels incline

la pensée, et celle-ci néglige l'âme à cause de son amour pour eux. Mais d'eux, à l'heure de la mort, nous ne tirons aucune utilité, si ce n'est uniquement qu'ils vont jusqu'au tombeau, et ils retournent aussitôt à leurs affaires et à leurs soucis. Le troisième ami que (l'homme) néglige et regarde comme rien est le maître d'œuvre (?) des vertus – foi, espérance, charité, vérité de la parole, aumône et le reste de l'assemblée de toutes les vertus qui peuvent aller devant nous au moment de notre sortie de ce monde. Elles sollicitent Dieu pour nous et nous sauvent de la main de nos ennemis mauvais qui, par leur parole, se lèvent contre nous dans l'air, cour de ceux qui veulent prononcer contre nous une sentence rigoureuse. C'est le troisième ami, à la belle affection, qui a mis dans sa pensée la chiche beauté de nos actions et nous a remboursés en y ajoutant.»

CHAPITRE XIV

§1 Yewâsef répondit et lui dit: «Quelle belle récompense t'adviendra de la part de Dieu, ô sage entre tous les hommes par l'intelligence? Voici que mon âme est réjouie à présent avec ce qu'a prononcé ta voix agréable de façon suivie (?). Montre-moi encore une image de la fin de ce monde et comment l'homme peut traverser celui-ci, sauvé par le fait de croire.»

Le vertueux Baralâm répondit en disant: «On m'a raconté qu'il y avait une ville très grande. La coutume de ses habitants *(p.76)* était de prendre un homme étranger qu'ils ne connaissaient pas, qui ne connaissait rien aux lois de cette ville et qui n'était pas informé de ses règles. Ils en faisaient un roi qui les régissait et les dominait en toute domination et (dans) le bien-être sans restriction, jusqu'à la fin d'une année. À la fin de celle-ci, alors qu'il était dans le bien-être sans souci, dans la satiété et la joie et qu'il lui semblait que la royauté demeurerait à lui à jamais, à ce moment (les habitants) se levaient contre lui subitement, le dépouillaient de la pourpre royale et l'exhibaient nu dans la ville devant la foule. Ensuite ils le chassaient et l'installaient dans une grande île éloignée, qui était très rude, (où) il ne lui était pas possible de se rassasier ni de se nourrir. Au contraire il demeurait dans la faim, dans la nudité et dans d'incessantes pensées affligeantes: comment ces honneurs étaient-ils partis loin de lui qui ne (les) avait pas imaginés ni espérés?

§2 «Selon leur coutume, les gens de la ville choisirent pour la royauté un homme qu'ils trouvèrent, dans l'esprit duquel était une intelligence grande et puissante. Sa raison ne fut pas changée par les honneurs et la puissance qui l'entouraient, sa raison ne fut pas diminuée par la dignité royale comme ceux qui étaient sortis (dans?) la misère et une grande affliction. Il réfléchissait avec application et grande prudence à la manière dont il ferait tourner en bien sa situation. À ce moment, il connut – il avait cherché comme un homme dont le jugement est sage –, il connut les coutumes des gens de cette ville quant à ceux qui l'avaient précédé et il connut les lieux d'exil; il apprit sans feinte ce qu'il lui fallait choisir pour lui-même. Quand il sut précisément qu'après un petit laps de temps il serait exilé dans cette île et abandonnerait les biens qui étaient amassés à d'autres, alors il ouvrit rapidement les trésors sur lesquels il avait été établi précédemment sans restriction. Il prit beaucoup de biens, or, argent et pierres précieuses, et il les envoyait, l'un après l'autre, à différents moments, avec des serviteurs fidèles; *(p.77)* ceux-ci les emportaient dans l'île où on devait l'exiler par après.

«Quand une année fut écoulée pour lui, les habitants de la ville se levèrent contre lui, le dépouillèrent du vêtement royal et l'exilèrent auprès des rois qui avaient été exilés, ces insensés qui, roi chacun en son temps, demeuraient dans les épreuves et dans la pauvreté. Mais ce roi qui était sage dans son jugement, qui s'était gardé, qui précédemment avait envoyé les richesses avant lui-même, il prenait de la nourriture dans la bonne santé, les richesses éternelles et les plaisirs sans fin. Il enleva de sur lui la crainte des habitants trompeurs de cette ville, qui n'étaient pas dignes de foi, et demeura dans les richesses grâce à ce bon jugement plein de toute sagesse.

§3 «Comprends donc à présent, ici, l'explication de cela. La ville est ce monde trompeur et transitoire. Ses habitants sont les chefs et les puissants, maîtres du monde des ténèbres de ce temps transitoire, qui nous séduisent par la douceur des désirs d'une seule heure et nous amènent à nous soucier de choses agréables (?) qui vieillissent et nous semblent sans corruption. De cette manière nous sommes séduits et il n'entre en nous aucune des pensées qui (sont relatives à) ces choses durables à jamais. Nous n'amassons rien pour la vie là-bas qui dure à jamais; soudain viendra à nous l'ange de la mort et les habitants de la vie, injustes et mauvais, nous feront partir d'ici, nus comme celui qui a accompli tous ses jours. Ils nous conduiront dans la terre des ténèbres et de l'obscurité, dans la terre où n'apparaît pas la lune, ni la vie charnelle. Quant au conseil bon et digne de foi, qui est manifesté dans toutes les générations, qui a sauvé le roi sage, c'est ma (personne) infime et méprisable, moi qui suis venu auprès de toi pour te montrer le chemin de la vertu profitable, qui n'a pas de tromperie, qui te donnera la vie *(p.78)* éternelle qui n'a pas de fin et te conseillera pour que tu acquières et amasses pour toi là-bas tous les honneurs, et pour que tu t'éloignes de l'erreur de ce monde transitoire dont moi j'ai été un temps la propriété.

§4 «Au sujet des agitations de celui-ci, j'ai observé avec les deux yeux (de l'esprit) qui n'ont pas été séduits comment en ont été éprouvés (les hommes) eux-mêmes pendant tous leurs jours. (Quant aux choses) qui passent loin des hommes, il y en a parmi elles qui ont précédé, il y en a parmi elles qui ont suivi; aucune d'entre elles n'est durable, impérissable. Aucune richesse n'est durable pour les riches, aucune puissance pour les puissants, aucune sagesse pour les sages; aucun repos pour ceux qui demeurent dans la sécurité, aucune joie pour ceux qui se divertissent.

Il ne se trouve dans les louanges d'ici-bas ni sujet d'orgueil ni appui. Mais les affaires (des hommes) ressemblent à l'écoulement des eaux dans les profondeurs de la mer, de même toutes sont transitoires. À cause de cela, j'ai compris que toutes étaient vaines et n'avaient pas d'utilité, mais comme tous ceux qui ont précédé, ont été oubliés et que l'oubli a cachés – que ce soit un notable, ou un roi, ou un gouverneur, ou un puissant, ou quelqu'un qui ressemble à ceux-ci –, de même elles sont transitoires. Quand les temps les auront foulées, elles périront et se dessécheront; et moi, une d'entre elles, je tomberai infailliblement dans le changement et le vieillissement, selon la coutume de toujours. De même que ceux qui étaient avant moi ne furent pas autorisés à se divertir dans les choses transitoires, de même m'adviendra-t-il, selon qu'il revient aux hommes. Le monde les rend agités et les fait passer d'ici à là. Il en fait passer la moitié de la richesse à la pauvreté. Il y en a parmi eux qu'il fait passer de la pauvreté à la richesse; il y en a qu'il fait sortir du monde et il en fait entrer d'autres à leur place. Parfois il traite avec mépris les avisés, honore les insensés et les moqueurs et installe sur des trônes de gloire ceux qui n'ont pas de sagesse.

§5 «La race des hommes est pénible à voir, parce que ceux-ci n'ont pas la force qui les fasse tenir en face de l'injustice du monde, mais (ils sont) à la ressemblance d'une colombe *(p.79)* qui fuit devant un aigle ou un faucon; en effet elle passe de lieu en lieu, s'abrite auprès d'un arbre, se protège auprès d'une cabane, une fois dans un trou de rocher; elle se jette dans de nombreux gémissements, ne trouve pas de refuge et est constamment dans l'agitation et la crainte. De même sont ceux qui aiment les choses transitoires d'un amour animal, ils souffrent par celui-ci des maux de la misère et n'ont absolument pas d'action solide. Ils ne savent pas ce que sera leur fin à cause de cela, ni où les mènera ce monde trompeur auquel ils sont fort assujettis après qu'ils l'ont connu. Ils ont préféré le mal au bien et sont allés dans le chemin du mal à la place du chemin du bien. Ils ne savent pas qui héritera le fruit de leur labeur pénible et douloureux, soit les leurs soit ceux qu'ils ont choisis; peut-être seront-ils sans amis ni proches, au contraire (ce sera) un ennemi, quelqu'un qui les combat. Tout cela et ce qui suivra arrivera dans le tribunal de l'âme.

§6 «Je pris alors en haine cela, ainsi que toute la durée de la vie transitoire et toutes les actions vaines dans lesquelles celle-ci était entraînée, consumée dans les peines terrestres. Je rejetai alors de sur mon âme ces tribulations et les ôtai toutes de sur moi. Je suivis la justice et le bien véritable qui est désirable et fait le bon plaisir de (Dieu); je sus que cela était le principe de tous les biens et était appelé le principe de la sagesse, et encore que cela même était la sagesse parfaite, cela même la vie que n'atteint pas l'affliction, qui est éloignée de rendre misérables ceux qui l'ont acquise, en sont fortifiés et se remettent à Dieu. Je rendis mon esprit ferme sur ce chemin, le chemin des commandements de Dieu qui n'a pas d'erreur. Je sus précisément qu'il n'a ni trébuchement, ni perversité, ni aspérité, ni précipice, ni perturbation; (qu'il est) aplani sans obstacle, lui qui n'a ni épines ni chardons. Au contraire il est droit et beau, lui qui réjouit par la beauté *(p.80)* de son aspect les yeux de ceux qui y marchent dans la pureté, et surtout de ceux qui l'espèrent en attendant l'annonce du salut afin de s'y engouffrer dans les délices éternelles. Je m'offris, à cause de mon erreur antérieure et de la tromperie (qu'avait subie) mon esprit, à y marcher avec force. Je le choisis pour moi et, à bon droit, le préférai à tout. Je me mis à construire une demeure pour mon âme qui était tombée et avait été détruite.

§7 «Ainsi je me donnai une raison (de vivre?) et j'écartai la colère de mon cœur; j'écoutai le son de la voix d'un sage qui enseignait et s'exclamait pour moi en disant ainsi: 'Sortez, vous tous qui désirez le salut et séparez-vous de l'erreur du monde dont l'aspect change et qui d'ici peu n'existera (plus)! Sortez sans vous retourner, en portant le viatique de la vie éternelle et de la douceur de la félicité! En effet vous devez faire un long chemin qui demande de nombreux approvisionnements et viatiques ici-bas. Vous trouverez le lieu du repos éternel qui a deux régions – lesquelles ont beaucoup de demeures – dont Dieu a préparé l'une pour ceux qu'il aime et qui exécutent ses commandements, qui est pleine de tous les biens. Ceux qui en sont dignes y vivent à jamais, sans corruption ni vieillesse, ayant entendu qu'il n'y a pas là de souffrance, d'affliction et de gémissements. Quant à la deuxième, elle est pleine de ténèbres, avec la souffrance et la tristesse; elle est préparée pour le diable et ses milices, elle dans laquelle seront jetés ceux qui font des actions mauvaises. Ceux-ci ont aimé, à la place des choses durables qui ne passent pas, les choses transitoires d'ici-bas qui se corrompent rapidement, et ils ont fait d'eux-mêmes un aliment pour le feu éternel.'

§8 «Quand j'entendis ces paroles et que j'en reconnus la justesse, je me fixai une action par laquelle j'obtiendrais cette demeure qui est exempte de faim et d'affliction et pleine de toutes les belles choses dont j'ai à présent la connaissance constamment, qui est à jamais. *(p.81)* Voici que m'est échue à présent une seule partie de sa connaissance, comme un petit enfant qui grandit peu à peu dans la vie spirituelle; comme celui qui voit dans un miroir, je regarde ce qui est là-bas. Quand sera arrivé le temps de ce qui est parfait, je verrai cela face à face[1]; alors seront abolies la honte et la misère. À présent, je loue Dieu en Jésus-Christ notre Seigneur. En effet voici que la loi de l'Esprit Saint, par l'esprit de la vie, a retiré de sur moi la loi du péché et de la mort, et elle m'a ouvert les yeux pour que je visse un spectacle sans erreur. En effet la pensée de la chair est la mort, la pensée de l'esprit est la vie et la paix. De même que j'ai connu précisément la ruse des choses transitoires et leur séduction – et je les ai haïes d'une haine totale –, de même je te donne un conseil pour que tu réfléchisses à cela, saches et connaisses précisément dans ton cœur que, de ce qui est proche de toi, la disparition est rapide. Tu (te) priveras (?) de tout ici-bas et tu amasseras pour toi, dans la maison des trésors, la liberté éternelle qui n'a pas de disparition ni de fin, la richesse que n'atteint pas la pauvreté – (dans la maison) où toi-même tu dois aller sans entrave. En effet quand tu iras, tu ne seras pas démuni et nécessiteux, mais au contraire riche au compte des choses nécessaires appropriées que tu auras placées précédemment pour toi-même.»

1 Cf. pour ce passage *1Corinthiens* XIII; 9-12: *Car partielle est notre science, et partielle notre prophétie. Mais lorsque viendra ce qui est parfait, ce qui est partiel sera aboli. Lorsque j'étais enfant, je raisonnais en enfant; lorsque je suis devenu homme, j'ai aboli ce qui était de l'enfant. Car nous voyons à présent dans un miroir, d'une manière obscure, mais alors ce sera face à face.*

CHAPITRE XV

§1 Yewâsef répondit en disant: «Comment me sera-t-il possible d'envoyer là-bas en avance, pour moi, des trésors d'argent et de richesse afin, quand je serai allé là-bas, d'y trouver les délices qui ne disparaissent pas ni ne se corrompent? Et comment haïrai-je ce qui est visible et choisirai-je ce qui doit arriver, qui est invisible? Révèle-moi encore cela ouvertement avec honnêteté et sincérité.»

Baralâm le vertueux répondit en disant: «Que tu envoies biens (et) richesse dans cet endroit éternel est aisé: si tu les donnes aux nécessiteux, ils seront doublés pour toi et tu les accumuleras là-bas. En effet un des prophètes, qui est Daniel à la parole juste, dit à Nabuchodonosor le roi: *'Ô roi, que mon conseil t'agrée.* (p.82) *Que ton péché soit* pardonné *par la miséricorde envers le pauvre* et ton injustice par la compassion envers les indigents[1].'

Et (il y a) la parole de notre Sauveur qui dit: 'Acquérez-*vous des amis avec l'argent de l'injustice pour que, quand vous vous en irez, ils vous accueillent dans leurs maisons éternelles*[2].'

Voici que notre Seigneur a bien établi, au commencement et à la fin (de sa prédication), de nombreuses paroles au sujet du don de l'aumône, (ainsi) dans ses mots: *'Heureux les miséricordieux, parce qu'à eux aussi on fera miséricorde*[3].'

De même tout ce qui aura été donné dans la main des pauvres et des indigents sera fort augmenté et accumulé là-bas avec un intérêt. En effet pour tout ce que tu feras avec eux en plaisant au Seigneur, tu seras récompensé du double, ainsi qu'il le dit lui-même: *'(Il recevra) le centuple et héritera la vie éternelle*[4].'

§2 En effet il connaît les grâces et les dons très-hauts et donneurs de vie. À cause de cela, méprise les trésors de ce monde dans les désirs duquel tu t'es immergé de nombreux jours et libère-toi pour te détourner en t'en arrachant (?). En effet avec ces dons transitoires, achète les choses durables éternelles. Avec l'aide de Dieu, fais cela en observant attentivement la destruction de la condition de ce monde et estime celui-ci négligeable.

[1] Cf. *Daniel* IV, 24.
[2] *Luc* XVI, 9.
[3] *Matthieu* V, 7.
[4] *Matthieu* XIX, 29.

Tu t'en iras sans souci à cause des choses transitoires, passant auprès des choses durables qui existent à jamais, t'étant dépouillé du vêtement des ténèbres et des actions de mort, ayant méprisé ce monde et celui qui s'attache à ce monde. Quant à la chair qui vieillit, traite-la comme ton ennemi; confie-toi à la lumière qui n'est pas trouvée par le raisonnement, portant sur tes épaules la croix vivifiante, et suis-la sans te retourner pour être glorifié avec elle et devenir héritier de la vie qui ne finit pas, dans laquelle il n'y a pas de tromperie.»

§3 Yewâsef répondit en disant: «Le mépris de tout, l'abandon de tout et l'obtention d'une telle vie porteuse de douleur, selon que tu m'as dit précédemment, avez-vous appris cela anciennement et l'avez-vous reçu *(p.83)* des commandements des apôtres – et cela est (resté) établi jusqu'à aujourd'hui –, ou bien ces dispositions ont-elles été établies par vous ainsi, ou bien les avez-vous choisies vous-mêmes?»

L'illustre Baralâm lui répondit sur ces propos et lui dit: «Ce n'est pas une loi de création nouvelle dont je te parle – loin de moi! –, mais quelque chose que j'ai reçu de jadis. En effet Dieu parla à l'homme qui l'avait interrogé (en ces termes): *'Ô maître, c'est en quoi faisant que j'hériterai la vie éternelle?'* – et il se flatta et dit: 'J'ai gardé tout ce qui est écrit dans la Loi.' (Dieu donc) lui répondit et lui dit: 'Il te reste une seule chose: *va, vends* tout ce qui est à toi, *donne-le aux pauvres* et tu amasseras pour toi *un trésor qui est dans les cieux;* porte ta croix *et viens, suis-moi.*' *Quand il entendit cela, (l'homme) s'en alla affligé, car* il était très riche. Quand Jésus le vit affligé, il dit: 'Il est certes difficile, pour ceux qui ont des biens, *d'entrer dans le royaume des cieux. Il est plus facile à un chameau d'entrer par le trou d'une aiguille qu'à un riche d'entrer dans le royaume des cieux*[5].'

§4 «Ce commandement, tous les saints l'entendirent; ils se déterminèrent à se séparer d'une telle difficulté (causée par) la richesse et s'en dissocièrent complètement. Ils distribuèrent tout ce qu'ils avaient aux pauvres et préparèrent pour eux la richesse éternelle qui ne périt pas. Ils portèrent volontairement la croix vivifiante et suivirent dans l'amour le Christ Dieu. Il y en a parmi eux qui moururent dans le martyre, il y en a parmi eux qui combattirent dans l'ascèse, ne le cédant en rien à l'action de ces martyrs. Cela est la philosophie véritable et il est souhaitable pour toi que tu saches de science certaine que ce commandement (vient) du Christ notre Seigneur et notre Dieu. C'est lui qui nous sépare des choses transitoires et nous fait participants des choses durables.»

[5] Cf. pour ce passage *Matthieu* XIX, 16-24.

§5 Yewâsef répondit et lui dit: «Si cette philosophie est ainsi honorable (et) ancienne, pourquoi de nombreuses gens ne mettent-ils pas en pratique aujourd'hui cette sagesse?»

(p.84) Baralâm lui dit: «Voici que nombreux sont ceux qui l'ont trouvée et l'ont maîtrisée (?); de nombreux l'ont refusée et s'en sont détournés, ainsi que dit notre Seigneur: 'Peu nombreux sont ceux qui vont dans la voie attristante et étroite et nombreux ceux qui vont dans la voie large[6].' En effet ceux qui vont dans l'amour de l'argent et dans la tentation de l'amour des plaisirs, qui recherchent l'amour de la gloire vaine qui mène dans l'erreur, voici qu'ils sont étrangers à Dieu et prisonniers. En effet l'âme qui perd complètement l'espoir de faire le bien, voici qu'elle est prête à être entraînée par les plaisirs animaux, selon que David le prophète s'est lamenté à propos de la folie qui s'est répandue sur ceux qui sont comme ces âmes, ainsi qu'à propos de la fumée et des ténèbres qui les ont recouverts. Il s'est lamenté sur l'épaisseur de leur cœur et la dureté de leur esprit en disant:

Ô enfants des hommes, jusques à quand alourdirez-vous votre cœur?
Pourquoi aimez-vous la vanité et suivez-vous le mensonge[7]?

§ 6 «Il nous semble que ce monde d'ici-bas et ses délices sont une grande chose, (c'est) une gloire vaine qui est nue, un séjour dans la honte et une chose à propos de laquelle ils mentent. Cela veut dire que ceux qui y marchent sont meilleurs que ceux qui le rejettent et aussi, pour tous, qu'il est meilleur et plus important pour ceux qui le falsifient; *poussière broyée* est appelé celui-ci par le mariage de quatre (femmes), changeant et abandonnant l'une après l'autre[8]. Il disparaît comme la fumée qui ne peut être touchée et, comme l'ombre, il s'en va.

§7 «Notre Seigneur – gloire à lui! – ordonna aux prophètes, aux apôtres et à tous les saints de prêcher en utilisant (?) complètement la parole et l'action pour éveiller chacun à la voie des vertus qui n'a pas d'erreur. À cause de cela, ceux qui y marchent sont peu nombreux; quant à ceux qui ont choisi la voie large qui conduit dans la perdition, *(p.85)* ils sont très nombreux. À cause de cela, il ne faut pas que nous considérions comme petites la sagesse et la carrière divine; au contraire nous les traitons comme le soleil lumineux qui brille sur tous, envoie son éclat par compassion, sur ordre, vers tous et les éclaire. Il y en a parmi eux qui couvrent leurs yeux, voulant ne pas regarder sa lumière; le soleil s'obscurcit pour eux à cause de leur orgueil, mais il ne convient pas que

[6] Cf. *Matthieu* VII, 13-14.
[7] *Psaumes* IV, 3.
[8] La traduction de cette phrase est très incertaine.

tous les hommes négligent et méprisent la gloire de sa beauté à cause de la folie de ceux-là. En effet ceux-là se sont interdit la lumière qui éclaire, car ils sont des aveugles qui tâtonnent le long d'un mur et tombent dans de nombreux précipices. Mais le soleil lumineux demeure dans sa nature et l'éclat de sa beauté et éclaire ceux qui brillent de sa lumière. C'est à ce type élevé qu'est semblable la lumière du Christ qui brille pour tous à profusion, (du Christ) qui nous a gratifiés de l'éclat de sa lumière et y a associé chacun à proportion de son désir et de son application. Il est le soleil de justice qui ne se dérobe à aucun de ceux qui veulent le regarder et ne contraint aucun de ceux qui choisissent les ténèbres volontairement; mais le libre choix de son cœur gouverne chacun avec permission de soi-même aussi longtemps qu'il est vivant dans ce monde.»

§8 Yewâsef désira savoir ce qu'était la *permission de soi-même* et ce qu'était la puissance du *libre choix*.

Le vieillard illustre Baralâm répondit en disant: «La permission de soi-même est la volonté de l'âme raisonnable qui va sans empêchement là où elle veut, soit vers des actions de vertu soit vers des choses méprisables; ainsi a-t-elle été faite par le Créateur – que son nom soit exalté! La permission de soi-même est le mouvement de l'âme raisonnable qui se gouverne elle-même. L'action du libre choix est le petit désir qui est en nous et l'examen pourvu de désir (qui) examine à l'intérieur de nous. En effet ce à quoi nous avons pensé précédemment dans notre pensée, nous le désirons, *(p.86)* l'ayant agréé. La réflexion est le désir qui advient à propos des actions qui sont à l'intérieur de nous. En effet il est tel parmi les hommes qui délibère avec lui-même (pour savoir) s'il est souhaitable qu'il fasse une chose ou non; il réfléchit encore à ce qui est meilleur et qui adviendra. Ensuite il choisit et aime ce sur quoi la réflexion a porté son jugement; cela est appelé volonté. S'il a réfléchi et n'a pas choisi ce à quoi il a réfléchi ni ne l'a désiré, cela n'est pas appelé volonté. Après la réflexion, (il y a) encore le libre choix du jugement (et) le choix qui est la continuation du libre choix. Ces deux choses, libre choix et choix, sont manifestées l'une après l'autre, et il est manifeste et connu que le choix après la réflexion du libre choix est le choix.

§9 «Ici apparaît avec évidence la bonne disposition (?) des mots. En effet le libre choix préalable est le fait de choisir une chose plutôt qu'une autre et personne ne connaît le jugement de sa volonté qui ne choisisse pas la chose (à juger) avant cela, et tu ne la connais pas avant de l'avoir examinée. En effet toutes les choses auxquelles tu réfléchis et que tu connais ne sont pas bonnes, mais tu veux les faire sortir (de la non-connaissance?) vers la connaissance. Alors advient ce qui s'est réuni, ce qui précède le choix: quand elle accueille le désir, la réflexion précède et le libre choix est affermi. Ainsi le libre choix se réunit à ce qu'il choisit et il advient le désir d'examen avec la réflexion de ce qui est en nous, et l'examen que nous observons soigneusement arrive à l'intérieur de nous. En effet ce sur quoi nous avons porté un jugement précédemment par notre pensée, nous le désirons et le choisissons. En effet toute pensée est conçue à propos de *(p.87)* l'action. De même, un choix qui existe, une pensée l'a précédé, et toute action qui existe, un choix l'a précédée. Cela n'est pas uniquement à propos des actions, mais sache que, pour les choix qu'a précédés ce qui a été conçu par la pensée, apparaissent à ce moment couronnes et tourments. En effet le commencement du péché et de la pratique des bonnes actions provient du choix de sagesse (?) qui est en nous. Ces actions sont à proportion du choix qui est à l'intérieur de nous. En effet à nous sont les actions vertueuses et à nous sont les signes de toutes les vertus spirituelles, à cause des actions dont les façons d'être sont louées ou bien que l'on décrie.

§10 «De même les gens vont selon leur permission de soi-même et choisissent selon leur propre volonté, de même chacun choisit à proportion de son empressement; (l'un) se fait participant de la lumière divine et tire profit du commerce de la sagesse. En effet il y a des choix différents. De même qu'il y a dans le cœur de la terre des sources différentes – il y a certaines d'entre elles qui coulent à la surface de la terre, il y a certaines d'entre elles qui sont quelque peu profondes, il y a certaines d'entre elles qui sont très profondes; parmi ces eaux, il y en a une qui fait couler une eau abondante au goût délectable. L'eau qui (sort) à l'extérieur depuis la profondeur (est) tantôt amère tantôt douce. Il y en a une qui bouillonne par la violence de sa source, il y en a une qui dégoutte à petites gouttes –, ainsi comprends-tu l'extension du choix des hommes et (celle de) leurs joies; il y en a parmi (ces choix) qui sont pressants, qui sont très violents; il y en a parmi eux que gouvernent complètement l'inclination et le penchant vers la pratique du bien; il y en a parmi eux qui, de toute leur force, (inclinent) vers autre chose que cela: ce n'est pas selon leur pensée que s'écoule la source de leur action.»

CHAPITRE XVI

(p.88) **§1** Yewâsef répondit et lui dit: «Est-ce qu'il se trouve parmi les hommes quelqu'un qui prêche cela comme toi aujourd'hui? Ou bien n'y a-t-il que toi seulement qui enseignes, avec exhortation, que le monde visible est ainsi transitoire?»

Baralâm répondit en disant: «Dans ce pays qui est vôtre, inhospitalier, je n'en connais aucun. Voici que l'injustice de ton père a recouvert (ses habitants) de milliers de myriades de péchés différents. Il a mis dans sa pensée que ne serait jamais entendue parmi vous l'annonce du secours de Dieu. Mais dans le reste des langues, celui-ci est glorifié et loué par un discours droit, selon qu'on l'a appris des apôtres évangélistes et des pères revêtus de divinité. Sa lumière brille dans sa sainte Église, qui existe d'un bout à l'autre du monde, d'un éclat dont la beauté excède la lumière du soleil. C'est cela au sujet de quoi j'ai été envoyé auprès de toi en prédicateur et professeur.»

§2 Yewâsef répondit et lui dit: «Mon père ne sait-il rien de cela?»

Le vieillard illustre Baralâm répondit en disant: «La chose qu'il est nécessaire de faire, il ne l'a pas connue. En effet il a fermé ses pensées et n'a pas voulu, volontairement, accepter la pratique du bien; au contraire il a acquis l'inclination vers la pratique du mal, selon que lui-même l'a choisi et agréé.»

§3 Yewâsef lui dit: «J'aimerais qu'il connût cela.»

Baralâm répondit en disant: «Une chose qui est impossible aux hommes, il ne se peut certes pas qu'elle soit impossible à Dieu. D'où sais-tu si tu peux sauver ton père et, par une action merveilleuse, devenir le père de ton géniteur? En effet j'ai entendu (dire) que, d'un roi[1], le royaume était droit, dans une *(p.89)* bonne condition, et qu'il gouvernait les peuples qui étaient sous sa domination avec douceur, affection et mansuétude. Il[2] demeura dans l'endurcissement du cœur à cause de ce qu'il ne connaissait pas Dieu qui est le refuge des cœurs; au contraire il s'adonnait aux erreurs qui sont l'erreur (de l'adoration) des idoles. Il avait un conseiller, un homme vertueux qui seul adorait Dieu; il connaissait aussi la sagesse glorieuse, il exhortait le roi et l'incitait à pratiquer le bien. Il s'affligeait de ce que le roi était trompé et voulait le corriger sur cela;

[1] Le texte guèze écrit, par erreur, «de celui-ci».
[2] Le texte guèze écrit, par erreur, «Le père de Yewâsef».

mais il s'abstenait, craignant d'éveiller sa colère, d'être cause de péril pour lui-même et sa situation élevée et de supprimer le profit qui advenait de sa part à beaucoup. Il cherchait un moment approprié pour l'attirer vers ce qui lui serait profitable.

§4 «Une nuit, le roi lui dit: 'Viens, sortons et promenons-nous dans la ville; peut-être y verrons-nous quelque objet qui soit pour nous profitable.'

«Alors qu'ils marchaient dans la ville, ils virent une lumière qui était émise d'un trou. Ils assurèrent leur vision et observèrent avec une attention entière; ils virent dans la terre comme une grotte. Il y demeurait un homme qui vivait dans une grande indigence, il était vêtu de vêtements misérables; devant lui était une femme, elle lui donnait à boire du vin. Quand l'homme reçut de sa main la coupe, la femme dansa pour lui une danse qui réjouit; elle le réjouit par le frappement de ses pieds et le charma (?) par ses louanges qui louaient selon le désir (de l'homme?). Quand le roi eut observé cela pendant une heure, il s'étonna et dit: 'Comment, alors qu'ils sont dans une telle indigence au point de n'avoir ni maison ni même vêtements, ceux-ci se réjouissent-ils et passent-ils (ainsi) leur temps de vie? '

«À ce moment, le roi dit au chef de l'armée: 'Mon ami, quelle merveille étrange! Pourquoi ne nous *(p.90)* réjouissons-nous pas, moi et toi, dans ces nôtres délices, ne prenons-nous pas de plaisir alors que nous sommes dans le temps des délices, de la gloire et de la grandeur et ne nous divertissons-nous pas un seul jour comme cette malheureuse qui exulte et se divertit? Ces deux-là qui n'ont pas de connaissance, alors qu'ils sont dans cette vie haïssable que l'on craint, celle-ci leur semble être droite et ils s'y plaisent!'

§5 «Alors le chef de l'armée trouva le moyen approprié pour parler avec le roi et il lui dit: 'Ô roi, que te semble la vie de ceux-ci?'

«Le roi lui répondit et lui dit: 'Elle est plus désagréable et plus amère que tout ce que j'ai vu depuis que je suis né.'

«À ce moment, le chef des armées lui dit: 'Ô roi, il est vrai que celle-ci est très désagréable, mais notre vie à nous semble également (ainsi) à ceux qui voient (les choses) qui étaient dans la gloire qui (existait) avant le monde et qui est à jamais, et aussi les biens qui sont élevés au-dessus de toute sagesse et connaissance. Ces demeures qui sont ornées d'or, ces beaux vêtements et toutes les délices de ce monde (paraissent méprisables?) aux yeux de ceux qui connaissent la beauté des demeures qui sont au ciel, qui n'ont pas été faites par des mains (d'homme), qu'il n'est pas possible de décrire, dont l'artisan est Dieu, et les couronnes qui ne vieillissent pas, qu'a préparées Dieu, le créateur de tout, pour ceux qu'il aime. Comme deux palais (différents sont ces choses?) et la recherche relative aux choses transitoires, et de même que nous pensons à propos de ces gens dépourvus de connaissance, de même sommes-nous. Il nous revient, à nous aussi, que l'on dise de nous comme de ceux qui ont été trompés par ce monde vain et transitoire, qui sont ornés de cette gloire transitoire et fallacieuse et des délices qui n'ont pas de profit. Les pleurs et les gémissements nous reviennent à présent devant les yeux de ceux qui ont goûté les délices qui durent à jamais.'

§6 «Quand le roi entendit de l'homme ces paroles, il fut bouleversé et lui dit: 'Qui sont ces gens qui ont acquis une vie belle qui est plus importante et plus glorieuse que cette vie dans laquelle nous sommes?'

«Le chef de l'armée lui répondit en disant: 'Ce sont ceux qui ont préféré *(p.91)* la pratique des dons durables à (celle) des (dons) transitoires.'

«Le roi lui demanda encore de lui apprendre ce qu'étaient ces dons éternels.

«Le chef de l'armée répondit et lui dit: 'Ce sont ceux qu'ils ont choisis: la gloire du royaume qui n'est pas aboli, la vie que n'atteint pas la mort, la richesse sur laquelle ne tombe pas l'indigence, la joie et l'allégresse auxquelles ne se mêle pas la tristesse. Ceux (qui ont choisi cela?) sont très heureux; ils vivront une vie éternelle en jouissant de toutes les douceurs et de la richesse dispensatrices de joie, qui sont dans le royaume de Dieu – sans labeur ni peine –, et ils régneront avec le Christ d'une royauté qui n'a pas de fin.'

«Le roi répondit et lui dit: 'À qui reviennent ces dons qui sont durables ainsi?'

«Le chef de l'armée répondit en disant: 'Ce sont ceux qui vont sur le chemin qui conduit là-bas; en effet rien n'empêche d'entrer ceux qui veulent entrer.'

«Le roi lui dit: 'Quelle est le chemin qui mène là-bas?'

«Le chef de l'armée à l'âme illuminée lui répondit en disant: 'Le chemin est la connaissance de Dieu véritable (et) unique avec son Fils qui est son Verbe, Jésus-Christ, et son Esprit Saint vivifiant.'

§7 «Mais le roi ne comprit pas cela, car l'orgueil de la royauté le gouvernait. Il répondit en disant: 'Qu'est-ce qui t'a retenu jusqu'à présent, que tu ne m'aies pas fait connaître l'existence de cela, si c'est véritable? Et s'il y a doute, il convient que nous cherchions avec diligence jusqu'à ce que nous trouvions la vérité et chassions le doute.'

«Le chef de l'armée répondit et lui dit: 'Ce n'est pas que quelque doute m'ait retenu de te faire connaître cela – en effet cela est vrai, totalement hors de doute et de toute défectuosité (?) –, mais j'ai craint, à cause de la gloire de ta royauté, d'être ouvertement ton critique, mais ordonne-moi, à (moi) ton serviteur, de t'évoquer cela – en effet jadis j'étais ton serviteur –, je suis à tes ordres.'

«Le roi répondit en disant: 'Oui, renouvelle pour moi *(p.92)* constamment le souvenir de cela, non pas une seule fois, mais tous les jours, à tout moment et heure. En effet cela, il ne convient pas qu'on s'en enquière avec négligence, mais avec un zèle très profond.'»

§8 Baralâm dit encore à Yewâsef: «Voici que nous avons entendu à propos de ce roi qu'il vécut dans une belle adoration après (cela) et passa la durée de ses jours ici-bas sans perturbation, et il ne fut pas de nouveau couvert de honte loin de la béatitude à venir. Si tu dis à ton père cela à un moment approprié, peut-être comprendra-t-il combien il y a de maux qui l'environnent, se détournera-t-il de cela et choisira-t-il pour lui-même ce qui est meilleur. En effet ce à quoi il se soumet à présent, il y croit; il ressemble à un aveugle qui tâtonne, s'étant privé lui-même de la lumière véritable (et) ayant tourné sa face vers les ténèbres des mécréants avec un désir impie.»

§9 Yewâsef lui dit: «Quant aux affaires de mon père, Dieu les administre selon sa volonté; en effet il a pouvoir sur tout, ainsi que tu l'as dit toi-même. Mais moi, à présent, je désire renoncer complètement à ces choses transitoires. Voici que je songe à éloigner de moi le monde et à achever à présent ma vie avec toi pour ne pas tomber dans ces choses transitoires d'à présent.»

§10 Baralâm répondit en disant: «Si tu pratiques cette manière d'être (?), tu seras semblable à un jeune homme dont j'ai entendu que ses parents (faisaient partie) des croyants. Ils lui avaient fiancé la fille, qui était très belle, d'un homme honoré qui était en vue, comme toi, par l'apparence (?) et la richesse. Ils sondèrent le jeune homme à propos de cela. Quand le jeune homme entendit cela, il le haït dans son cœur; il se retira, s'enfuit et abandonna son père. Pendant sa route, un vieil homme pauvre l'accueillit; il entra chez lui pour se reposer de l'ardeur du soleil. Le vieil homme avait une fille unique qui était en train de travailler de ses mains, mais sa bouche glorifiait Dieu sans interruption et elle le louait du fond de son cœur. Quand le jeune homme entendit *(p.93)* sa glorification, il lui dit: 'Jeune fille, quel est ton travail et en quoi ta façon de vivre est-elle belle? En effet je te vois croyante et pauvre et qu'il t'a été donné des dons nombreux et précieux.'

§11 «Elle lui dit: 'Ne sais-tu pas qu'un petit remède guérit un homme d'une grande maladie? À cause de cela, nous louons Dieu pour de petites choses et pour de plus petites que celles-là; cela devient une cause (d'existence) pour des choses plus précieuses. Voici que moi, la fille d'un vieil homme faible, je loue mon Seigneur pour ces petites choses et je le bénis; en effet à lui gloire (est rendue) par toute créature à jamais. Je sais que lui qui donne cela, lui est capable aussi de donner ce qui est plus grand que cela. Cela est à propos de ce qui est de l'extérieur – et non à propos de ce qui est à nous de l'intérieur –, qui n'a pas d'utilité pour ceux qui l'acquièrent. Je dis qu'il y a perdition en ce qui concerne les deux (choses): par un seul chemin elles vont ensemble au jugement et sont agitées. Quant aux choses nécessaires qui sont utiles, voici que m'ont été donnés par Dieu des dons nombreux et grands, sans nombre et qui ne peuvent être surpassés en importance. En effet j'ai été créée à l'image de Dieu dont très-haute est la gloire, et il m'a donné gracieusement de le connaître. Je suis un être doué de raison qui est plus précieux que tous les animaux. Voici que j'ai été appelée par la miséricorde de Dieu de la mort à la vie éternelle; il m'a donné le pouvoir de participer à ses saints mystères. Voici qu'il a ouvert pour moi les portes du Jardin des délices, sans entrave, et il m'a fait digne d'y entrer si je le voulais. À cause de la grandeur de ces dons auxquels participent à égalité les riches et les pauvres, il ne m'est absolument pas possible de le louer à proportion de ce qui lui revient. Si je ne présentais pas au donateur de cet honneur louange et glorification, quelle excuse serait à moi et que dirais-je devant lui?'

(p.94) **§12** «Le jeune homme s'émerveilla de la beauté de la foi de la jeune fille et de la grandeur de sa sagesse. Il appela son père et lui dit: 'Donne-moi ta fille pour qu'elle soit ma femme, car voici que j'aime son intelligence.'

«Le vieil homme répondit et lui dit: 'Mon fils, une telle chose n'est pas convenable pour toi: prendre la fille de gens pauvres et indigents alors que tu es le fils de gens riches.'

«Le jeune homme lui dit: 'Il est bon pour moi de la prendre si tu agrées cela. En effet voici que mon père m'a fiancé la fille de gens riches (et) prospères et j'ai fui cela. Quant à cette tienne fille, voici que je l'aime et la désire à cause de la beauté de sa foi en Dieu et de l'excellence de son intelligence; je songe à la prendre pour moi comme épouse.'

«Le vieil homme lui répondit et lui dit: 'Il ne m'est pas possible de te la donner pour que tu l'emmènes, loin de moi, dans la maison de ton père et que tu me sépares d'elle, parce qu'elle est ma (fille) unique.'

«Le jeune homme répondit en disant: 'Je resterai chez vous et j'adopterai votre manière de vivre.'

§13 «Aussitôt il rejeta ses beaux vêtements, demanda son vêtement au vieil homme et le revêtit. Le vieillard l'éprouva pendant beaucoup de temps et éprouva ses pensées de nombreuses manières différentes. Quand il sut qu'il avait un cœur et une intelligence fermes et profonds, et que la pensée du désir charnel ne lui était pas venue, il lui donna sa fille comme (le jeune homme) l'avait voulu. Cependant celui-ci ne l'avait choisie que pour sa foi; quant à sa beauté, il ne se la rappela pas, voulant vivre dans les difficultés et l'indigence. Il abandonna la grandeur de sa gloire et la gloire de ses parents. À ce moment, le vieil homme lui prit la main et le fit entrer dans son trésor; il lui montra de nombreuses richesses qu'il avait cachées là pour lui-même (et) de l'argent dont le montant ne pouvait être estimé, tel que le jeune homme n'en avait pas vu le pareil depuis qu'il était né. (Le vieil homme) lui dit: 'Mon fils, tout ceci que tu vois, je te l'ai donné pour ce que tu as choisi (ma fille), afin que tu fusses l'héritier de mes richesses.'

«Le jeune homme hérita de ces richesses et sa gloire fut élevée au-dessus (de celle) de tous les gens du pays.»

CHAPITRE XVII

§1 Yewâsef répondit à Baralâm et lui dit: «Ce récit aussi *(p.95)* me convient et me pousse à l'action; je soupçonne que c'est à mon sujet que tu as dit cela, comme une épreuve par laquelle il convenait d'effectuer l'affermissement de ma pensée.»

Baralâm lui dit: «Je t'ai éprouvé et j'ai su que, dans ta pensée et ton âme, tu étais ferme, et pénétrant dans la connaissance droite que tu as énoncée. Pour ce propos et pour cette action, je plie les genoux et me prosterne devant notre Dieu qui est glorifié dans sa Trinité, le créateur de tout ce qui est visible et ce qui est invisible, qui est véritablement, ne disparaît pas et est à jamais dans son être. Il n'y a absolument pas de commencement ni de fin à la grandeur de sa gloire; il est terrible et puissant sur toute chose, bon et miséricordieux. Qu'il éclaire les yeux de ton cœur et te donne la sagesse divine et la lumière de la connaissance, afin que tu saches quelle est l'espérance de son appel et quelle est la richesse de gloire dont il fait hériter les saints; quel est celui qui est élevé, par la grandeur de son pouvoir, parmi nous les croyants et quel *celui qui a été édifié* ouvertement *sur le fondement des apôtres et des prophètes* bienheureux, fondement qui existait avant le monde, c'est-à-dire *Jésus*, pierre solide au *pinacle*[1] du sanctuaire de Dieu – pour te rendre réuni (?) et attaché à lui.»

§2 Quant à Yewâsef, la crainte de Dieu entra dans son cœur quand il entendit cela. Il dit à Baralâm: «Tout cela, je désire le savoir précisément et je te requiers de me faire connaître précisément la gloire de Dieu et la perfection de sa puissance.»

Baralâm lui dit: «Je vais prier Dieu et le supplier de te faire connaître précisément cela et de mettre dans ton âme l'image de cela. En effet de sa gloire et de sa puissance, il n'est pas possible aux hommes de parler, ni aux premiers ni aux derniers, selon que dit l'Évangile saint, parole de *(p.96)* Dieu éminente; il dit: *Dieu, personne ne l'a jamais vu; le Fils unique qui est dans le sein de son Père, celui-ci nous a dit cela*[2].

«Quant à celui qui ne peut être appréhendé dans la grandeur de sa gloire et de son honneur, qui donc d'entre tous les êtres terrestres est celui à qui il serait possible d'en appréhender la gloire et l'honneur, s'il ne le

[1] Cf. *Éphésiens* II, 20.
[2] *Jean* I, 18.

lui révèle lui-même, selon qu'il le veut, comme il l'a révélé aux prophètes et aux apôtres. Quant à nous, c'est à partir de la parole de leur prédication et de la nature des choses que nous le connaissons, à proportion de nos possibilités. En effet l'Écriture dit: *Les cieux racontent la gloire de Dieu, et l'œuvre de ses mains, le firmament l'annonce*[3]. *Ce qui est invisible* et ne peut (être appréhendé?) depuis qu'il a créé le monde dans sa sagesse – c'est impossible –, nous le connaissons par cette puissance de sa divinité qui existe avant le monde[4].

§3 «À l'image d'un homme qui a vu une belle demeure qui est faite avec science ou une construction qui est construite avec une belle habileté – il observe alors attentivement la construction et son constructeur –, de même moi aussi je fais quelque chose à partir de rien et je le rends existant. Et même si je suis dans l'impossibilité de voir celui qui est plus grand et qui donne, cependant quant à celui qui m'a fait comprendre la beauté de sa création merveilleuse (et) belle, j'ai suscité, grâce à cette comparaison, la connaissance de sa sagesse, en sorte de reconnaître ce qu'est celle-ci – mais (seulement) à proportion de ce que je peux comprendre. En effet j'ai été créé à partir de rien; ce n'est pas à partir de moi-même que j'ai été créé, mais (Dieu) m'a créé selon qu'il l'a voulu; il m'a assigné d'être chef de ses créatures et m'a fait un peu inférieur à ses anges. J'ai été brisé et il m'a redonné la force et m'a recréé selon ce qui était meilleur. Il me fera aussi sortir d'ici-bas par son commandement divin et me fera passer dans l'autre vie qui demeure à jamais, qui n'a pas de fin. Il ne m'est pas possible de résister en rien à sa sagesse, ni de rien ajouter à moi-même, ni de rien retrancher à ma stature et à la beauté de mon apparence; je ne peux renouveler ce qui a vieilli *(p.97)* de mes membres ni ressusciter ce qui s'est corrompu. Il n'y a jamais eu aucun homme qui pût rien faire de tout cela, ni roi ni sage, ni riche ni puissant, aucun de ceux qui sont occupés avec les œuvres de chair. En effet (Dieu) lui-même dit: 'Aucun parmi les rois et les dirigeants n'a une deuxième naissance, mais pour tous il y a une seule entrée dans ce monde, dans l'égalité, et dans l'égalité ils en sortent[5].'

§4 «Par ces choses nous avons été conduits vers la connaissance de l'œuvre du Créateur – gloire à lui! Avec cela observe attentivement l'agencement de cette belle organisation, ainsi que le gardien de toutes les créatures. En effet il les change dans leur nature et dans leur apparence.

[3] *Psaumes* XIX, 2.

[4] Cf. *Romains* I, 20: *Depuis la création du monde, en effet, ses [attributs] invisibles sont rendus visibles à l'intelligence par ses œuvres: et sa puissance éternelle et sa divinité.*

[5] Cf. *Sagesse* VII, 5-6: *Aucun roi ne connut d'autre début d'existence: même façon pour tous d'entrer dans la vie et pareille façon d'en sortir.*

Quant aux créatures spirituelles, il change leur pensée et leur dessein (et les mène) vers le profit qui est la pratique du bien et vers l'éloignement du mal. Quant aux choses visibles, elles naissent et sont soumises au mal, à l'amoindrissement, au fait de changer et de passer d'un lieu à un (autre) lieu, et elles se corrompent. À cause de cela, elles proclament en criant sans cesse: Dieu qui n'est pas créé les a créées, lui qui n'est pas changé et qui n'est pas détruit.

§5 «À présent comment des éléments naturels qui s'opposent entre eux seraient-ils venus (ensemble) dans la formation d'un seul monde – et (leur) attirance mutuelle et (leur) harmonie sont bien connues –, s'il n'y avait là-bas une puissance souveraine qui les ait mis en harmonie par l'agencement – et elle les garde constamment sans qu'ils se séparent et les protège sans qu'ils dépérissent? Comment une chose serait-elle demeurée sans agencement si (Dieu) n'avait pas voulu cette harmonie et cet agencement? S'il ne l'avait pas gardée, comment aurait-elle été gardée, selon que dit l'Écriture[6]?

§6 «S'il n'y a pas quelqu'un qui pilote le bateau, celui-ci ne subsiste pas, mais il est englouti. En effet voici que nous voyons une demeure petite: elle ne s'occupe pas d'elle-même, mais il y a quelqu'un qui s'occupe d'elle. Comment donc *(p.98)* le monde a-t-il subsisté pendant (toutes) ces années, lui dont la constitution merveilleuse est si grande, belle, vivifiante? Est-ce possible sans un maître et pilote glorieux, sans les soins d'une sagesse très-haute? Vois ce ciel: combien a-t-il d'années, lui qui n'a pas vieilli ni péri? La puissance de la terre n'est pas devenue stérile avec la longueur des temps. Les sources d'eau n'ont pas cessé de couler depuis qu'elles ont été créées; la mer reçoit de si grands fleuves sans excéder ses limites. La course des luminaires, soleil et lune, n'est pas changée et l'ordonnance de la nuit et du jour n'a pas disparu. De toutes ces choses qu'on ne peut décrire se révèle clairement la puissance de celui dont ont été témoins les prophètes et les apôtres purs. Cependant il n'y a personne qui puisse connaître précisément sa gloire ni le payer en retour, comme il convient, d'une louange dix mille fois (répétée?). En effet l'apôtre Paul le divin, quand il connut précisément toutes les choses spirituelles et toutes les choses charnelles – c'est à celui-ci que parla le Christ –, dit: 'C'est d'un seul point de vue que nous le connaissons; quand adviendra la perfection, alors cela sera aboli[7].'

[6] Cf. *Sagesse* XI, 25: *Et comment une chose aurait-elle subsisté, si tu ne l'avais voulue? Ou comment ce que tu n'aurais pas appelé aurait-il été conservé?*

[7] Cf. *1Corinthiens* XIII, 9-10: *Car partielle est notre science, et partielle notre prophétie. Mais lorsque viendra ce qui est parfait, ce qui est partiel sera aboli.*

Il dit cela à cause de ce qu'il était privé de la trace de la grandeur de la sagesse de Dieu, qui ne peut être appréhendée. Il s'écria publiquement et dit: *'La profondeur de la sagesse de Dieu* ne peut être scrutée et elle ne peut être connue, *la trace de ses voies*[8]*!'*

§7 «Si celui qui est parvenu *jusqu'au troisième ciel, qui a entendu des paroles que* personne ne peut dire[9] (s'est exprimé?) avec de telles paroles, celui qui est comme moi ne peut absolument pas pénétrer, jamais, dans de telles profondeurs, ni auprès de ces mystères qui ne peuvent être appréhendés, ni rien dire par son intelligence et sa pensée; il ne peut concevoir la vérité précise de ces choses, si cela ne lui a pas été donné par le donneur de sagesse qui rend sages ceux qui n'ont pas de sagesse. En effet nous, et aussi ce que nous disons, sommes dans sa main; de lui (vient) toute sagesse et compréhension des ouvrages (?). C'est lui qui nous a donné la connaissance des êtres qui n'ont pas de fausseté, pour que nous comprissions *(p.99)* la structure du monde et le fonctionnement des éléments, leur commencement et leur fin; ce qui arrivera dans les temps (à venir), les changements et les successions des saisons. En effet il a *tout établi avec poids et avec nombre*. En effet sien est toujours le pouvoir de faire de grandes choses qui existent et il n'y a personne qui puisse résister à la puissance de son bras. *En effet comme ce qui fait pencher la balance,* tel est *le monde devant sa face, et comme une goutte de rosée sur la terre*. En effet il est puissant sur tout, *il oublie les péchés* du monde, il ne fait rougir personne et ne chasse pas ceux qui viennent à lui, seul bon et Seigneur, ami des âmes[10]. Béni soit le nom de sa gloire sainte, lui qui, au-dessus de tout, est loué et exalté, (qui) est au-dessus de toute gloire à jamais!»

[8] *Romains* XI, 33.
[9] Cf. *2Corinthiens* XII, 2, 4.
[10] Cf. pour ce passage *Sagesse* XI, 21-24.

CHAPITRE XVIII

§1 Yewâsef répondit et lui dit: «Ô toi qui surabondes de sagesse et es chargé de grâce, pendant de nombreux jours tu as imprimé dans mon esprit ce qui me suffit pour croire et ce qui est le meilleur pour le salut que nous recherchons par nos interrogations, au point qu'il me paraît que tu n'as rien enseigné qui fût meilleur que cela. En effet tu as dit de ta voix que Dieu, le créateur de tout, ne peut être embrassé et que les esprits de chair ne peuvent l'atteindre. Tu exposes la grandeur de sa gloire par des paroles qui ne peuvent être vaincues par la contradiction, et qu'il n'est possible à personne d'appréhender (cette gloire) sinon à ceux à qui il l'a révélée, à proportion de ce que lui-même a décrété à ce (sujet). Je me suis émerveillé à ce moment de ta sagesse éloquente et donneuse d'éloquence. Cependant dis-moi, ô toi qui es heureux entre tous les hommes, de combien d'années est la durée de tes jours, en quel lieu tu as fait ton séjour et quels sont tes compagnons dans la philosophie. En effet mon âme est très fort suspendue (à toi?) et je ne souhaite pas me séparer de toi pendant toute la durée des temps de ma vie.»

Baralâm répondit en disant: «Selon que je l'estime, mes années sont quarante-cinq et ma demeure est dans le désert de Sanâor[1]. J'ai *(p.100)* des compagnons; ils demeurent avec moi, eux qui puisent à l'eau qui fait monter jusqu'au ciel.»

§2 Yewâsef répondit et lui dit: «Comment me tiens-tu à présent ce langage? Selon ce qu'il m'apparaît, tes jours dépassent soixante-dix ans et ce que tu dis, il me semble à moi que ce n'est pas vrai.»

Baralâm aux sages desseins répondit et lui dit: «Si tu souhaites savoir (le nombre des) années (écoulées depuis) ma naissance, ton estimation de cela est bonne, mais (le chiffre) est au-dessus de soixante-dix. Cependant ne compte pas pour moi ma vie que j'ai passée dans la tromperie de l'habitude de ce monde transitoire, lorsque j'y vivais soumis à la chair et au péché. Voici qu'à présent je suis enveloppé dans l'homme intérieur; quant aux années de mort, je ne les appellerai jamais *vie*. Lorsque *le monde a été crucifié pour moi*[2], j'ai rejeté *le vieil homme qui se corrompt par le désir de la tromperie*[3]. Je ne vis plus dans ma chair, mais le Christ

[1] Cf. p.35 n.1.
[2] Cf. *Galates* VI, 14.
[3] Cf. *Éphésiens* IV, 22.

vit en moi. Ma vie à présent, *je la vis dans la foi au Fils de Dieu qui m'a aimé et s'est livré pour moi*[4]. Ces (années), avec justesse et pertinence, je les appelle précisément années (de vie) et jours de salut. Que cette pensée soit toujours avec toi et ne pense jamais qu'aient été vivants ceux qui sont morts loin de la pratique du bien, qui ont vécu dans la pratique du péché et se sont soumis à la vie de ce monde transitoire. Au contraire sache qu'ils sont tués et morts à l'activité de la vie qui ne meurt pas et (qui) fait allusion à l'âme raisonnable (et) intelligente. En effet le péché, un parmi les sages l'a appelé *mort* et Paul l'apôtre a dit ainsi:

Lorsque vous restiez à *être soumis au péché, vous étiez* éloignés *de la justice* et séparés. *Quel fruit aviez-vous? Celui dont vous* vivez *à présent; car sa fin, c'est la mort. Mais à présent* voici que *vous êtes libérés du péché et vous êtes soumis à Dieu,* (p.101) *vous portez un fruit* pur, *et sa fin, c'est la vie éternelle. En effet* le fruit *du péché, c'est la mort, mais la grâce de Dieu, c'est la vie éternelle*[5].»

§3 Yewâsef répondit et lui dit: «Si vivre dans la chair n'est pas compté par toi au nombre des années de vie, il ne convient donc pas d'appeler cette mort que tous craignent *mort*.»

Baralâm lui dit: «Ainsi est-ce que je crois sans doute; je n'ai absolument pas peur de cette mort temporelle et je ne l'appellerai jamais *mort* si elle m'atteint alors que je marche dans le commandement de Dieu, passant de la mort à la vie glorieuse dans le Christ, que désirent obtenir les saints alors qu'ils sont torturés dans ce monde. C'est pourquoi l'apôtre dit:

«*Nous savons que, si notre demeure terrestre est renversée, nous avons une bâtisse* qu'a bâtie *Dieu dans les cieux, que n'a pas faite la main de l'homme. En effet si nous revêtons celle-ci, nous ne serons pas trouvés nus.* Nous qui nous affligeons dans cette demeure, nous passerons dans ce qui est plus glorieux qu'elle, qui ne nous sera pas enlevé, mais *nous revêtirons* celle-ci jusqu'à ce que nous fassions parvenir *le mortel dans la vie*[6].

«Il dit encore: *Moi je suis un homme infortuné! Qui me délivrera du corps mortel. Je rends grâce à Dieu par Jésus-Christ notre Seigneur*[7].

«Il dit encore: *Je souhaite* demeurer *et être avec le Christ*[8].

«David aussi dit: *Quand viendrai-je et paraîtrai-je devant la face de Dieu*[9]*?*

[4] Cf. *Galates* II, 20.
[5] *Romains* VI, 20-23.
[6] Cf. *2Corinthiens* V, 1, 3-4.
[7] *Romains* VII, 24-25.
[8] *Philippiens* I, 23.
[9] *Psaumes* XLII, 3.

§4 À présent, qu'il ne soit pas estimé que moi, le plus petit de tous, je ne crains pas du tout la mort charnelle. Il faut que tu saches précisément que je ne compte pas pour rien la colère de ton père, (cependant) je suis venu auprès de toi sans crainte pour t'annoncer la parole salvatrice. En effet j'ai choisi la parole du Seigneur mon Dieu entre tout; je désire aller auprès de lui et je ne suis pas effrayé par la mort d'un moment, mais j'obéis à l'ordre du Seigneur et je ne crains pas *ceux à qui il n'est pas possible (p.102) de tuer l'âme, en revanche je crains Celui qui a le pouvoir de faire périr l'âme et le corps dans* le feu de *la géhenne*[10]*.*»

§5 Yewâsef répondit en disant: «Voici qu'elle est puissante, la force de ta sagesse véridique, et elle est élevée fort au-dessus de la nature des êtres terrestres qui sont soumis à la vie transitoire: c'est avec peine qu'ils s'(en) retirent et l'abandonnent. Mais vous êtes heureux, vous qui poursuivez cette étude victorieuse. Fais-moi savoir précisément, je te prie, de quoi vous vous nourrissez, toi et ceux qui sont avec toi, dans ce désert et d'où vous vous vêtez; ces dispositions qui sont telles, indique-les moi.»

Baralâm répondit en disant: «Quant à notre nourriture, (elle est) de rameaux d'arbre et de ce que nous avons trouvé en fait d'herbes vertes qui sont humectées par la rosée céleste, à propos desquelles personne ne nous fait violence. Nous la trouvons, là où nous sommes, le matin, placée et disposée pour tous, table prête à son moment, sans violence ni peine, généreuse sans (susciter) l'envie. Quant au pain de bénédiction que nous apporte un homme d'entre nos frères qui voisinent avec nous, il nous est envoyé par la Providence très-haute; nous le recevons en bénissant celui qui nous l'a offert dans la foi. Quant à nos vêtements, (ils sont faits) de guenilles de poils ou bien de fibres de palmier, tout entiers délabrés, avec de nombreuses coutures qui usent (?) cette chair nôtre. C'est notre manteau en été et en hiver. Celui-ci, il nous revient de nous en vêtir; nous ne l'enlevons jamais de sur nous jusqu'à ce qu'il soit vieux et soit devenu tout entier une guenille. Nous voulons, par ces tourments (endurés) dans le froid et dans la chaleur, obtenir ces vêtements ultimes qui ne vieillissent pas.»

§6 Yewâsef lui dit: «Où as-tu trouvé ce vêtement dont tu es vêtu?»

Baralâm lui dit: «Chez les frères croyants, quand j'ai voulu venir auprès de toi. En effet il ne convenait pas que je vinsse auprès de toi dans cet appareil. Comme un homme qui avait un parent qu'il aimait plus que tous ses *(p.103)* parents; celui-ci était seul en exil au milieu d'un peuple étranger et il voulut le faire sortir de là: il quitta ses vêtements à

[10] *Matthieu* X, 28.

l'apparence étrangère et revêtit les vêtements des ennemis pour pénétrer dans leur pays, libérer son parent de la captivité avec beaucoup de ruse et le sauver de l'oppression amère. De même moi aussi, quand je sus ce qu'il en était de toi, je me parai de cet appareil et vins pour semer dans ton cœur la semence de la nouvelle divine et te sauver de la servitude du mauvais maître du monde. Voici à présent que, par la grâce de Dieu, j'ai accompli ma mission; j'ai obtenu ce que je désirais, à proportion de mes possibilités, et t'ai raconté ce qu'il fallait que tu susses. Je t'ai appris ce qu'ont prêché les prophètes et les apôtres, qui t'est une exhortation sans tromperie, avec un amour accompli. Je t'ai retiré de l'erreur des choses transitoires d'ici-bas et du monde qui est plein de maux et de ruse pour tous ceux qui lui obéissent. Il me faut à présent aller là d'où je suis venu, et aussitôt je rejetterai de sur moi le vêtement étranger et revêtirai mon vêtement.»

§7 Mais Yewâsef le supplia de lui découvrir son vêtement habituel. À ce moment, Baralâm enleva le vêtement dont il était revêtu au-dessus de son vêtement (habituel). Yewâsef vit une chose étonnante qui le bouleversa; en effet il vit que le vêtement dont Baralâm était revêtu (était) en fibres d'arbre et que tout son corps était épuisé; sa peau était pelée par l'ardeur du soleil et fort noircie. Des reins jusqu'au dessous des genoux, il était vêtu de guenilles de poils très rudes; il avait les reins ceints d'une ceinture qui ressemblait à celles-ci.

§8 Yewâsef s'étonna de la sévère austérité du combat de Baralâm, sa pensée fut stupéfaite et il ne sut décrire (?) la perfection de l'endurance de celui-ci; il gémit en pleurant et dit à Baralâm: «Si tu n'es venu auprès de moi que *(p.104)* pour me libérer de la servitude amère de Satan, achève sur moi ta belle œuvre: fais sortir de prison mon âme, emmène-moi avec toi et allons-nous-en d'ici pour que je sois sauvé complètement de la ruse séculière, que je reçoive le sceau du baptême saint et que je devienne ton associé dans cette philosophie merveilleuse et dans cette ascèse qui est au-dessus de la nature des enfants de l'homme.»

§9 Baralâm le béni lui proposa une parabole en disant: «Un (homme) d'entre les riches nourrit dans sa maison le petit d'une gazelle. Quand celui-ci eut grandi auprès de lui, (son maître) fut à s'affliger de ce qu'il ne le quittât pas, selon l'habitude de l'attirance naturelle. Un jour, le petit de la gazelle sortit et rencontra un troupeau de gazelles; il se mit à vaguer dans les champs à proximité d'elles. Il revenait au moment du soir et allait dans la campagne au moment du matin, à cause de la négligence des serviteurs quant à sa garde. Un jour, il s'accorda avec le troupeau de gazelles et suivit celles-ci selon l'habitude et selon la nature. Les soldats du riche montèrent à cheval, suivirent rapidement la trace de leur gazelle et l'attrapèrent en chassant. Quant au reste du troupeau, il y en eut parmi les bêtes qu'ils tuèrent, il y en eut qu'ils mirent à mal.

§10 «De même je crains qu'il ne nous arrive (quelque chose) à la ressemblance de ce contrecoup (?), si tu me suis: je serais privé de demeurer avec toi et deviendrais cause de dommages nombreux pour mes compagnons; pour ton père aussi, je deviendrais cause d'une damnation éternelle. Cependant ceci est le dessein de Dieu à ton sujet en ce moment-ci: que tu sois scellé du baptême saint divin et que tu demeures dans ton pays, recevant toute la belle foi et (devenu) exécuteur des commandements du Christ. Après que le dispensateur des biens l'aura voulu, il mettra un terme à cette période et (à ce) temps; à ce moment, tu viendras auprès de nous dans la foi et nous demeurerons chacun d'entre nous avec l'autre le reste de notre vie transitoire. J'ai *(p.105)* confiance en Dieu que, dans le monde à venir, nous serons ensemble sans séparation.»

§11 Yewâsef fit couler de nombreuses larmes de ses yeux et dit à Baralâm: «Qu'advienne le bon plaisir de Dieu et qu'advienne sa volonté! Procède pour moi, à présent, au baptême chrétien divin et emporte d'auprès de moi de l'argent et des vêtements, que cela soit pour votre nourriture et pour votre vêtement, à toi et à ceux qui sont avec toi. Va, gardé (par Dieu), au lieu de ton ascèse et n'omets pas de prier sans cesse pour moi afin que je ne sois pas de nouveau frustré (?) de mon espérance, mais que (Dieu) me rende capable de venir auprès de toi rapidement et que je jouisse de ce qui est profitable dans une paix profonde.»

§12 Baralâm répondit et lui dit: «Ne t'ai-je pas dit que (mes compagnons) sont pauvres et indigents en matière de choses estimées de ce monde, mais fort riches de la richesse qui n'a pas de fin? En effet pour perpétuellement entasser biens sur biens, l'homme ne prend pas de repos, veillant et recherchant ceux-là et désirant la richesse sans être rassasié; cela est la perfection de la pauvreté. Mais eux négligent les choses transitoires à cause de leur amour des choses durables à jamais; eux estiment cette pauvreté comme la possession de la richesse, afin de gagner le Christ seul qui est la richesse parfaite; eux ont rejeté tout souci des nourritures transitoires et des vêtements soumis au vieillissement. Ils ont abandonné leur pensée à Dieu et se sont remis à lui, se réjouissant, dans le mépris de la possession, d'une joie que ne trouve personne de ceux qui aiment le monde transitoire, lesquels, quant à eux, exultent de la richesse temporelle, la rassemblant puis la laissant à d'autres d'entre eux. Mais ceux-là espèrent dans leur pensée les biens qui n'ont pas de fin. En vérité je te le dis: ils sont beaucoup plus riches que toi et que tous les rois de la terre.

Cependant toi, acquiers pour toi (ce qui est) comme cette possession spirituelle de laquelle, si tu la gardes avec une foi parfaite et *(p.106)* désires ce qui est plus grand, dans la justice, tu ne voudras jamais donner quoi que ce soit. Cela donc est la possession véritable; quant à la possession de la richesse transitoire, souvent elle va à des amis, et à eux non plus elle n'est pas profitable. Il convient que je l'appelle perfection de la pauvreté, elle qu'ont refusée ceux qui désirent la richesse céleste et qu'ils ont fuie d'un cœur décidé, comme l'homme s'enfuit devant un serpent.

§13 «Mais si je prenais l'ennemi qu'ils ont tué et foulé de leurs pieds, eux les contempteurs du monde, mes frères et mes associés dans le service (divin), que je le recevais de toi vivant et l'amenais auprès d'eux, je serais, moi aussi, cause de combat et de souffrance; je serais aussi appelé *serviteur du mal* sans fausseté. Loin de moi faire cela! Comment songerais-je aux vêtements de gloire? Quant à ceux qui ont rejeté de sur eux les vêtements de corruption et le vêtement d'impiété, et les ont méprisés à proportion de leurs possibilités, comment donc revêtirais-je devant leur face une tunique de peau, moi qui aurais désiré mettre sur moi des vêtements de honte? Au contraire, quant à mes amis, je suis assuré qu'ils ne veulent rien de tout cela. En effet il leur suffit de la solitude du désert, sachant qu'elle est les délices éternelles.

§14 «Quant à l'argent et aux vêtements que tu voulais leur donner, donne-les aux indigents, amasse (cela) pour toi dans le monde à venir, dans un trésor qui ne sera pas volé, et fais de Dieu ton secoureur par la prière de ceux-ci. De même fais du don de la richesse une aide pour toi dans la pratique du bien qui demeure à jamais. T'étant revêtu des armes de l'Esprit Saint tout en te *ceignant les reins de la justice, revêts l'armure de la vérité* et mets-toi sur la tête *le casque du salut, ayant chaussé* tes pieds de la garde du commandement, étant prêt à annoncer la paix, ayant ainsi dans ta main *le bouclier de la foi et le glaive de l'Esprit, qui est la parole de Dieu* tranchante[11]; en te gardant ainsi avec vigueur *(p.107)* et foi à l'égard des assauts de la pensée, jusqu'à ce que tu vainques et mettes en pièces sur terre Satan, le prince de celle-ci, afin que tu sois paré des couronnes de victoire et de triomphe par le Principe de la vie, par la main droite du Seigneur.»

[11] Cf., pour ce début de phrase, *Éphésiens* VI, 13-17.

CHAPITRE XIX

§1 Avec de telles règles divines et paroles salvatrices, le saint Baralâm exhorta le fils du roi; il le prépara à recevoir le baptême divin et lui prescrivit de jeûner et de prier, selon l'habitude qui avait été instituée. Il ne se séparait pas de lui, le visitant continuellement; il lui enseignait toutes les paroles glorieuses divines et les différences (?) de la sainte foi, lui récitant l'Évangile saint et toutes les exhortations apostoliques, lui expliquant et lui faisant comprendre la parole des prophètes. En effet jeune homme, il avait été instruit par Dieu, ayant à la bouche les paroles de toutes les exhortations de l'Ancien et du Nouveau (Testament); il les émettait avec l'éloquence d'un esprit divin comme un feu qui dispense en brûlant la connaissance de la lumière véritable.

§2 Le jour où il voulut faire entrer Yewâsef (dans la foi) et le baptisa du baptême chrétien, il se mit à l'enseigner en disant: «Voici que toi, ô fils spirituel, tu as été préparé à recevoir le sceau du Christ et à être marqué sur ta face du sceau de la lumière de sa face; tu seras fils de Dieu et maison de l'Esprit Saint vivifiant. Crois au Père, au Fils et à l'Esprit Saint, Principe de la vie glorifié, que les personnes de celui-ci sont trois, qui est un dans sa divinité, qui est loué dans son être (composé de) trois personnes distinctes sans séparation, qui est un dans sa substance. Sache et comprends qu'il est un seul Dieu et un seul Seigneur: le Père qui n'a pas été engendré, le Fils qui a été engendré, lumière de lumière, vrai Dieu de vrai Dieu, qui a été engendré avant tous les temps. En effet le bon Père a engendré le bon Fils et la lumière qui a été engendrée s'est levée de la lumière première; de la vie qui est a coulé la fontaine vivifiante et de la puissance éternelle est *(p.108)* apparue la puissance du Fils qui est la lumière glorieuse et le Verbe de Dieu en une personne qui *était au commencement auprès de Dieu,* Dieu qui était avant le monde, sans commencement, *par lequel tout a paru*[1], les choses qui sont visibles et celles qui ne sont pas visibles. Et (crois) en un Esprit qui a procédé du Père, Dieu parfait et créateur de la vie, vivificateur et dispensateur de sainteté, miséricordieux, béni dans sa personne, puissant dans sa personne, d'une seule volonté (avec le Père), dont la puissance est avec celui-ci avant le monde dans sa propre personne. De cette manière adore le Père, le Fils

[1] Cf. *Jean* I, 2-3.

et l'Esprit Saint, trois personnes et une seule divinité. En effet la divinité est une dans les trois personnes, la nature de celles-ci est une parce qu'une est leur substance, un (leur) pouvoir et une (leur) domination, dans l'unité du Fils et de l'Esprit Saint; en effet eux sont sortis du Père. La nature du Père (est celle de) géniteur, car il n'a pas été engendré; la nature du Fils (est celle d') engendré, car il n'a pas engendré; la nature de l'Esprit Saint (est celle de) la procession, car il n'a pas engendré et n'a pas été engendré.

§3 «Ainsi est le mode de l'engendré et de la procession qui ne peuvent être appréhendés, si ce n'est par un cœur droit, sans scepticisme. Eux, le Père, le Fils et l'Esprit Saint, (sont un) de toutes les manières, sauf seulement la nature d'engendrement, de filiation et de procession. En effet le Fils unique, le Verbe de Dieu, est descendu du ciel sur terre pour notre salut avec l'agrément du Père et de l'Esprit Saint. Il a été conçu dans la matrice de la sainte Vierge mère de Dieu, Marie – Mârihâm –, sans semence et est né d'elle sans souillure. Il fut homme parfait en étant lui-même Dieu parfait, en deux (?) natures – la divinité et l'humanité – (et) en une personne bien établie. Accepte cela sans scepticisme et ne cherche pas du tout à savoir comment le Fils de Dieu s'est diminué lui-même et est devenu homme par un sang virginal, sans semence humaine, sans corruption. Ne dis pas: 'Quelle est cette association de deux natures en une personne?' En effet cette disposition, nous avons appris à y croire avec foi et *(p.109)* confiance. En effet c'est un don à propos duquel nous ont parlé les Écritures divines.

§4 «Crois à présent au Fils de Dieu qui, dans la mansuétude de sa clémence, est devenu homme et a accepté les souffrances dans sa nature humaine qui est sans tache. En effet il a eu faim et soif, il a souffert et combattu dans sa nature corporelle; il a goûté la mort à cause de nos péchés; il a été crucifié et enterré; il a goûté la mort alors que sa divinité ne souffrait ni n'était changée. En effet il ne nous est pas possible d'attribuer la souffrance à une nature qui ne souffre pas. Mais nous savons que, sans changement, il a souffert, a été enterré et, dans une gloire divine, s'est relevé d'entre les morts sans corruption. Il est monté aux cieux et *il doit venir* de nouveau *en gloire,* dans un corps divin qu'il aura revêtu lui-même, pour juger les vivants et les morts et *rétribuer chacun à la balance de ses actions* dans la justice, comme il nous l'a dit lui-même[2].

§5 «En effet les morts ressusciteront et ceux qui sont dans le tombeau s'éveilleront, selon que dit Isaïe le prophète[3]. Ceux qui auront gardé les commandements du Christ, notre Seigneur, et seront allés dans la voie de

[2] Cf. *Matthieu* XVI, 27.

[3] Cf. *Isaïe* XXVI, 19: *Les morts revivront, leurs cadavres se relèveront [...].*

la foi droite hériteront la vie éternelle. Mais ceux qui se seront corrompus dans la pratique des péchés et ceux qui se seront écartés de la foi droite, on les poussera vers un châtiment de torture qui n'a pas de fin. Crois encore que le mal n'a pas de prince ni de maître et ne pense pas qu'il n'a pas de commencement, ou bien qu'il est venu à l'existence par lui-même, ou bien qu'il y a quelqu'un qui l'a amené à l'existence, ou bien qu'il est venu à l'existence par Dieu au commencement; éloigne-toi de cette honte! Au contraire il est fait par nous et par Satan. Il se lève contre nous et pénètre en nous par l'orgueil, à cause de ce que nous avons la permission et l'autorité par nous-mêmes; c'est par notre volonté et par notre bon plaisir que nous sommes entraînés, soit vers la pratique du bien soit vers la pratique du mal. Outre cela, crois en un seul baptême, par l'eau et par l'Esprit, pour la rémission du péché.

§6 «Reçois aussi les mystères purs du Christ en croyant qu'ils sont *(p.110)* son corps et son sang véritables qui ont été donnés aux croyants, alliance nouvelle pour ses disciples et pour tous ceux qui croient en lui. Il leur dit: *'Prenez, mangez, ceci est mon corps* qui est brisé à cause de vous pour la rémission du péché.' De même *il prit une coupe et la leur donna en disant: 'Buvez-en vous tous, c'est mon sang,* sang *de la nouvelle Alliance qui a été versé à cause de* vous *pour la rémission des péchés. Faites ainsi en mémoire* de moi[4].' C'est le Verbe de Dieu, voici qu'il a fait connaître cela; (lui) qui a créé toute chose par sa puissance a institué par sa parole divine la règle de l'office sacerdotal de l'offertoire – pain et vin – qui n'a pas son pareil. Il fait ceux-ci son corps et son sang par la descente de l'Esprit Saint, pour sanctifier ceux qui en prennent avec désir.

§7 «Prosterne-toi encore avec foi devant l'effigie glorieuse du Seigneur, effigie du Verbe de Dieu qui s'est fait homme pour nous, en croyant que tu vois continuellement le Créateur et le Façonneur dans l'effigie. En effet à propos de la gloire de l'effigie, un des saints dont la nature est parfaite a dit: 'Elle-même est la représentation de ce dont elle a reçu une part.' En effet nous voyons la représentation qui est dans l'effigie et nous voyons, par l'œil de notre esprit, la vraie forme de (ce qui est dans) l'effigie. Adorons dans la foi et dans la crainte l'effigie qui s'est incarnée pour nous et ne la voyons pas avec mépris, car elle est l'effigie de Dieu qui s'est incarné. Saluons avec désir et amour, du fond de notre cœur, celui qui a répandu son sang pour nous, et pareillement encore l'effigie de sa mère pure et les effigies de tous les saints. Saluons aussi le signe de la

[4] Cf. *Matthieu* XXVI, 26-28; *Luc* XXII, 19-20.

Croix vivifiante à cause de ce qu'il a été crucifié sur elle en chair pour sauver notre race du péché, (lui) le Christ Dieu sauveur du monde; il nous l'a donné comme signe par lequel nous vainquons notre ennemi, car celui-ci y est étranger et il ne lui est pas possible de voir sa puissance.

§8 «Ces choses sont les commandements que nous avons reçus. Toi aussi revêts-t'en, ô fils spirituel; garde-les jusqu'à ton dernier souffle, sans *(p.111)* changement ni confusion, ayant supprimé tout doute et toute pensée de fausseté en méprisant toute doctrine et toute pensée d'impiété qui se dressent contre cette foi qui n'a pas de tache, sachant qu'elles sont étrangères à Dieu et éloignées de lui. En effet l'apôtre divin dit: *Si nous – ou un ange du ciel vous enseigne autre (chose) que ce que nous vous avons enseigné, qu'il soit maudit et anathème*[5]. Il n'y a pas d'autre Évangile, pas d'autre foi que ce dont ont été témoins les apôtres saints et les pères revêtus de divinité qui ont établi la loi de l'Église universelle (?) apostolique, chacun en son temps, et l'ont donnée à l'Église universelle (?).»

§9 Quand Baralâm eut dit ces paroles au fils du roi, et après qu'il lui eut enseigné les commandements de la foi droite qu'a institués le concile de Nicée, il le baptisa au nom du Père, du Fils et de l'Esprit Saint dans le bassin d'eau qui était dans le jardin de Yewâsef. La grâce de l'Esprit Saint demeura sur celui-ci et il brilla de la lumière de la gloire de Dieu. Après cela, Baralâm le fit monter dans la chambre qui avait été faite pour lui et, ayant accompli l'office du mystère du sacrifice pur – qui est le corps et le sang du Christ –, (il communia Yewâsef?). Celui-ci se réjouit alors dans l'Esprit Saint et il exalta la gloire du Christ qui, dans la grandeur de sa miséricorde, l'avait rendu digne de cela.

§10 Baralâm lui dit: «Béni soit Dieu, le Père de notre Seigneur Jésus-Christ, qui, dans la grandeur de sa miséricorde et de sa clémence, a répandu sur nous (sa grâce?) et nous a engendrés à nouveau dans l'espérance de son Esprit vivifiant pour que nous héritassions de ce qui ne vieillit pas, ne se corrompt pas et ne se flétrit pas, qui est gardé pour nous aux cieux dans Jésus-Christ notre Seigneur. Sache, mon fils, que voici qu'aujourd'hui tu as été libéré du péché et *(p.112)* asservi à Dieu; tu as reçu les arrhes de la vie qui demeure à jamais, tu as rejeté le vêtement d'obscurité et tu as revêtu la lumière. Tu as été placé dans le lieu des enfants de Dieu, ainsi qu'il est dit: *À tous ceux qui l'ont reçu, il a donné pouvoir de devenir enfants de Dieu, (à) ceux qui ont cru en son nom* pour le Christ dans l'Esprit Saint[6].

[5] *Galates* I, 8.
[6] *Jean* I, 12.

§11 «À cause de cela, prends garde, ô cher, à être trouvé sans souillure et sans tache en pratiquant le bien sur le fondement de la foi. En effet la foi sans les œuvres est morte, et de même les œuvres sans la foi, comme je l'ai dit précédemment[7]. Écarte-toi à présent de tout mal et hais complètement toute œuvre du vieil homme; il est vieux, le désir de la tromperie, sois comme le fœtus: quand son temps (de formation) est achevé, il boit le lait de sa mère. Souhaite, toi aussi, boire le lait raisonnable et sans mélange des vertus et grandir grâce à lui; il t'amènera à la connaissance des commandements du Fils de Dieu, à la mesure d'un homme parfait et à la ressemblance du Christ. Ne sois pas petit de cœur, perverti (et) agité par la force des passions dont les vagues sont agitées. Mais sois un petit enfant pour le mal[8], que ton cœur soit attaché aux belles choses et que ta marche soit comme il convient à ta vocation à laquelle tu as été appelé, par la garde des commandements de Dieu, en mettant tes soins à t'éloigner de ta marche d'auparavant, comme marchent les païens perdus dans l'erreur de leur cœur et les ténèbres de leur pensée, eux qui sont éloignés de la gloire de Dieu et qui s'assujettissent à leurs désirs et à leurs pulsions animales.

§12 «Mais de même que tu es fort et de même que tu t'es approché du Dieu de justice, de même à présent va comme les fils de la lumière, comme l'arbre qui fructifie. En effet le fruit de l'Esprit est beau, droit et juste. *(p.113)* En effet l'homme nouveau que tu as revêtu aujourd'hui ne se corrompt pas et ne vieillit pas par le vieil (homme) d'avant. Au contraire sois nouveau toujours dans la droiture et dans la justice. En effet cela est possible à tous ceux qui le veulent, ainsi que tu as entendu toi-même qu'il donne pouvoir à ceux qui l'ont reçu de devenir enfants de Dieu, (à) ceux qui croient en son nom saint[9]. À cause de cela, il ne nous est pas possible de dire que nous ne pouvons acquérir les vertus; au contraire le chemin est frayé et n'est pas escarpé, même si, à cause de la pensée de la chair, il a été appelé étroit et pénible. Au contraire il est lumineux, aisé et droit à cause de la belle espérance que nous nourrissons, lui qui est pour ceux qui y auront marché dans la sagesse et l'auront compris précisément dans la justice, (qui) auront su quel est le bon plaisir de Dieu, auront revêtu toutes les armes de Dieu pour combattre l'ennemi, l'adversaire, et se seront montrés publiquement sur ce chemin, en toute espérance, avec leurs supplications. Toi aussi, fils, selon que tu l'as

[7] Cf. chapitre XI, **§1**.

[8] Cf. *1Corinthiens* XIV, 20: *[...] des petits enfants pour la méchanceté, soit, mais pour le jugement montrez-vous des hommes faits.*

[9] Cf. *supra* **§10**.

entendu de moi et appris, ajoute à cela les actions vertueuses, parfaites, surabondantes et tassées (?), ayant pris l'état beau et bon de soldat; que soit à toi une foi solide dans une belle confiance, tes belles actions étant témoins pour toi, dans une constance parfaite, dans la pureté et la douceur, ayant reçu la vie éternelle à laquelle tu as été appelé.

§13 «Quant à tous les désirs et aux douceurs qui mènent aux passions engloutissantes, ne les éloigne pas de toi dans l'action seulement, mais éloigne-les de ta pensée qui (en) serait troublée, afin que ta belle âme qui est sans tache voie Dieu. Il n'y a pas seulement nos actions qui sont consignées, mais aussi nos pensées qui sont pour nous cause soit de repos soit de châtiment. Nous, nous savons précisément que dans les cœurs purs demeure le Christ avec le Père et avec *(p.114)* l'Esprit Saint. Voici qu'il nous a appris que, de même que la fumée chasse l'abeille, de même la grâce de l'Esprit Saint chasse de nous les pensées mauvaises. Sois toujours appliqué et attentif à cela, guéris ton âme de toute pensée séculière et fais-en un autel pour l'Esprit Saint vivifiant. En effet c'est à partir de la pensée que s'accomplit l'action, et toutes les choses qui sont faites, ne sont-elles pas toutes accomplies en pensée et ne se poursuivent-elles pas en action? Elles commencent petitement, puis grandissent peu à peu et parviennent à de grandes (fins) qui stupéfient.

§14 «À cause de cela, ne laisse pas une habitude mauvaise dominer sur toi, au contraire arraches-en la racine de ton cœur alors qu'elle est tendre, afin qu'elle ne fasse pas sortir des branches et des racines en profondeur et que tu n'aies pas besoin d'un temps prolongé et de beaucoup de peine pour l'éradiquer. En effet c'est d'une manière telle que le poids des péchés prévaut continuellement sur nous et s'empare de nos âmes, parce que celles-ci s'imaginent qu'est petite (une chose) telle qu'une pensée mauvaise ou une parole honteuse ou un bavardage mauvais; ce n'est pas avec peu de peine qu'il est possible de les supprimer. De même que c'est le cas pour les choses du corps – ceux qui se rient de leurs petites blessures font venir sur eux-mêmes un plus grand dommage et aussi la mort –, de même (est-ce) le cas pour l'âme. En effet ceux qui négligent les petites passions et les péchés légers, qu'eux estiment mineurs, en font l'accès à de grands péchés. L'entrée des grands péchés est estimée (peu de chose?) et leur présence dans l'âme devient pour celle-ci comme une habitude; elle les estime petits et considère leur poids comme mineur. En effet voici qu'il est dit que *l'impie,* s'il *revient auprès de la profondeur du mal,* estime petit celui-ci et s'en moque[10]; l'âme de

[10] Cf. *Proverbes* XVIII, 3: *Quand vient la méchanceté, vient aussi le mépris [...].*

celui-ci devient comme *une truie qui se roule dans* la fange du *bourbier* et s'en réjouit[11]. *(p.115)* Ainsi pâtit l'âme dans l'habitude des mauvaises choses; elle ne possède pas la perception (?) de la puanteur du péché, mais elle en est fouettée (?) et elle goûte le mal comme une bonne chose. Peut-être l'âme s'éveillera-t-elle au moment du soir de la durée de ses jours, dans la sueur d'un labeur pénible, au point de devenir libre de l'habitude mauvaise à laquelle, volontairement, elle s'était assujettie elle-même.

§15 «À cause de cela, éloigne-toi avec toute ta force de toute pensée mauvaise et écarte-toi de la pensée de tromperie en connaissant précisément toute habitude séculière. Surtout habitue ton âme à pratiquer les vertus et réjouis-toi de les pratiquer. En effet tu auras peiné un peu pour elles et tu en feras une habitude perpétuelle qui te sera profitable avec l'aide de Dieu, sans fatigue, et tu seras vainqueur. En effet si l'âme obéit et fait une habitude de la pratique des vertus, celle-ci sera comme une habitude et l'âme acquerra Dieu en tant que secours. Le chemin essayé sera pour toi un chemin aplani; tu verras alors que le courage et la tempérance, la pureté et l'action droite sont difficiles à renvoyer et à changer, car ils sont des habitudes de l'âme, des états de celle-ci et des activités intimement liées à la nature de celle-ci[12]. Quant aux actions de péché, elles ne sont pas intimement liées à notre nature, mais elles entrent en nous de l'extérieur et, après qu'elles nous sont devenues une habitude, il est difficile pour nous de les extirper et de les supprimer. Combien davantage (est-ce le cas pour) cette pratique des vertus qui a été implantée dans notre nature par la volonté du créateur à la gloire très-haute; en effet elle est une nature et (Dieu) lui-même l'aide. Si nous avons peiné un peu et enfoncé profondément ses racines dans notre âme, avec zèle et avec courage, en une implantation solide, l'extirper de nous sera alors quelque chose qui ne se pourra absolument pas.»

[11] Cf. *2Pierre* II, 22.
[12] Le guèze écrit, par erreur, «aux activités de celle-ci».

CHAPITRE XX

§1 «Voici que quelqu'un qui la pratiquait m'a fait un récit, il dit: 'Après que j'eus acquis les visions spirituelles, qui sont *(p.116)* les choses qui apparaissent à l'œil ferme de l'esprit, et que mon âme fut, par la méditation de celles-ci, devenue bienfaisante, à ce moment-là je voulus l'éprouver: j'occultai la vision de l'œil de mon esprit et interdit (à mon âme) d'explorer (?) selon son habitude précédente. Je sus alors qu'elle était affligée et triste et que son cœur était suspendu à (cette méditation), sans retour, et que ne la retenait pas d'autre pensée qui fît obstacle. Quand je lui donnai l'autorisation, elle courut aussitôt d'une course précipitée vers son occupation habituelle, ainsi que dit David:

Comme le cerf désire la source d'eau,
de même mon âme désire Dieu.
Mon âme a soif de mon Dieu vivant[1].'

«Voici donc qu'il est évident avec cette parole que, l'acquisition des vertus demeurant en nous, nous la faisons maîtresse, si nous le souhaitons, après que nous l'avons choisie et préférée au péché. Mais ceux qui servent le mal y sont assujettis et en sont sauvés avec peine, comme je te l'ai dit précédemment.

§2 «Mais toi à présent, tu as été retiré de celui-ci par la clémence et par la miséricorde de notre Dieu; tu as revêtu le Christ par la grâce de l'Esprit Saint divin. Abandonne-toi à présent à Dieu et n'ouvre jamais une porte (au mal?); au contraire pare ton âme du parfum de la beauté des vertus éclatantes de beauté. Fais de ton âme un autel pour la Trinité sainte et fais les pensées de ton cœur assidues à la célébration de son nom. S'il y a un homme qui sert un roi terrestre, lorsqu'il parle avec celui-ci face à face, il est rendu évident à tous, l'honneur dont l'a honoré le roi; son honneur est manifesté. Celui qui a mérité de parler avec Dieu et dont le cœur est suspendu à celui-ci, heureux est-il car il jouit de la douceur de la parole de Dieu et le voit en parlant sans cesse avec lui, c'est-à-dire disant des prières et le suppliant continuellement. *(p.117)* En effet quant à celui qui prie d'un cœur brûlant et pur, sa pensée est éloignée de toutes les actions transitoires alors qu'il se tient devant Dieu ouvertement et lui présente des supplications dans la crainte et dans le tremblement;

[1] *Psaumes* XLII, 2-3.

celui-là parle avec lui face à face. En effet notre Dieu bon et Seigneur miséricordieux emplit tout lieu en écoutant ceux qui le prient dans la pureté, selon que dit David:

Les yeux de Dieu sont vers ses justes
et ses oreilles écoutent *leur supplique*[2].

§3 «À cause de cela, les pères disent que ceux qui prient sont considérés comme (étant) dans la pensée de Dieu et ils appellent la prière *œuvre des anges* et *commencement de la joie à venir*. En effet ils ont stipulé qu'elle est proximité de Dieu, règne dans le royaume des cieux et contemplation de la Trinité sainte. Ils en ont fait quelque chose de plus grand que toutes les actions de vertu; en effet redoubler de persévérance au moment de la prière et y être assidu conduisent le cœur au vestibule de la beauté de l'espérance. Cette (prière) est appelée image de cette béatitude (à venir). Toute prière n'est pas ainsi, mais (seulement) celle qu'il convient d'appeler de ce nom, celle qu'a enseignée Dieu qui donne sa prière à celui qui a prié, celle qui est manifeste dans tout ce qui est sur terre, celle qui est prononcée avec Dieu sans intermédiaire.

§4 «Purifie-toi donc avec zèle; elle te suffira et te fera monter de la terre jusqu'au ciel, si tu t'es nettoyé de tout péché et de toute pensée mauvaise et que tu t'es placé dans la perfection de la pureté, comme un miroir limpide dont le polissage est nouveau, t'étant écarté de toute vindicte et du souvenir du mal, lesquels entravent la montée de la prière beaucoup plus que tous les péchés et l'empêchent de monter auprès de Dieu. À tous ceux qui t'ont manqué pardonne de tout ton cœur; donne l'aumône aux indigents et sois-leur miséricordieux; fais monter ta prière et présente-la à Dieu avec des larmes brûlantes. *(p.118)* Si tu pries ainsi, il te sera possible de dire comme David le prophète qui était roi et, gardé de dix mille adversaires, purifia son âme de tous les péchés; il dit à Dieu:

L'injustice, je la hais et je l'exècre,
mais ta loi, je l'aime.
Sept fois par jour je te glorifie,
à cause du jugement de ta justice.
Mon âme garde ton témoignage
et l'aime beaucoup.
Que ma supplique approche de toi, Seigneur,
selon que ta parole *est justice*[3].

[2] *Psaumes* XXXIV,16.
[3] *Psaumes* CXIX, 163-164, 167, 169, 172.

§5 «Si tu crois ainsi, Dieu t'écoutera; si tu l'appelles, *il te dira: 'Vois, je suis ici*[4]*!* Si tu disposes de la prière ainsi, voici que tu seras bienheureux; en effet il n'est pas possible à quelqu'un de prier avec une telle ardeur si ce n'est avec l'aide de Dieu. Il ne lui est pas possible d'effectuer sa prière continuellement, de s'envoler au-dessus des pièges de l'Ennemi et de s'élever, si sa pensée ne s'est pas enflammée, selon qu'ont dit les saints: 'Éveille ton âme, fais-la monter jusqu'au ciel et remets-toi à ton Seigneur. Souviens-toi de tes péchés et sollicite de lui le pardon. Si tu le sollicites avec des larmes brûlantes, il te pardonnera; en effet il est ami de l'homme, clément et pitoyable de cœur. Avec ces paroles et ces pensées, tu chasseras tous les désirs séculiers et tu deviendras supérieur à l'action des passions charnelles et digne de t'entretenir avec Dieu.' Qu'est-ce qui est plus beau et qu'est-ce qui est plus glorieux que cet état? Mon fils, que Dieu te rende digne d'atteindre cette béatitude élevée.

§6 «Voici qu'à présent je t'ai fait voir le chemin du commandement de Dieu, je suis resté à peiner pour te raconter tout ce qui plaît à Dieu; voici que j'ai accompli ma mission. Sois fort à présent dans ta pensée, selon ce qu'il convient pour sanctifier Dieu qui t'a appelé auprès de lui. Toi aussi, voici que tu es devenu saint dans ta conduite et dans ta règle; en effet Dieu a dit: *Soyez saints, car moi je suis saint*[5].

«Et le glorieux chef des apôtres a écrit en disant: *Et si vous invoquez le Père, qui lui juge sans faire acception de personne* et rétribue *chacun selon son œuvre,* (p.119) *allez donc en ayant crainte pendant tous les jours de votre vie et sachez que vous n'avez été rachetés de votre vie vaine, que vous a transmise vos pères, ni par l'or ni par l'argent qui vieillit, mais par le sang glorieux du Christ, agneau pur, sans tache ni souillure*[6].

«Mets tout cela dans ton cœur et rappelle-le-toi toujours. Que la crainte de Dieu soit devant tes yeux, ainsi que le tribunal redoutable, la joie des justes qui adviendra en ce temps-là à eux seuls et la honte des pécheurs et leurs pleurs dans la profondeur des ténèbres. Sache que *tout* homme *est comme de l'herbe et toute la gloire* du genre humain *comme la fleur de l'herbe,* celle-ci *sèche et sa fleur tombe, mais la parole de Dieu demeure à jamais*[7].

§7 «Lis sans cesse ces paroles et ce qui leur ressemble, mon fils, et que la paix de Dieu soit avec toi, qu'elle te rende lumineux, te fasse

[4] Cf. *Isaïe* LVIII, 9: *Alors si tu appelles, Yahvé répondra, si tu cries au secours, il dira: 'Me voici!'*

[5] *1Pierre* I, 16.

[6] *1Pierre* I, 17-19.

[7] *1Pierre* I, 24-25.

comprendre et te guide vers la voie du salut; qu'elle chasse de ta pensée toute volonté de tromperie; qu'elle scelle ton âme du signe de la Croix vivifiante afin que rien ne s'approche de toi de la mauvaiseté du Mauvais et qu'elle te rende digne de toute pratique des vertus afin que tu obtiennes le royaume qui doit venir, qui n'a ni fin ni disparition, (toi) te réjouissant dans la lumière de la Trinité sainte, principe de la vie et première (création?) du Roi de gloire, le Père, le Fils et l'Esprit Saint, amen.»

CHAPITRE XXI

§1 Avec ces belles paroles, le vieillard glorieux exhorta Yewâsef, le fils du roi, puis il retourna au lieu de sa vie solitaire. Quant aux gardes du roi et aux éducateurs du jeune homme, lorsqu'ils virent le vieillard entrer continuellement dans le palais, ils s'étonnèrent beaucoup de cela. L'un d'entre eux, que nous avons mentionné précédemment, qui avait été placé à leur tête comme intendant – (il était) fidèle et d'une affection solide –, à la tête du palais du fils du roi, dont le nom était Zardân, dit au fils du roi: «Ô mon seigneur, il *(p.120)* convient que tu saches combien je crains ton père et combien il a mis sa confiance en moi. À cause de cela, il m'a ordonné de (te) servir en tant que quelqu'un de fidèle; et voici que je vois cet homme étranger parler continuellement avec toi. Je crains qu'il ne soit d'entre les gens de la foi chrétienne, que ton père hait fort, et que je sois passible d'une sentence de mort; tu connais le sentiment de ton père. Si tu ne cesses pas dorénavant de parler avec lui et ne fais pas cela, chasse-moi de devant ta face, pour que ton père ne me réprimande pas, et demande à ton père de t'en donner un autre à ma place.»

Yewâsef lui dit: «Zardân, je veux de toi que tu te caches dans mes rideaux et que tu écoutes les mots (de cet homme) quand il parlera avec moi.»

Quand Zardân sut (que Baralâm arrivait), il pénétra au milieu des rideaux.

§2 Yewâsef dit à Baralâm: «Délimite (?) pour moi ton enseignement divin pour qu'il plante dans mon cœur une plante vigoureuse.»

Baralâm se mit à adresser à Yewâsef beaucoup de paroles de Dieu, il lui dit: «Aime Dieu seul de tout ton cœur, de toute ton âme et de toute ta pensée. Garde (son) commandement pur avec crainte et avec désir, car Dieu a créé tout ce qui est visible et ce qui est invisible. Rappelle-toi comment il a créé l'homme, et le commandement qu'il a prescrit, et comment (l'homme) a transgressé son commandement et la vengeance que (Dieu) a tirée de sa créature à cause de la transgression de celle-ci. Rappelle-toi aussi le nombre des biens et des honneurs qu'il nous a retirés pour notre transgression de son commandement, et les afflictions que nous avons rencontrées après que nous fûmes privés de ces biens, et les calamités nombreuses. (Rappelle-toi) comment, en abondance, il fit suivre cela d'occasions (de montrer son) amour du genre humain, comment le Créateur mis ses soins à nous sauver et *(p.121)* envoya des professeurs et des prophètes nous faire l'annonce de l'incarnation du (Fils) unique, de sa descente (sur terre), de ce qu'il se ferait homme, de ses bienfaits et ses miracles, des souffrances qu'il supporterait pour nous, de sa crucifixion et de sa mort selon sa volonté, et comment il nous a appelés de nouveau et nous a ramenés aux belles choses d'avant et au royaume céleste qu'attendent ceux qui en sont dignes. Rappelle-toi encore la peine du supplice qui a été préparée pour les pécheurs: feu qui ne s'éteint pas, ténèbres, vers qui ne meurent pas et tout ce qu'en fait de supplices ont réuni pour eux-mêmes ceux qui ont servi le péché.»

§3 Quand il eut achevé d'affermir Yewâsef par ce discours, il mit fin à la beauté de son enseignement, selon l'habitude, après avoir beaucoup parlé de la pureté du combat (spirituel) et de la vie, du mépris et du fardeau des choses qui sont ici-bas; il fustigea l'état misérable de ceux qui sont dissous dans le désir de celles-ci. Il mit fin à son propos en priant sur Yewâsef et il le bénit pour que fussent avec lui la foi dont le dessein est droit, la conduite que rien n'entache et la sagesse pure qui demeure toujours sans changement ni ébranlement. Il mit à sa prière un terme et une fin et alla au lieu de son ascèse.

§4 Yewâsef appela Zardân, son éducateur, pour éprouver sa pensée; il lui dit: «As-tu entendu à présent ce que m'a raconté ce semeur de discours pour me séduire par la séduction de sa parole oiseuse et m'écarter des délices de la joie de ce monde transitoire et de sa saveur, et pour que j'adorasse un dieu étranger?»

Zardân lui répondit en disant: «Ô prince, si tu as (vraiment) dit que tu m'interrogeais, moi ton serviteur, assurément je sais que voici que le discours de cet homme est entré et parvenu jusqu'aux profondeurs de ton cœur. Si la chose n'était pas ainsi, tu n'aurais pas parlé sans cesse avec lui. Ce n'est pas que nous ne connaissions pas cette (doctrine de) gloire, mais, depuis le moment où ton père a suscité la persécution contre les chrétiens, on ne peut être préservé de son (action); ils ont été chassés d'ici et leur prédication s'est tue à cause de cela depuis ce moment. Si *(p.122)* à présent leur manière de voir t'est devenue agréable et t'a été révélée, et que tu peux supporter son austérité et ses difficultés, que ton bon plaisir soit à présent (dirigé) vers les vertus et les belles choses. Mais quant à moi, que ferai-je, moi à qui il n'est pas possible de regarder vers ces périls? Voici que mon âme, par crainte du roi, est remplie d'affliction et d'une grande douleur. Que lui répondrai-je pour (l') avoir trompé et avoir permis d'introduire cet homme auprès de toi?»

§5 Yewâsef lui dit: «Je connais la belle étendue de ton affection pour moi, laquelle n'a pas de récompense auprès de moi. Quand j'ai rencontré le jour (?) de la connaissance certaine[1], j'ai voulu te révéler cette belle chose, qui est supérieure à la nature humaine, à cause de mon affection pour toi, afin que tu connusses ce que j'avais trouvé et que tu connusses aussi le Créateur et te confiasses à la lumière qui illumine, moi espérant que, si tu écoutais le récit des choses spirituelles, tu les poursuivrais avec désir et les garderais, et que la paresse ni la négligence ne te feraient différer de t'en (approcher). Mais il me semble que je suis déçu de mon espérance à ton sujet, car je vois que ton discours à ce sujet est tiède. Cependant si tu dis cela à mon père le roi, tu n'obtiendras rien si ce n'est que tu t'infligeras à toi-même chagrin et tristesse. Si tu (veux) établir solidement ton affection pour lui, ne le chagrine pas du tout avec rien de cela jusqu'au moment qui conviendra.»

§6 Le lendemain, Baralâm revint, entra auprès de Yewâsef et lui parla de (son) départ. Celui-ci ne put supporter d'être séparé de lui; son âme s'attrista et les larmes remplirent ses yeux. Le vieillard l'exhorta beaucoup et lui dit: «Sois ferme dans la pratique du bien et le chemin de la victoire que n'atteignent ni le tremblement ni la souillure.» Et il affermit son cœur avec des paroles de consolation en lui demandant de prendre congé de lui *(p.123)* dans la joie. Il lui dit encore: «Il n'est pas éloigné, le moment de nous retrouver ensemble sans séparation.»

§7 Mais Yewâsef fut rempli de chagrin et fit couler ses larmes. Pour ne pas fatiguer le vieillard par un surcroît de trouble, il ne lui interdit pas le chemin des vertus que celui-ci désirait. Il craignit que celui qui s'appelait Zardân révélât son affaire au roi et que le supplice et le châtiment l'atteignissent. Il dit à Baralâm: «(Mon) père spirituel véritable et le plus précieux des professeurs dans la mesure où tu as été cause pour moi de toutes les vertus, toi qui à présent me laisses emprisonné dans ce monde vain et t'en vas toi-même au lieu du repos spirituel, je n'ose à présent t'emprisonner et te détourner de ce tien chemin. Va donc, gardé par la paix de Dieu; rappelle-toi ma misère sans cesse dans ta prière précieuse pour que je puisse te trouver et regarder ta face joyeuse à tout moment. Accepte de moi une requête, même si tu ne le veux pas: reçois de moi une petite (chose) et emporte-la avec toi pour les ascètes, et pour toi aussi un petit viatique pour la route, pour demain seulement, et un vêtement pour (te) couvrir.»

Baralâm répondit en disant: «Si je recevais de toi quelque chose pour mes frères, assurément eux ne voudraient pas prendre quoi que ce soit des biens de ce (monde) transitoire qu'ils ont éloigné d'eux; ils s'en sont

[1] On peut aussi comprendre, au prix d'une légère correction du texte de Budge: «Quand j'ai rencontré la connaissance certaine supérieure».

éloignés eux-mêmes de leur plein gré. Comment prendrais-je pour moi-même ce que je leur aurais refusé? Je sais que cette possession est destructrice; ni pour eux ni pour moi-même je ne prendrai (quelque chose) et je ne tomberai pas dans ce filet de chasse, la possession porteuse d'affliction.»

§8 Quand Baralâm n'eut acquiescé ni à cela ni à autre chose, Yewâsef se mit à le supplier de nouveau et renouvela ses requêtes pour que Baralâm ne déçût pas sa supplication, que ne se déversât pas sur lui une abondance d'affliction et de crainte, qu'au contraire il lui laissât son vêtement *(p.124)* de poils qui était déchiré et sa belle ceinture, afin qu'ils fussent auprès de lui en souvenir et sauvegarde contre toutes les actions de Satan. «Prends-en (d'autres) à leur place, (ajouta-t-il,) pour que, lorsque tu les regarderas, tu te rappelles ma faiblesse.»

Baralâm répondit en disant: «Si je te donne un vêtement qui est vieux et reçois de toi un vêtement neuf, cela n'est pas juste, (à savoir) que je reçoive le prix d'un petit labeur. Pour que je ne te retranche pas l'espérance, fais (que) ce que tu me donnes (soit) un haillon à la ressemblance de ce que je vais te donner.»

À ce moment, Yewâsef demanda un vieux vêtement de poils et le donna au vieillard. Yewâsef reçut de celui-ci son vêtement et sa ceinture en se réjouissant et exultant. Ils furent pour lui très précieux, eux qui l'emportaient sans (commune) mesure sur les vêtements de pourpre et les précieuses parures royales.

§9 Baralâm, quand approcha le moment de son départ, se mit à prononcer ses mots de départ et, après, instruisit Yewâsef en disant: «Fils bien-aimé véritablement et doux frère que j'ai engendré par l'enseignement de l'Évangile saint et glorieux, il convient fort que tu saches de quel roi tu es le soldat et en qui tu crois et places ta croyance. Il te faut à présent garder et assurer ton service de soldat avec ardeur et accomplir ce que tu as promis dans l'écrit de (ta) profession devant toutes les armées célestes, (chose grâce à) laquelle, si tu la gardes, tu seras gardé et bienheureux, sans rien vouloir des choses transitoires, mais seulement Dieu et ses belles choses. En effet les choses transitoires sont à la ressemblance d'un songe et, après cette (vie?), sont destinées au feu éternel de la géhenne, qui n'a pas d'éclat et dont la brûlure ne cesse pas; son brasier et ses tortures n'ont pas de repos et ne s'arrêtent jamais, son châtiment n'a pas de fin. En outre quelle est celle parmi les belles choses qui se rencontre dans le monde?

«Quant au monde à venir, ainsi sont ses joies: tu *(p.125)* te réjouiras perpétuellement avec Dieu qui donne à ceux qui l'aiment le royaume qui demeure à jamais; sa beauté est indicible, personne ne peut résister à sa puissance et sa gloire demeure à jamais. Ses beautés, *que (Dieu) a préparées pour ceux qui l'aiment,* sont très-hautes et n'ont pas d'analogie pour quiconque les regarde, elles que *l'œil n'a pas vues, que l'oreille n'a pas entendues et qui n'ont pas été conçues dans le cœur de l'homme*[2], elles dont tu deviendras toi-même héritier, gardé par la main puissante de Dieu.»

§10 Quant à Yewâsef le fils du roi, les larmes coulèrent de ses yeux; il s'affligea et s'arracha la peau du corps avec ses ongles. Il ne put supporter d'être séparé du père qu'il aimait et du professeur à l'action vertueuse. Il lui dit: «Père, qui est (désormais) avec moi? Qui achèvera ton éducation dont tu m'as éduqué? Que ferai-je afin de me consoler loin de ton affection pour ton serviteur? Moi qui étais éloigné de Dieu, que tu en as approché et que tu as éduqué à la ressemblance d'un fils, un héritier, moi perdu et égaré, qui errais dans les montagnes, qui étais préparé pour la gueule des animaux voraces, tu as été me chercher. Par la grâce de Dieu qui n'a pas d'égarement, tu m'as mêlé avec ses brebis et tu m'as montré le chemin de la justice. Tu m'as fait sortir des ténèbres et de l'ombre de la mort; tu as détourné mes pieds du chemin glissant, porteur de mort et de péril, qui est pénible, rude et tortueux. Tu as été pour moi la cause (de mon inclination) vers les belles choses grandes et prodigieuses dont il n'est pas possible de dire par la parole les grandeurs. Voici que tu vas obtenir, à cause de moi l'indigent, de grands dons de la part de Dieu, et l'indigence de mon action de grâce, Dieu la fera plénitude, lui qui seul est vainqueur et dispensateur de la récompense de la grâce à ceux qui l'aiment comme toi.»

(p.126) **§11** Mais Baralâm le fit cesser sa lamentation; il se leva pour prier, se tint debout et tendit les mains vers le ciel en disant: «Ô Dieu, Père de notre Seigneur Jésus-Christ, toi qui as illuminé les ténèbres au début, créateur de toutes les créatures qui sont visibles et qui ne sont pas visibles, qui n'as pas méprisé ce que tu as formé et ne nous as pas laissés aller à la suite de notre folie, nous te rendons grâce et nous rendons grâce à ta puissance, à ta sagesse et (à) ton Verbe, Jésus-Christ notre Seigneur par qui tu as créé les mondes. Nous étions tombés et tu nous as relevés, nous avions fait des péchés et tu nous as pardonné, nous nous étions perdus et tu nous as ramenés, nous étions captifs et tu nous as rachetés, nous étions morts et tu nous as ramenés à la vie par le sang glorieux de ton Fils.

[2] Cf. *1Corinthiens* II, 9.

«Ô Seigneur, ami des hommes, regarde vers cette tienne brebis douée de raison que j'ai approchée de toi depuis ce qui ne lui convenait pas. Sanctifie son âme par ta puissance et par ta grâce et bénis-la par ta justice. Garde cette vigne qui a été plantée par l'Esprit Saint vivifiant et donne-lui de porter le fruit de la justice et de la vérité. Arrache-la aux embûches de l'Ennemi par la sagesse de l'Esprit Saint bon. Apprends-lui à faire ta volonté et ne retire pas ta grâce de sur elle. Rends-la digne d'être avec moi, moi ton infime serviteur, dans tes belles choses éternelles qui n'ont pas de fin. Sois pour elle un consolateur, un surveillant et un guide vers ton chemin vivifiant, car tu es béni et glorifié dans tous les siècles, amen.»

§12 Quand il eut achevé sa prière, il se tourna et embrassa le fils du père céleste; il le bénit pour qu'il obtînt la paix et le salut en disant: «Que Dieu t'affermisse, mon fils, sur le chemin parfait et te fasse obtenir la joie éternelle, selon (ce qu') il t'a révélé et t'a donné, avec tous ses saints dans son royaume qui ne passe pas, amen.»

Après ces paroles, il sortit du palais royal et alla au désert, sa demeure, en se réjouissant et exultant et en rendant grâce à Dieu qui avait frayé pour lui le chemin des choses belles et utiles.

CHAPITRE XXII

§1 Quant à Yewâsef, après le départ de Baralâm, il se tint en éveil *(p.127)* et s'adonna à la prière avec effusion de larmes brûlantes en disant:

Ô Seigneur, regarde à m'aider;
ô Seigneur, hâte-toi de m'aider[1].

«En effet c'est à toi que s'abandonnent les pauvres, tu es le secoureur des orphelins. Regarde vers moi et sois-moi miséricordieux, toi qui veux le salut de tous et que (tous) reviennent vers la connaissance de la vérité; sauve-moi et sois-moi miséricordieux. Rends-moi fort pour que j'aille sur le chemin de ton commandement vivifiant, car je suis faible et misérable et ne suis pas apte à faire le bien, car tu as pouvoir de me sauver, ô maître de tout l'univers. Ne me laisse pas aller suivre la volonté de la chair, mais guide-moi pour que je fasse ton bon plaisir et prépare-moi pour tes belles choses qui sont à jamais. Ô Père, Fils et Esprit Saint, une seule divinité égale dans sa substance, qui n'est pas divisée, en toi je me confie et je te glorifie, car tu es glorifié par toutes les créatures. Les puissances spirituelles qui n'ont pas de corps te servent, béni es-tu jusqu'à jamais, amen.»

§2 De ce moment, (Yewâsef) se garda en toute garde et défense pour acquérir la pureté de cœur, de pensée et de corps par la pratique de l'ascèse et de la prière et la supplication tout au long des nuits: il se pouvait que, parfois, ceux qui demeuraient avec lui, l'interrompissent dans cela, ou bien (c'était) la venue du roi son père ou une convocation de celui-ci auprès de lui. Il accomplissait la nuit ce qu'il avait omis le jour, dans la prière et dans les larmes, jusqu'à ce que se levât le matin. Elle fut accomplie sur lui, la parole du prophète qui dit:

[...] la nuit,
élevez vos mains vers le sanctuaire
et bénissez Dieu[2].

§3 Quant à Zardân que nous avons mentionné précédemment, quand il sut la belle conduite de Yewâsef, il fut empli de tourment et de souci et ne sut que faire. Lorsque l'inquiétude le domina, il alla à sa demeure et annonça à propos de lui-même qu'il était souffrant. Quand le roi entendit

[1] *Psaumes* LXX, 2.
[2] *Psaumes* CXXXIV, 1-2.

cela, il envoya un de ses fidèles pour se tenir au service de son fils à la place de Zardân. Ensuite il se préoccupa de soigner celui-ci; il dépêcha *(p.128)* auprès de lui un de (ses) médecins, très habile, et lui ordonna de mettre tout son zèle à le soigner. Quand le médecin vit que le roi se tourmentait pour Zardân, et l'aimait ainsi, il examina celui-ci avec beaucoup de soin jusqu'à ce qu'il connût parfaitement son cas. Il alla auprès du roi et lui dit: «Je n'ai trouvé absolument aucun mal chez cet homme ou de cause de maladie physique, mais je suppose que son âme est plongée dans le tourment.»

§**4** Quand le roi entendit cela de lui, il supposa que son fils avait été dur envers Zardân et l'avait pris en haine et que, à cause de cela, celui-ci s'était affligé, avait prétexté un mal et s'en était allé. Il voulut connaître son affaire précisément, il dépêcha auprès de lui en disant: «Demain je viendrai auprès de toi pour te voir et savoir quelle est la cause de cette tienne maladie.»

Quand le message du roi parvint à Zardân et que Zardân l'eut compris, celui-ci se leva au moment du matin, revêtit ses vêtements, alla auprès du roi et se prosterna à terre devant lui.

§**5** Le roi lui dit: «Pourquoi t'es-tu forcé à nous rendre visite alors que tu es malade? Moi-même je voulais venir auprès de toi pour te rendre visite, et que tous ceux qui sont sous notre autorité connussent notre affection pour toi et l'honneur (dont) tu (jouis) auprès de nous.»

Zardân répondit en disant: «Mon mal, ô roi, n'est pas un mal habituel de l'homme, mais un mal de tourment et de souci psychique et non autre chose. C'est pour que n'advînt pas de mon fait une loi de folie que je suis venu rapidement, avec audace, auprès de ta magnificence, craignant pour toi que n'advinssent dans ton royaume trouble et bouleversement du fait de mon ignominie, (à moi) ton serviteur.»

Le roi s'enquit à ce moment auprès de lui de la cause de son tourment. Zardân répondit et lui dit: «Voici que j'ai amené sur moi la ruine et je mérite un très grand châtiment et de nombreuses morts pour ma négligence; en effet j'ai méprisé ton ordre et ai été pour toi la cause de nombreuses afflictions.»

Le roi lui dit: «Qu'as-tu fait: voici que la crainte te recouvre? Dis-le-moi rapidement.»

Zardân répondit en disant: «Mon seigneur le roi, *(p.129)* j'ai négligé de garder ton fils mon maître; en effet un homme mauvais m'a trompé, il est venu auprès de ton fils, lui a enseigné la loi des chrétiens et lui a raconté une histoire qui lui a plu: tout son être est passé au Christ, car il a accueilli celle-ci avec plaisir.»

Et il indiqua au roi que le nom de ce vieillard était Baralâm; en effet le roi avait entendu (parler) précédemment de Baralâm et de la beauté de sa justice.

§6 Quand le roi entendit ce discours, le tourment lui emplit le cœur aussitôt; la crainte et le tremblement descendirent sur lui et son cœur s'enflamma. Il voulut s'étrangler de ses mains à cause de la force des paroles qu'il avait entendues de la bouche de Zardân. Il fit venir un homme du nom d'Arâchis qu'il avait nommé pour qu'il fût le second du roi. Il le déléguait (?) pour tous ses ordres et ses volontés secrètes; l'homme connaissait l'astrologie. Quand il fut venu auprès du roi, celui-ci lui dit le grand tourment et souci qui l'avait atteint. Quand l'(homme) vit son trouble et le bouleversement de son âme, il lui dit: «Ne te trouble pas, ô roi, et ne te tourmente pas; nous ne sommes pas dépourvus de raison d'espérer ni privés de l'espoir de faire revenir ton fils et de le convertir. Je sais et suis assuré que ton fils reniera rapidement l'enseignement de ce trompeur et reviendra à ton opinion et à ta volonté.»

Avec ces belles paroles Arâchis détourna la colère du roi vers la joie et ils appliquèrent (leur) pensée (?) à examiner (?) l'affaire.

§7 Arâchis dit au roi: «Ô roi, faisons ainsi avant tout: recherchons Baralâm le mauvais et sache que, après l'avoir trouvé, nous ne serons pas déçus quant à ce que nous aurons pensé. En effet si nous le trouvons, nous le vaincrons par la parole et par l'intimidation et le forcerons à dire: 'Tout le discours que j'ai prononcé est un mensonge et est une tromperie.' Cela suffira à ton fils mon seigneur. Mais si nous ne pouvons le trouver, je connais un vieil ermite du nom de Nâkor, il ressemble à Baralâm dans toutes ses façons d'être visibles *(p.130)* et sa foi est comme notre foi; quant à moi, il m'instruisait par son enseignement. Je vais aller auprès de lui de nuit et je lui raconterai tout précisément; je l'aviserai de ce qu'il devra faire, publierai à son sujet que voici que Baralâm a été pris et l'amènerai auprès de (Yewâsef?) comme étant lui-même (Baralâm). Il feindra à ce moment d'aider les chrétiens et prendra l'apparence de qui lutte pour eux. Après cela, il sera consterné comme qui a été vaincu. Quand ton fils mon seigneur verra que Baralâm a été vaincu et que notre foi est ainsi victorieuse, il se joindra aux vainqueurs et demeurera avec eux sans disputer. Plus que cela, il aura aussi égard à la grandeur de ta royauté, il se ralliera et tu obtiendras ce qui te donnera de la joie. Celui qui aura pris l'aspect de Baralâm convertira (ton fils) et celui-ci sera assuré dans son cœur qu'il l'avait trompé.»

§8 Le roi réfléchit que ce qui lui avait été dit et qu'Arâchis lui avait conseillé était digne de foi. Voici qu'il se reposa sur une espérance vaine, selon ce qu'Arâchis avait conseillé. Il apprit que Baralâm était parti en un temps peu éloigné; il partit en hâte pour l'appréhender et plaça des postes de guet sur de nombreux chemins pour le rechercher. Il monta à cheval avec les siens, en grande diligence, et ils partirent par un seul chemin; beaucoup de vaillants étaient avec lui. Il lui avait semblé que Baralâm emprunterait ce chemin et il alla en hâte avec toutes ses forces pour le trouver. Il fatigua son corps pendant trois jours avec ardeur, il atteignit des établissements royaux qui étaient construits là dans le désert et prit du repos. Il envoya Arâchis avec des cavaliers dont le nombre était grand chercher Baralâm avec diligence dans ce désert. Parvenu en ce lieu, Arâchis causa, en recherchant Baralâm, un trouble violent à tous ceux qui demeuraient là. Ceux-ci l'informèrent et lui dirent: «Nous n'avons jamais vu cet homme.»

§9 Il alla de nouveau dans le désert pour chasser les moines ermites. *(p.131)* Quand il eut un peu avancé dans le désert en enquêtant, il fit le tour de montagnes et de vallées (d'accès) difficile, où personne n'était allé. Quand il fut parvenu à une montagne très difficile d'accès, alors il rassembla ses forces – lui et tous les soldats qui étaient avec lui – et monta sur la montagne. Il vit dans la vallée qui était en contrebas de la montagne des solitaires qui marchaient. Tous les soldats les encerclèrent sur l'ordre du général sans parler; ils s'élancèrent, luttèrent entre eux pour aller et rivalisèrent pour arriver rapidement. Ils atteignirent les saints (hommes) et fondirent sur eux comme des chiens fous et des bêtes sauvages méchantes, ennemies de l'homme. Ils saisirent les hommes de la solitude (érémitique), revêtus (du sceau?) du désert, sur la face desquels était imprimée la marque de la solitude. Ils les poussèrent en les faisant courir et les placèrent devant le général. Mais ces saints ne tremblèrent pas du tout, ils ne prononcèrent aucune parole injurieuse et ne montrèrent aucune manifestation d'irritation. Quant à leur maître, du fait qu'il était le chef, il portait une besace de cuir qui était emplie d'ossements de saints qui avaient (vécu) précédemment.

§10 Quand Arâchis le général les passa en revue, il ne trouva pas parmi eux Baralâm – il le connaissait. Il s'affligea, s'attrista et se repentit; il dit à ces saints hommes: «Où est celui qui a séduit le fils du roi?»

Le chef qui portait la besace lui répondit en disant: «Il n'est pas auprès de nous, mais auprès de vous. Il s'est enfui loin de nous et a été chassé par la grâce du Christ.»

L'officier lui répondit et lui dit: «Le connais-tu?»

L'ermite répondit en disant: «Oui, je connais le trompeur et le séducteur qui est Satan, qui demeure auprès de vous, vous qui l'adorez et le servez.»

Le général lui dit: «Je ne t'ai interrogé qu'au sujet de Baralâm, c'est lui que je veux. À cause de cela, je t'ai questionné à son sujet pour savoir où il est.»

L'ermite répondit en disant: «Pourquoi as-tu prononcé un mot *(p.132)* vain qui ne convient pas: tu as commencé à interroger au sujet de celui qui a trompé le fils du roi. Si tu cherches Baralâm, il fallait que tu disses, en faisant attention de toutes les manières (?): 'Où est celui qui a détourné le fils du roi de l'erreur et de la tromperie et l'a sauvé de celles-ci?' Lui est notre frère et notre compagnon, adonné à l'ascèse avec nous. Nous ne l'avons pas vu depuis de nombreux jours.»

Le général lui dit: «Montre-moi sa demeure.»

Le solitaire répondit et lui dit: «S'il avait voulu vous voir, il serait sorti avec nous pour vous accueillir. Il ne nous est pas permis de t'indiquer où il demeure.»

§11 Le général s'irrita de ce propos et regarda les moines avec colère, il leur dit: «Je vais vous tuer d'une mort pénible et vous couper en morceaux si vous ne me montrez et ne m'amenez à l'instant Baralâm.»

Les ascètes lui dirent: «Que feras-tu de nous? Avons-nous des biens que tu puisses nous prendre et à cause desquels nous soyons entraînés par nécessité à retenir cette vie transitoire? Ou bien craindrons-nous la mort (venue) de toi que tu auras amenée sur nous? Au contraire nous confessons précisément que tu nous ferais du bien, tu nous ferais sortir de la vie de ce monde transitoire et nous enverrais vers la vie éternelle. En effet nous éprouvons aussi une crainte qui n'est pas petite: nous craignons l'aveuglement des yeux au moment de mourir, car nous ne savons pas ce qui adviendra quand la mort nous atteindra. Est-ce que notre voyage adviendra selon la tromperie de Satan ou bien celui-ci nous réduira-t-il à néant, nous-mêmes demeurant volontairement dans un autre qu'en celui en qui nous nous sommes confiés, Dieu[3]? Accomplissez donc votre volonté et abandonnez l'espoir que vous entreteniez de trouver Baralâm; en effet nous ne vous montrerons pas notre frère ami de Dieu et nous n'avons pas le désir de fuir cette mort, même si elle est pénible. Au contraire il est meilleur pour nous de mourir d'une belle mort, dans la foi dans les vertus de jadis, en offrant à *(p.133)* Dieu le sang du martyre avec une belle fermeté.»

§12 Ce général au cœur épais ne put supporter la hardiesse des moines à son égard et il leur infligea une grande flagellation et une torture sévère. L'impie s'étonna fort de leur fermeté et de leur intrépidité. Comme ils ne

[3] La traduction de cette phrase, dont le texte est par ailleurs légèrement différent d'un manuscrit utilisé par Budge à l'autre, est très incertaine.

lui obéissaient pas et refusaient de lui montrer Baralâm, il ordonna à ce moment de les pousser et de les conduire auprès du roi, flagellés, attachés avec des chaînes de fer et le corps ulcéré, ainsi que leur maître portant la besace dans laquelle étaient les ossements des justes.

CHAPITRE XXIII

§1 En peu de jours, ils arrivèrent auprès du roi, le général raconta à celui-ci leur affaire et les plaça devant lui. Quand le roi les vit, il entra dans une grande fureur et ordonna de leur faire subir une flagellation douloureuse, sans pitié. Quand le roi vit que leur corps était déchiré par les coups de la flagellation, la grandeur de sa fureur à leur encontre s'apaisa. Il leur parla ensuite en disant: «Que sont ces ossements de morts que vous portez avec vous? Sont-ce les ossements de gens que vous aimez et auprès de qui vous désirez aller? Je vais vous rendre en cette heure comme eux pour que vous vous réunissiez avec ceux que vous aimez; vous me rendrez grâce à ce moment pour mes bontés.»

§2 Le chef et maître de ces moines, le compagnon des êtres divins, compta les paroles du roi pour rien. Il lui répondit avec humilité et un visage lumineux, par la grâce qui demeurait dans son âme, et lui dit: «Ô roi, ces ossements purs et saints, nous les portons avec des honneurs divins, parce que ce sont les ossements d'hommes justes à l'action vertueuse. Nous les avons apportés pour nous rappeler l'ascèse et la conduite belle et aimée de (ces hommes) devant Dieu, pour éveiller nos âmes avec cela afin de (les) imiter dans leur zèle et pour en faire pour nous un souvenir qui *(p.134)* nous rappellera leurs vertus et leur mort amère qui est pour nous très profitable. Celle-ci nous conduit avec fermeté vers la vie solitaire et nous acquérons en nous approchant d'elle sainteté et bénédiction.»

§3 Le roi leur dit: «Si le souvenir de la mort est profitable, comme vous l'avez dit, pourquoi n'en accueillez-vous pas le souvenir dans votre corps qui vieillit à présent? En effet celui-ci vaut mieux que ces (ossements) étrangers qui ont (déjà) vieilli.»

Le vieillard répondit et dit au roi: «Voici que je t'ai fait connaître que nous portons ces ossements selon cinq façons (?). Réponds-moi à propos de l'une d'entre elles, si tu (le) sais. Certes tu ris de nous et tu nous nargues, cependant sache précisément que les ossements des justes qui sont décédés précédemment établissent un souvenir qui est connu avec plus d'évidence que le souvenir des vivants. Si tu sais cette chose, assurément les ossements que tu vois te décriront ouvertement, eux, l'apparence de la mort. Pourquoi donc ne te rappelles-tu pas ta mort qui est proche de toi? Elle t'atteindra un petit laps de temps (et) te rendra comme eux. Mais tu as tourné ton âme vers tout ce qui s'oppose à la loi divine et tu tues les serviteurs du Dieu très-haut et les amis de la foi lumineuse qui ne t'ont été hostiles en rien et ne partagent pas avec toi une partie de ce monde transitoire.»

§4 Le roi répondit et dit aux moines: «Faiseurs de mal qui trompez les hommes, voici que c'est à bon droit et à juste titre que je vous torture! En effet vous séduisez tous (les hommes) pour qu'ils méprisent les plaisirs de ce monde et ses joies et s'en éloignent, et vous leur faites espérer à la place la vie éternelle. La douceur, l'agrément et les plaisirs aimables, vous faites qu'ils les haïssent et qu'ils choisissent cette vie pénible, sale et méprisable et un chemin *(p.135)* accidenté, et vous les prêchez pour qu'ils transfèrent les honneurs des dieux à Jésus. Pour que les gens ne suivent pas cette tromperie, que (cette) terre ne devienne pas désertique, qu'ils ne s'éloignent pas des dieux de leurs pères et n'adorent pas un dieu étranger, j'ai statué à votre endroit qu'on vous suppliciât dans de nombreuses tortures.»

§5 Le père (?) maître des moines répondit en disant: «Si tu veux que tous partagent avec toi les belles choses de ce monde et ses dons, pourquoi ne donnes-tu pas à tous d'une manière égale richesses et biens? Au contraire tu as rendu le plus grand nombre d'entre eux pauvres et indigents en t'emparant toi-même de leurs biens. Tu ne te soucies nullement du salut du grand nombre, mais (seulement) d'engraisser ton corps transitoire en le nourrissant des douceurs de la nourriture. Avec cela tu renies le Dieu de tout et l'oublies et tu appelles *dieux* (des êtres) qui ne sont pas des dieux, qui commettent toute impureté et luxure. Voici que tu séduis et trompes ouvertement; en effet tu interdis aux gens de partager avec nous la foi, voulant qu'ils soient sous ta domination, afin de mettre sur eux le poids des peines et de la misère qui sont sans profit et que leur profit et leur gain soient à toi. (Tu agis) à la ressemblance de l'homme qui traite bien des chiens (?) et apprivoise des oiseaux pour chasser: avant la chasse, il les trompe par la flatterie en les caressant; après qu'ils ont attrapé quelque chose en chassant, il le leur arrache de la bouche. De même tu veux que la collecte des taxes et des impôts (provenant) de la terre et de la mer soit importante devant toi. Il te semble que c'est toi qui te soucies de les sauver, mais tu es toi-même pour eux cause de perdition éternelle et cause de mort, et pour eux et pour toi.

«Quand tes biens auront augmenté et que ta richesse transitoire aura crû, il n'en restera *(p.136)* rien, mais ils seront comme un seul bout de pain. Voici que tu t'es rendu semblable à présent à quelqu'un qui préfère l'obscurité à la lumière. Éveille-toi de ce tien rêve, car demain tu seras sous la terre. Ouvre tes yeux aveugles et regarde vers notre Dieu qui a fait lever sur tous l'éclat de sa lumière. Tourne-toi vers Dieu, car le prophète a dit: Ô vous qui n'avez pas de connaissance, jusqu'à quand serez-vous négligents? Sachez qu'il n'y a pas d'autre Dieu que moi. Notre Dieu est unique et il n'y a pas d'autre sauveur que lui seul[1].»

§6 Le roi répondit et dit aux moines: «Cessez de multiplier vos paroles et amenez-moi en ce moment même Baralâm avant que je vous détruise avec des instruments de torture tels que vous n'avez jamais goûté une pareille torture.»

Mais l'athlète (de Dieu) à la grande endurance et au cœur ferme, qui désirait fort la sagesse céleste, n'eut peur d'aucune parole de menace du roi; au contraire il fut solide sans tremblement, il dit au roi: «Ô roi, ne t'imagine pas que nous faisons ces actions qui viennent de toi, mais nous faisons les actions qu'a commandées Dieu, notre Seigneur, notre maître et notre Père – la pureté, l'éloignement de tous les plaisirs et désirs, et que nous supportions la torture, toute sorte de male souffrance qui viendra et tout ce que tu nous infligeras en fait de supplice torturant – pour notre foi lumineuse et belle; voici que tu vas nous faire un grand bien. Fais ce que tu veux, en effet nous ne voulons pas faire autre chose, en dehors de ce qui convient, ni nous tourner vers le péché. Ne t'imagine pas que ce péché est petit, nous ne renierons pas notre secoureur qui a pris soin de nous. Même si tu nous infliges dix mille morts, nous ne manquerons pas de la fermeté de pensée et ne rejetterons pas notre philosophie par crainte de tes supplices. Nous ne ferons rien qui ne soit en accord avec *(p.137)* la loi divine, au contraire nous sommes prêts pour tout ce que tu (nous) infligeras parmi tes supplices. En effet nous vivrons de nouveau dans le Christ et, si nous mourons pour lui, c'est un grand profit.»

§7 Quand le roi entendit (cela), il brûla de colère et ordonna de couper les langues divines des moines, de leur arracher aussi les yeux et de leur couper à tous les mains et les pieds. Quand l'ordre fut émis, les soldats les entourèrent en portant leurs armes pour couper les membres sans pitié. Ils leur sortirent la langue de la bouche avec un perçoir de bronze recourbé, la coupèrent avec un fer aiguisé et se comportèrent cruellement à leur égard; ils leur percèrent les yeux avec des clous de fer. Quant à leurs mains et leurs pieds, ils les coupèrent avec des instruments de torture qui étaient faits pour couper les membres. Ces saints glorieux se réjouissaient dans leur cœur et leur pensée comme qui a été invité à un banquet. Ils s'approchaient du supplice avec fermeté en s'encourageant

[1] Cf. *Isaïe* XLIII, 10-11; XLV, 21.

(?) l'un l'autre et couraient à la mort pour l'amour du Christ sans crainte ni tremblement. Dans de tels supplices divers, ils remirent leur âme endurante à Dieu; le nombre des solitaires était de dix-sept.

§8 Il est connu et assuré que l'esprit qui supporte avec constance la douleur est celui qui aime la beauté de l'adoration, (comme) un autre, qui n'est pas de nos compagnons, dit en célébrant le martyre d'un vieux prêtre et le martyre des sept jeunes gens avec leur mère qui les aidait au lieu du jugement; elle disait: «Combattez pour la loi de vos pères[2].» Ils ne furent pas inférieurs, ces pères saints d'entre les pèlerins de la Jérusalem d'en haut, et héritiers de celle-ci; ils n'omirent rien de la pensée et de la grandeur d'âme de ceux-là. Quand ces pères saints moururent, leur martyre dans la foi lumineuse fut révélé publiquement.

[2] Cf. *2Maccabées* VI-VII.

CHAPITRE XXIV

§1 Après cela, le roi se tourna vers Arâchis son général pour *(p.138)* mettre en pratique le deuxième conseil de celui-ci; en effet dans leur premier conseil, ils en avaient été tous deux pour leur courte honte. Il lui ordonna d'amener l'homme dont le nom était Nâkor. Arâchis alla auprès de Nâkor dans l'obscurité de la nuit et arriva à la cellule de celui-ci; en effet (l'homme) demeurait dans le désert et pratiquait continuellement la magie. Arâchis lui exposa tout ce dont ils avaient délibéré à son sujet et le dessein qu'ils avaient formé avec lui et il retourna le matin auprès du roi. Il demanda à celui-ci de lui donner des cavaliers courageux pour qu'il allât chercher Baralâm. Il alla dans le désert et vit un homme sortant du milieu d'une vallée; il ordonna à (ses cavaliers) de le lui amener, ceux-ci mirent leurs chevaux au galop et l'atteignirent rapidement. Ils le saisirent et l'amenèrent auprès d'Arâchis. Celui-ci se mit à l'interroger et lui dit: «Qui es-tu et quel est ton nom?»

(L'homme) dit: «Je suis chrétien et mon nom est Baralâm», selon ce qu'Arâchis lui avait appris précédemment et dont il était convenu avec lui.

À ce moment, Arâchis (feignit de) se réjouir d'avoir trouvé Nâkor le trompeur qui s'était fait passer pour Baralâm, et il l'emmena en hâte.

§2 Il retourna auprès du roi et le fit se tenir devant celui-ci. Le roi dit à Nâkor, devant tous ceux qui se tenaient devant lui: «Es-tu le malfaisant Baralâm?»

Nâkor répondit et lui dit: «Je suis le serviteur de Dieu, ne m'appelle pas ministre de Satan; en effet il convient que tu croies en la grandeur de la grâce de Dieu. Moi j'ai enseigné à ton fils la belle adoration de Dieu; je l'ai sauvé de toute tromperie, j'ai rendu miséricordieux à son égard le Dieu véritable et je lui ai enseigné la discipline de toutes les actions vertueuses.»

Le roi lui répondit comme s'il était irrité: «Il serait plus convenable à nous de ne pas écouter de toi une seule parole et de ne pas te donner l'occasion de répondre, mais de te tuer sans enquête; cependant je serai patient avec toi à cause de mon amitié pour le genre humain. Je vais te donner un délai jusqu'à un jour déterminé et j'exposerai ton cas ouvertement. Si tu m'obéis, tu mériteras clémence et miséricorde de ma part; si tu me désobéis, *(p.139)* tu seras anéanti d'une male destruction.»

Ce vieillard impie répondit en disant: «À moi cela convient. Si tu vois ton fils négligent à la discipline, je le rendrai attentif et lui rappellerai tout ce qui est nécessaire pour qu'il ne soit jamais négligent.»

Quand il eut dit cela, (le roi) le remit à Arâchis, ordonna à celui-ci de le garder et lui dit seul à seul: «Si nous allons d'abord auprès de mon enfant, il ne fera certes que (prononcer?) des paroles de foi, mais amène Nâkor pour qu'il arrive en se faisant passer pour Baralâm.»

§3 Or la nouvelle se répandit dans la ville tout entière que Baralâm avait été trouvé, si bien que Yewâsef aussi apprit cela. Son cœur souffrit et son âme s'emmaladit, il ne put supporter (cela) et il répandit ses larmes. Il priait Dieu dans les gémissements et les lamentations en le suppliant d'aider Baralâm, le vieillard juste. Celui qui fait de belles choses ne méprisa pas sa lamentation, car il est bon et aide, au moment de leur affliction, ceux qui se réfugient auprès de lui; au contraire il fit savoir au jeune homme, dans une vision nocturne, et lui apprit toute l'affaire. Il lui donna la force et l'affermit pour combattre au sujet de la belle foi. Quand le jeune homme s'éveilla, il trouva dans son cœur joie et allégresse en abondance, confiance et conscience de la douceur de la lumière dans son cœur qui avait été attristé, affligé et souffrant. Quant au roi, il voulut dans son cœur donner à Arâchis de nombreux présents et de grands biens, n'ayant pas médité la parole de David le prophète qui dit:

Celui qui fait le mal se trompe lui-même,
le droit vainc le pécheur et le brise complètement;
il éteint son souvenir rapidement. *Et ce qui suit cela*[1].

§4 Deux jours après, le roi vint au palais de son fils et Yewâsef sortit pour l'accueillir. Son père ne l'embrassa pas, selon son habitude, mais fit comme s'il était irrité. Il entra dans le palais royal irrité et s'assit. Il appela Yewâsef *(p.140)* et lui dit: «Quelle est cette rumeur qui résonne dans mon palais? Mon âme s'est liquéfiée de crainte. Je présume dans ma pensée qu'aucun des hommes qui (nous) ont précédés ne s'est réjoui de la naissance de son fils comme moi je me suis réjoui de ta naissance. Il n'y a personne non plus qu'aient atteint du fait de son fils le mal et l'affliction comme tu m'as fait, toi, à présent. Tu as méprisé mes cheveux blancs, tu as ôté la lumière de mes yeux et tu as tranché la force de mes membres. Et la frayeur que je garde toujours à ton sujet, voici qu'elle est venue sur moi; ce que je crains m'est arrivé et je suis un objet de risée pour mes ennemis. En effet tu as suivi un autre enseignement que mon enseignement; tu as conçu un désir puéril qui n'est pas mature, (tu as

[1] Cf. *Psaumes* IX, 6.

écouté?) la parole des trompeurs, tu as préféré l'adoration de ceux qui n'ont pas de sens et abandonné nos grands dieux, et tu as adoré un dieu étranger.

§5 «Pourquoi as-tu fait cela, toi dont j'espérais que je t'élevais en toute (bonne) éducation et garde pour que tu fusses pour moi une force, le bâton de ma vieillesse et l'héritier du royaume après moi? N'as-tu pas honte de faire avec moi une action d'ennemis et d'adversaires? Il eût été meilleur pour toi de m'obéir et de suivre ma loi, plutôt que de prêter l'oreille aux paroles et aux mensonges de ce vieillard hypocrite et trompeur qui te l'a ordonné et t'a promis une vie impie à la place d'une vie douce et choisie, et d'aller sur le chemin rude et pénible sur lequel le fils de Marie a ordonné d'aller. Ne crains-tu pas la colère des dieux dont l'honneur est grand, qu'ils fassent descendre sur toi la foudre, te saisissant par la violence de la tempête et du vent ou bien que, la terre s'étant ouverte, elle ne t'avale, à la place des belles choses qu'ils ont préparées pour toi? Ils nous ont parés de couronnes royales et nous ont soumis des peuples dont grand est le nombre. À ma prière et par ma supplication auprès d'eux, tu es né sans *(p.141)* que je l'espérasse; ils t'ont fait participant de cette lumière éclatante. Et tu les as rejetés et accablés de ton mépris! Tu t'es appuyé sur celui qui a été crucifié et on t'a flatté, avec la résurrection des morts qui (ont vécu) jadis, et avec dix mille autres actions, d'une flatterie insensée.

§6 «Cependant, fils bien-aimé, écoute ton père, obéis-lui et écarte-toi loin de ce chemin long (et) retiré. Approche-toi et sacrifie aux dieux bienveillants volontairement; sollicite leur pardon par de grands sacrifices qui soient excellents (?), par une hécatombe et par des promesses, afin qu'ils te donnent le pardon pour la faute et la rémission pour les péchés. En effet il leur est possible de faire du bien et de punir. Que ceci soit un accès à mon propos: nous aussi sommes parvenus par eux à cette position élevée. Ils dispensent les grâces pour l'honneur de leurs adorateurs et la grandeur de ceux-ci. Ceux qui leur offrent des sacrifices, (leur) honneur est double.»

Avec de tels mauvais propos et davantage que cela, le roi parla futilement. Quant à notre loi, il l'outrageait et la raillait; ce qui était de (ses) dieux, il le louait et l'exaltait.

§7 Quand le jeune homme divin vit (cela), il ne voulut pas de quelqu'un qui l'enseignât et qui lui (tînt un) long (discours), mais il se hissa sur un piédestal, sur un endroit très élevé, pour être bien visible. Alors il fut rempli d'audace et parla à son père face à face. Il lui dit: «Ô maître, ce que j'ai fait, je ne le nie pas: j'ai fui les ténèbres extérieures et je me suis réfugié auprès de la lumière qui illumine; j'ai jeté derrière moi l'erreur et j'ai acquis la vérité; j'ai méprisé les démons mauvais et j'ai suivi le Fils de Dieu, le Verbe du Père par lequel celui-ci a tout créé à partir du néant, qui a façonné l'homme à partir de la poussière, lui a insufflé le souffle de vie et l'a nourri (des produits) du Jardin des délices. Quand l'homme transgressa le commandement de son Seigneur, il fut soumis au châtiment de la mort *(p.142)* à juste titre. Quand la puissance du mal l'entraîna, le Miséricordieux, le créateur de tout ne le négligea pas ni ne l'abandonna, voulant qu'il revînt à sa gloire précédente.

§8 «À cause de cela, le créateur de tout, le façonneur de notre race devint homme pour nous dans la chair d'une vierge pure et sainte; il marcha parmi les hommes. Pour nous, serviteurs insensés, le Seigneur reçut la mort sur le bois de la croix afin d'ôter de sur nous le joug du péché et son iniquité et supprimer toute sa puissance d'auparavant, et afin de nous ouvrir les portes du ciel et de nous y faire monter. Il a élevé nos natures et les a placées sur le trône de gloire; il a donné à ceux qui l'aiment le royaume qui ne périt pas et les biens qui sont supérieurs à ce qu'on (peut) entendre et à toute pensée. Celui-là est fort et puissant, lui qui seul est le Seigneur des seigneurs et le Roi des rois qui demeure dans ses sanctuaires (?). Gloire à lui avec le Père et avec l'Esprit Saint, Trinité sainte par laquelle j'ai été baptisé et en laquelle je crois! Je la glorifie et je me prosterne devant elle, trois personnes égales et une seule substance, sans mélange, non créée et qui ne mourra pas, première qu'on ne peut atteindre; (elle) n'est pas accessible ni définie; sans corps, elle ne souffre pas, ne s'affaiblit pas et n'est pas changée – il n'est pas possible de (la) décrire –, source des belles choses et de la rectitude; lumière première qui demeure à jamais, créateur de toutes les créatures qui sont visibles et qui sont invisibles; protecteur et gardien de tous, qui prend soin de tous et refuge de tous, maître et souverain de tous. Aucun être n'est advenu sans elle et rien ne peut subsister sans sa sagesse. En effet elle est la vie de tous et le soutien de tous.

§9 «Pourquoi, mon géniteur, demeures-tu à l'écart d'un tel être bon et te tiens-tu loin d'un tel Dieu puissant, Dieu des effigies sourdes qui ne parlent pas, que toi-même as faites, qui ne répondent rien à qui les sollicite? En elles sont l'abomination et la puanteur, l'immobilité demeure sur elles. Et avec cela, en vérité je te dis *(p.143)* que les démons parlent en elles et, en elles, nous séduisent; c'est d'un homme juste et saint que je sais cela. Je les ai prises complètement en haine et j'ai acquis pour moi un Dieu vivant véritablement. C'est lui seul que j'adore et je le servirai jusqu'à la sortie de mon âme; je me remets dans sa main. Je suis revenu de la captivité qui est très mauvaise et je suis devenu lumineux de la lumière de l'Esprit Saint. Cependant mon âme s'attriste et s'afflige de ce que tu n'as pas trouvé, toi, ces belles choses qui sont telles; tu as fui loin de la foi lumineuse et tu t'es mis au service du mal et du reniement.

§10 «Mais puisque, ô père, tu as mis au jour mes actes, écoute à présent toute la volonté de mon cœur: je ne renierai pas l'alliance que j'ai formée avec mon messie qui m'a racheté avec son sang précieux de la servitude et de l'erreur. À cause de cela, il convient que je meure pour son nom de dix mille morts (ou?) de deux fois plus. Ne te fatigue pas à mon sujet en voulant me détourner de la belle foi lumineuse; (comme) si tu voulais saisir de ta main la hauteur du ciel ou assécher l'abîme de la mer: ta volonté serait vaine, sans efficacité. Sache précisément qu'il ne t'est pas possible de m'ébranler dans ce mien dessein. Si tu écoutes mon conseil, fais du Christ ton seigneur pour trouver ces belles choses qui sont élevées au-dessus de l'entendement, en nom (?) et en éminence. À ce moment, nous serons alliés tous deux; de même que nous sommes alliés dans la nature physique, de même nous serons alliés dans la foi pure. Sinon sache précisément, en vérité, que je m'éloignerai de mon état de fils et servirai mon Dieu qui est véritable.»

§11 Quand le roi entendit tout cela de la part de son fils, tout son être s'enflamma et fut bouleversé; la fureur l'emplit, la folie l'investit et il grinça des dents comme un fou. Il lui dit: «La cause de cela, c'est moi-même, *(p.144)* moi qui ai été ainsi auprès de toi! J'ai fait pour toi des choses que n'a faites pour son fils aucun des pères précédents. À juste titre les astrologues m'ont dit au moment de ta naissance que tu serais un homme mauvais, trompeur, insolent et rebelle à ses géniteurs. Mais si tu ne te tiens pas à mon avis à présent et t'éloignes de ton état de fils, je te considérerai comme un ennemi et je te ferai toute sorte de mal, que personne n'a fait à ses ennemis.»

§12 Yewâsef répondit et lui dit: «Pourquoi t'enflammes-tu de colère et t'affliges-tu pour moi qui suis devenu digne de ces belles choses? Aucun des pères précédents, qui a vu son fils porteur de grandes richesses, n'a jamais été jaloux de lui. Comment appellerait-on *père* celui-ci et ne l'appellerait-on pas *ennemi* ? Dorénavant je ne t'appellerai plus *père*, mais je m'éloignerai de toi comme un homme qui fuit devant un serpent si je sais précisément que tu es jaloux de mon salut et que, de force, tu me jettes (?) dans un puits de perdition. Si tu veux me faire violence et me contraindre, comme tu le dis, sache précisément que tu n'en tireras aucun profit en dehors d'être appelé *père dépravé* et *meurtrier*. Attraper l'aigle qui vole dans l'air serait plus facile pour toi que me détourner de l'adoration du Christ en qui je crois d'une belle foi.

§13 «Au contraire réfléchis, ô père, et éveille-toi; ôte des yeux de ton cœur l'aveuglement et l'obscurité et lève les yeux pour voir la lumière de Dieu qui illumine tout et resplendis, toi, de cette lumière qui est très douce. En effet voici que ton entièreté est engloutie dans la mer des péchés et du désir de la chair sans se retourner. Sache donc que tous les hommes sont comme l'herbe qui a poussé et tout l'honneur des hommes comme la fleur du désert: l'herbe se dessèche et la fleur tombe. Mais la parole de mon Dieu, que je prêche, demeure puissante sur tous à jamais. Que la fureur et la colère ne dominent pas alors que tu poursuis une louange vide, à la ressemblance de la fleur *(p.145)* d'été qui tombe et se flétrit, et des plaisirs qui sont méprisables et puants, c'est-à-dire le remplissage du ventre et les passions impures du bas-ventre qui sont douces aux esprits des insensés pour peu de jours. Après cela se produit une remontée (?) de fumée en nous, qui est plus amère que l'absinthe, dans ce monde transitoire avec ses séductions et ses rêves mensongers. Ceux qui sont emprisonnés dans l'amour de cela et ceux qui commettent des péchés demeureront dans l'affliction éternelle et dans le feu qui brûle et ne s'éteint jamais, qui, sans limite ni fin, flambe.

§14 «Malheur à moi si tu y étais emprisonné et étais tourmenté dans sa flamme mauvaise, en une repentance éternelle, à cause de la grande mauvaiseté de ton esprit! Tu supplierais beaucoup pour qu'on te ramenât dans cette vie, tu ne (l') obtiendrais pas et tu te souviendrais de mes paroles. Mais la repentance ne sert de rien là-bas, car il n'y a dans le chéol ni profession de foi ni repentir. En effet ce temps transitoire est le temps des actions, mais le temps qui ne passe pas, qui doit venir, est le temps de recevoir récompense et châtiment. Même si ces ébats et ces joies n'avaient pas de fin et ne comportaient ni souffrance ni détresse, on (ne) devrait (pas) les préférer aux dons du Christ et à ces belles choses qui sont élevées fort au-dessus des entendements. De même que le soleil qui brille est élevé au-dessus de la nuit, de même, dans cette proportion, les belles choses qu'a promises Dieu à ceux qui l'aiment valent mieux et sont plus précieuses, leur gloire vaut mieux, est plus précieuse et plus grande que toute gloire et royaume terrestre. À présent il convient nécessairement que tu choisisses ce qui est grand plutôt que les choses qui sont moindres et plus petites. Puisque tout ce qui est ici-bas est transitoire et corruptible comme une ombre et un rêve, ainsi que ceux qui en sont riches, à présent pourquoi préfères-tu le transitoire et la trace du navire sur l'abîme de la mer, ce qui n'est pas profitable à l'homme?

§15 «Ô cette folie sans mesure! Il vaudrait mieux pour toi suivre la parole de vérité. Ô homme dépourvu de connaissance, ne (?) *(p.146)* choisis pas les choses transitoires de préférence à celles qui demeurent à jamais sans corruption. En effet à cause du plaisir d'une seule heure, il ne t'est pas possible d'entendre (parler) des belles choses dont l'existence est éternelle. Ne comprends-tu pas cela, ô père? Ne mépriseras-tu pas ce qui, demain, aura passé et ne prêteras-tu pas un soin et une attention accrus aux choses durables? Ne choisiras-tu pas la demeure éternelle plutôt que la demeure transitoire, la lumière plutôt que les ténèbres, l'esprit plutôt que la chair et la vie éternelle plutôt que la mort et les actions qui passent? Abandonne donc l'adoration méprisable et mauvaise et le prince du monde mauvais, qui est Satan. Réfugie-toi dans le Christ, le bon, qui a le cœur miséricordieux et est clément envers tous. Méprise l'adoration de ceux qui sont appelés mensongèrement *dieux*, écarte-toi d'eux et adore l'unique Dieu véritable. Même si tu as beaucoup péché envers lui et que tu as tué ses serviteurs, je sais et je crois que mon Dieu te recevra et pardonnera tous tes péchés. En effet il *ne veut pas la mort du pécheur, mais que celui-ci* revienne et *vive* à jamais[2]. En effet dans sa miséricorde il est venu nous chercher, nous qui nous étions égarés, il a enduré pour nous la flagellation, la crucifixion et la mort et, par son sang précieux, il nous a rachetés de la servitude du péché, lui à qui soient la gloire et la louange dans les siècles des siècles, amen!»

§16 Le roi fut empli à ce moment de stupeur et de fureur par la sagesse du jeune homme et par ses paroles auxquelles il n'était pas possible de répondre, et il ne lui fut pas possible de le faire changer par des arguments et des promesses. Il craignit d'échanger avec lui de nombreux (autres) propos. Il s'enflammait fort de son audace, de ses blasphèmes envers les dieux et de ses railleries à leur égard. Il craignit de se quereller avec lui, s'en alla irrité contre lui et dit: «Il eût mieux valu pour moi que tu ne fusses jamais né et ne fusses pas sorti pour voir la lumière que de blasphémer contre les dieux et d'être rebelle à l'affection de ton père. Mais n'insulte pas tant (?) les dieux qui ne meurent pas et *(p.147)* ne blasphème pas contre (leur) grande œuvre. En effet si tu fais ainsi, tu seras châtié par toute sorte de supplices et je te tuerai de male mort; tu seras pour moi comme mon ennemi qui me combat et non comme un fils bien-aimé.»

Avec de telles paroles, le père de Yewâsef répliqua à celui-ci et il le quitta, irrité contre lui.

[2] Cf. *Ézéchiel* XXXIII, 11.

CHAPITRE XXV

§1 (Son) fils Yewâsef entra dans son palais, leva les yeux vers celui qui fortifie pour le combat (spirituel) et cria vers lui du fond de son cœur en disant: «Ô Seigneur mon Dieu, douce espérance et parole de vérité qui ne ment pas, refuge ferme pour ceux qui s'enfuient auprès de toi, regarde vers la contrition de mon cœur et ne m'accable pas de mépris; ne t'éloigne pas de moi et sois avec moi jusqu'au jour de la mort. Achève (ton œuvre?) dans la justice, comme tu me l'a promis, toi qui m'as renforcé dans cette belle foi, pour que, jusqu'au jour de ma mort, je sois constant. Regarde vers moi et sois clément envers moi, selon le jugement (accordé à) ceux qui aiment ton nom. Regarde, ô Roi des rois, car mon âme brûle fort d'amour pour toi; elle est consumée, comme l'assoiffé au moment de la chaleur quand il manque d'eau, et suspendue à toi. Ô source de vie qui ne tarit pas, ne livre pas aux bêtes sauvages l'âme qui t'est soumise et ne néglige pas pour toujours l'âme de ton pauvre (serviteur). Mais donne-moi, à moi le pécheur, de souffrir pendant tout le reste de ma vie pour ton nom saint, de te confesser et de te sacrifier mon entièreté. En effet toutes les créatures te glorifient et te bénissent à jamais, amen.»

Quand Yewâsef eut prié ainsi, il trouva dans son cœur une consolation divine; son âme fut remplie de joie et il passa toute la nuit en prière.

§2 Le roi raconta à Arâchis son général tout ce que Yewâsef lui avait dit, ainsi que son audace qui ne pouvait être changée. Le général lui conseilla alors de tenir avec Yewâsef des propos enjôleurs, comme s'il l'aimait, et de lui parler avec des propos flatteurs. Le père alla auprès de Yewâsef le lendemain et s'assit; il appela celui-ci et le fit approcher de lui, il le prit dans ses bras et lui donna un baiser avec douceur et gentillesse *(p.148)* en disant: «Mon fils bien-aimé, honore les cheveux blancs de ton père et écoute ce que je te demande: approche-toi des dieux et sacrifie-leur pour qu'ils te pardonnent et te donnent la longueur des jours, l'honneur et une royauté que le malheur ne touche pas, qui est pleine de toutes les belles choses. Tu seras profitable à ton père, une joie pendant tous les jours de ta vie; par tous les hommes tu seras honoré et loué, car celui qui écoute son père est grand et tous le louent. Surtout (il gagne) la bienveillance et l'amour des dieux.

§3 «Pourquoi, mon fils, as-tu pensé précédemment que je m'étais écarté volontairement du beau chemin et que j'avais choisi le chemin opposé par ignorance et manque de réflexion; que, par amour des biens (terrestres), je m'étais jeté moi-même dans la perdition. S'il t'a semblé que je préférais la mort et le mal à la vie, sache précisément, mon fils, que tu t'es écarté du jugement droit. Ne vois-tu pas le grand nombre des situations (que) j'(ai affrontées) pour que je (fusse) à préparer une armée afin de combattre l'ennemi[1]? Et encore, dans d'autres actions parmi les tâches de tout homme, les épreuves m'ont atteint – la faim, la soif et le passage, en marchant, dans des lieux difficiles – et je ne me suis pas épargné. Les richesses aussi sont dédaignées et méprisées par moi, au point que j'ai épuisé sans le savoir les trésors de mon palais pour restaurer les temples des dieux grands, les ornant de toute sorte d'ornements, et que j'ai distribué à mes soldats de nombreux trésors d'argent. De même le désir de plaisir est méprisé par moi, tandis que je suis résistant aux dangers. Si j'avais reconnu que la loi des Galiléens était honorable, j'aurais rendu ma nature prête à se tourner vers elle et j'aurais tout abandonné en m'appliquant à mon propre salut.

§4 «Si tu me reproches d'être négligent et que mes connaissances soient déficientes pour faire les choses bonnes, réfléchis et cherche combien de nuits j'ai passées sans *(p.149)* dormir en mettant mon étude à m'enquérir. Parfois (cela) advient sans ma volonté et je ne trouve pas le repos pour moi-même jusqu'à ce que je trouve la vérité exacte de l'affaire de laquelle je m'enquiers. Il n'y a personne sous le soleil à propos de qui tous les hommes soient témoins que, par l'attitude prudente et la recherche exacte de la connaissance des faits cachés et leur réunion, il (soit) comme moi. Voici que j'ai disputé avec beaucoup d'hommes parmi les sages et les savants et parmi ceux qu'on appelle *chrétiens* – volontairement, attentivement et l'esprit enquêtant –, jusqu'à ce que je trouvasse la façon d'agir juste auprès de sages de la justesse des propos desquels des hommes honorables et sagaces se sont portés témoins. En effet il n'y a pas d'autre chemin aujourd'hui que cette adoration des dieux glorieux et il n'y a pas de séjour de repos agréable, que puisse trouver l'homme, qui vaille mieux que ceux-ci. C'est nous qui nous délectons et nous ébattons dans la joie et dans l'allégresse qu'ont rejetées les Galiléens dans leur orgueil. Jusqu'à cette lumière suave et toutes les joies que nous ont données les dieux, ils en ont rejeté la connaissance, espérant une autre vie, cachée, dans laquelle ils iraient. Ils ne savent pas ce qu'ils disent ni quelles sont les choses qu'ils (prétendent) bien connaître.

§5 «Mon fils bien-aimé, sois obéissant envers ton père qui, par une recherche scrupuleuse, a trouvé la vérité. Voici donc qu'il a été mis en

[1] La traduction de cette phrase est incertaine.

évidence que je ne suis pas quelqu'un qui souhaite l'erreur et que je ne me moque pas des belles choses que j'ai trouvées et acquises. Pour toi aussi je désire avec ardeur ce qui vaut le mieux pour toi, mais suis-moi et tu trouveras toutes les belles choses et tu seras l'héritier de ma royauté.»

§6 Quant au jeune homme rempli de sagesse divine véritable, lorsqu'il entendit cela de la bouche de son père, il reconnut la ruse du serpent perfide et sut que celui-ci avait préparé un piège caché pour ses pieds avec ruse. Il inclina (?) son cœur lumineux et mit devant ses yeux le commandement divin qui dit: *'Je ne suis pas venu apporter la paix, mais le glaive* et le feu. *Je suis venu séparer le* fils *de son père et la fille de sa mère',* et ce qui suit cette parole. *(p.150) 'Qui aime père et mère plus que moi n'est pas digne de moi. Qui m'aura renié devant la face des hommes, je le renierai, moi aussi, devant la face de mon Père qui est dans les cieux*[2]*.'*

§7 Il médita à ce moment tout cela dans son cœur, avec une crainte divine, et renforça celui-ci par un amour fort, prenant (?) dans son esprit la parole de Salomon le sage qui dit:

Un temps pour s'aimer et un temps pour se combattre,
un temps pour se faire la guerre et un temps pour être en paix[3].

Il pria dans son cœur en disant:

Aie pitié de moi, ô Seigneur, aie pitié de moi,
car en toi se confie mon âme;
je me confie à l'ombre de tes ailes,
J'espère *jusqu'à ce que soit passé le péché.*
Je crie vers Dieu très-haut,
vers Dieu qui me fait du bien – avec le reste du psaume[4].

§8 Il répondit à son père en disant: «Quant au fait d'aimer un père, notre Seigneur – dont la mention est glorieuse – a enseigné cela et il a semé en nous (cet) amour naturel. Mais si l'amour des géniteurs conduit à la ruine de l'âme et éloigne celle-ci de son créateur, voici que (Dieu nous) a commandé de nous en couper complètement, de ne pas recevoir qui veut nous séparer de Dieu, mais au contraire de haïr et mépriser complètement (ces gens), même si c'est un père qui a commandé ce qui ne convient pas, ou une mère, ou un roi, ou le maître de cette vie (nôtre). En ce qui concerne cet amour, Dieu nous a commandé de nous (en) écarter; or cela (que tu commandes) ne me convient pas. N'amène pas à présent de peines sur moi ni sur toi-même, mais soumets-toi et obéis pour

[2] *Matthieu* X, 34-35, 37, 33.
[3] *Ecclésiaste* III, 8.
[4] *Psaumes* LVII, 2-3.

que nous adorions tous deux notre Dieu, le Premier Vivant. En effet les idoles que toi tu adores sont œuvre de la main de l'homme et n'apportent rien à ceux qui les adorent, en dehors de la perdition et du supplice éternel. Si tu ne veux pas cela, fais-moi ce que tu veux; en effet je suis à présent un serviteur fidèle du Christ Dieu: ni par tes promesses ni par tes attaques tu ne peux me séparer de l'amour de mon Dieu, ainsi que je te l'ai dit précédemment et te l'ai exposé précisément.

§9 «Quant à ce que tu m'as dit – 'Je n'ai pas commis de mal ni de tromperie dans mon ignorance de la pratique des belles choses, au contraire avec beaucoup de recherches et de fatigue, *(p.151)* j'ai reconnu que l'adoration des idoles et du soleil et les plaisirs du péché sont ce dont on ne doit pas s'écarter et qu'ils sont bons en vérité' –, je ne t'ai pas dit que tu faisais le mal volontairement; mais il est abondant, le flux de nuée qui s'écoule sur toi et ton entrée dans les ténèbres t'empêche de regarder la lumière, de voir même une petite lueur, parce que tu as abandonné le chemin droit et es tombé dans un abîme (dont) les eaux torrentueuses sont abondantes. Voici que je connais la vérité exacte de cela. Prends garde à toi; ne souhaite pas cela, ne désire pas les ténèbres à la place de la lumière et ne choisis pas la mort meurtrière à la place de la vie en t'imaginant que cette tienne décision est bonne. Au contraire il en est ainsi: les idoles que tu adores sont des démons impurs à l'extérieur et à l'intérieur et toutes leurs actions sont impures. Et cette vie qui te semble être douce et pleine de joie et de délices est méprisable et infecte, selon qu'il est dit d'elle à juste titre: elle est transitoire, pour peu de jours elle rafraîchit la gorge et, *à la fin, elle est plus amère que l'absinthe*, comme dit mon maître, elle qui est *plus* acérée *qu'un glaive à double tranchant*[5].

§10 «Combien te raconterais-je au sujet de ses erreurs? Si tu voulais les compter, (tu constaterais qu')elles l'emportent sur le nombre des grains de sable (de la mer). Elles sont un chemin mensonger de désirs infects, une saveur transitoire est plaquée sur elles et elles entraînent ceux qui ont été séduits par elles vers le chéol extérieur pour la perdition. Mais les belles choses qu'a promises mon Seigneur – que toi tu appelles *espérance d'une vie cachée* –, sont véritables, elles qui ne sont pas changées et n'ont pas de fin, que la corruption n'atteint pas et desquelles il n'est pas possible de parler: personne ne peut dire la grandeur de cette gloire. Ce n'est pas comme tu dis – 'nous tous mourrons et aucun homme ne revit' –, ce n'est pas comme cela; au contraire tu ressusciteras quand notre Seigneur Jésus-Christ le Fils de Dieu viendra dans une gloire indicible

[5] Cf. *Proverbes* V, 4 et chapitre XII, **§10**.

(p.152) et une puissance redoutable. En effet lui seul est Roi des rois et Seigneur des seigneurs, lui devant qui plie tout genou qui est au ciel, sur terre et sous la terre, dans la crainte et le tremblement.

§11 «Alors les puissances des cieux seront ébranlées. Les myriades de myriades d'anges et les archanges se tiendront devant lui et une crainte divine les saisira tous. Les cieux seront roulés comme un livre, la terre ouvrira sa bouche et les cadavres des hommes qui seront morts, depuis Adam le premier (homme) jusqu'alors, ressusciteront comme (en) un clin d'œil et se tiendront vivants devant le trône du Seigneur, et chacun répondra de ce qu'il a fait. Alors les justes brilleront comme le soleil dans le royaume des cieux, eux qui auront cru au Père, au Fils et à l'Esprit Saint et auront passé leur vie en ce monde dans les actions belles. Comment puis-je te décrire la gloire qu'ils doivent obtenir? Même si je compare leur éclat et la lumière de leur beauté à la lumière du soleil ou à la lumière de l'éclair, je ne parviens pas à faire une comparaison (juste) avec cette beauté que l'œil n'a pas vue, l'oreille n'a pas entendue et qui dans le cœur de l'homme n'a pas été conçue. C'est celle-là que Dieu a préparée pour ceux qu'il aime dans le royaume des cieux, dans une lumière ineffable et une gloire incommensurable.

§12 «Quant à ceux qui auront renié le Dieu véritable et oublié leur créateur, adoré les démons et sacrifié à ceux-ci, aimé les délices du monde transitoire, (qui), comme des porcs, s'y seront roulés, dans le bourbier du péché, et se seront faits la demeure de tout mal et perdition, ceux-là se tiendront nus dans la honte et affligés; ils seront un objet de dérision pour toute la création. Tout ce qu'ils auront dit et ce qu'ils auront fait sera représenté devant leurs yeux. Et encore, après cette grande humiliation, ils trouveront une dérision et une honte qu'ils ne pourront supporter et ils seront châtiés dans le feu de la géhenne, dans les ténèbres qui n'ont pas de lumière, là où sont les grincements de dents et les vers qui ne dorment pas. Cela est leur part et *(p.153)* leur rétribution, à jamais, pour avoir méprisé les belles choses que (Dieu) leur avait promises et choisies pour eux: (en échange) d'un seul moment, le supplice éternel.

§13 «À cause de cela, les justes se sont écartés de la douceur de ce monde pour trouver la joie ineffable et les délices glorieuses qu'il n'est pas possible de vanter (suffisamment) – ils brillent avec les anges et trouvent grâce devant Dieu, ainsi que les belles choses très suaves –, pour fuir ces supplices amers qui n'ont pas de fin et pour échapper à cette humiliation sévère et à (cette) maladie douloureuse. Combien (donc) nous faut-il livrer nos richesses et notre corps, et aussi notre propre vie! Celui qui ne comprend pas cela n'a ni intelligence ni connaissance. (Un homme) n'endurera-t-il pas la mort d'un seul moment pour être sauvé de la mort (éternelle), hériter la vie bienheureuse qui ne périt pas et briller de la lumière de la Trinité sainte, principe de la vie et créateur de celle-ci? »

CHAPITRE XXVI

§1 Quand le roi entendit ces paroles et considéra l'intelligence du jeune homme, la fermeté de sa démonstration, qu'il ne craignait pas son châtiment, n'écoutait pas les paroles de flatterie artificieuse et que la promesse d'un supplice effrayant ne le terrifiait pas, il s'étonna de l'éloquence de sa bouche et de la beauté de sa réponse qui ne pouvait être combattue. En secret sa pensée l'avertissait que la parole de son fils était véridique, mais la mauvaise habitude qui demeurait en lui l'entraînait; elle l'entraînait comme un mors et un frein et ne lui permettait pas de voir la lumière de la vérité. À cause de cela, il sema des pierres comme des fèves[1] et fut confirmé dans sa pensée première, de faire ce qu'il avait délibéré avec ruse précédemment.

§2 Il dit au jeune homme: «Il conviendrait, mon fils, que tu m'obéisses en toute chose, mais puisque tu m'as désobéi ainsi, que tu m'as résisté avec force et t'es proposé de faire ta volonté, persiste à présent dans ce que tu as délibéré; viens, disputons ensemble à propos de *(p.154)* ce différend inutile, pour faire la paix. Voici que celui qui t'a trompé, Baralâm, est emprisonné chez moi. Je vais ordonner à un héraut de circuler et de proclamer à haute voix, à propos de cette affaire, qu'aucun des chrétiens ne prenne peur, qu'au contraire ils acceptent (l'invitation) sans crainte, dans la sécurité et la confiance; nous enquêterons à ce moment au sujet de cela.»

Le jeune homme véritablement sage, rempli d'intelligence et ferme de cœur avait appris précédemment ce qui lui avait été révélé par Dieu pendant son sommeil: la tromperie du roi son père. Il dit à celui-ci: «Que la volonté de Dieu soit faite. Ordonne donc et lui-même, le Seigneur et Dieu bon, nous conduira vers le chemin droit, qui est le meilleur. Il est un Dieu clément et en lui se remet mon âme.»

§3 Le roi ordonna aussitôt que se rassemblassent les chefs de tous les adorateurs des idoles et tous les chrétiens. Il envoya des lettres dans tous les lieux qui étaient dans son royaume. Les hérauts firent une proclamation dans toutes les villes et les régions, parlant ainsi: «À présent, que tous ceux qui sont du peuple des chrétiens viennent sans crainte et

[1] Il faut sans doute entendre, dans cette formulation de facture proverbiale, que le roi fait quelque chose de parfaitement stérile ou, avec le grec – «il bougea toutes les pierres» –, qu'il use de tous les moyens à sa disposition.

qu'aucun mal ne leur arrive. Que se rassemblent pour cette affaire tous les gens de la foi (chrétienne) avec leurs proches, pour la recherche dépourvue de haine de la connaissance de la vérité; celle-ci sera en présence de (leurs chefs) et le plus grand d'entre eux est Baralâm. (Que viennent) comme eux les adorateurs des idoles et les sages des Chaldéens et de l'Inde.»

§4 Arrivèrent alors tous ceux qui étaient sous la domination du roi – il y avait parmi eux, de tous les peuples, devins, sorciers et magiciens –, afin de vaincre les chrétiens. Il se rassembla auprès du roi des multitudes sans *(p.155)* nombre dont les fois étaient diverses. Mais parmi les chrétiens, il ne s'en trouva qu'un seul qui devait aider celui dont on supposait qu'il était Baralâm; son nom était Bârâkyâs. Quant aux croyants, il y en avait parmi eux qui étaient morts dans la violence de par la furie des gouverneurs des villes; il y avait des gens parmi eux qui s'étaient cachés dans les montagnes et les grottes, craignant les supplices qu'on mettait en œuvre contre eux; il y en avait parmi eux qui n'osaient pas se montrer ouvertement à la lumière du jour, mais adoraient en cachette le Christ. Ce Bârâkyâs était seul ferme parmi eux tous et victorieux par une âme spirituelle. À cause de cela, il était venu pour porter aide à la vérité et combattre pour elle.

§5 Quand le roi fut assis sur son trône élevé, il ordonna à son fils de s'asseoir avec lui, mais celui-ci ne voulut pas, il s'humilia dans son âme et s'assit par terre à cause de son père. Gagnèrent les places élevées les savants et ceux qui étaient versés dans la sagesse – qui étaient méprisés auprès de Dieu –, dont le manque de connaissance avait induit le cœur en erreur, selon que dit l'apôtre divin: «Ceux qui s'imaginent dans leur cœur qu'*ils sont sages sont fous, et ils ont changé la gloire de Dieu, qui ne périt pas, en l'image d'un homme mortel et en l'image d'un animal à quatre pattes*[2].»

Des hypocrites étaient joints (à eux). Eux (tous) étaient venus disputer avec le fils du roi et ses amis pour que fût accomplie la parole du proverbe qui dit: L'animal domestique a voulu combattre avec le lion. Lui (Yewâsef) fit du Très-Haut un refuge et se confia à l'ombre de ses ailes; les autres mirent leur espoir dans les juges mortels de ce temps et dans le maître du monde des ténèbres auquel leurs âmes se sont soumises dans le désir (?) et dans l'infamie.

§6 À ce moment, on fit venir Nâkor qui avait pris l'apparence de Baralâm, selon le dessein (qu'avait formé) l'esprit du roi et de ses amis;

[2] *Romains* I, 22-23.

ceux-ci ne savaient pas que, de l'aide divine, le dessein était autre, qui s'opposerait à leur dessein. *(p.156)* Quand la foule des juges fut arrivée, le roi dit aux savants et aux philosophes: «Voici que des séducteurs du peuple ont suscité pour vous un combat qui est plus grand que tous les combats; une des deux sortes (de choses suivantes) adviendra aujourd'hui: si vous faites prévaloir notre foi, dans laquelle nous sommes, et que vous réfutiez Baralâm et révéliez sa tromperie et (celle de) ses compagnons, vous obtiendrez de grands honneurs et de nombreuses faveurs de ma part et de la part de tous ceux qui demeurent avec moi, et vous serez couronnés de couronnes de victoire. Mais si vous êtes vaincus, vous mourrez dans une ignominie pire que tout mal; (les gens) auront puissance sur tous vos biens, (objets) de pillage, et votre souvenir sera effacé à jamais de la surface de la terre. Je ferai de vos cadavres une nourriture pour les bêtes sauvages, vos enfants périront et on les réduira en esclavage.»

§7 Quand le roi dit ces paroles, Yewâsef lui répondit et lui dit: «Voici que tu as rendu avec justice, ô roi, une sentence droite; que Dieu fasse prévaloir ta volonté. Je vais dire (cela) moi aussi à mon professeur.»

Et il se tourna vers Nâkor et lui dit: «Tu sais, Baralâm, dans quelles délices et splendeur tu m'as trouvé; tu me (les) a fait abandonner par beaucoup de paroles pour que je m'éloignasse de la loi de mes pères, ne misse pas en pratique leurs coutumes erronées et adorasse (?) un dieu étranger. Tu as donné à mon cœur l'espérance de belles choses qui demeurent à jamais, que la louange ne peut atteindre et qui ne peuvent être exprimées par la parole. À présent prends garde à toi et songe que tu es au milieu des plateaux de la balance: si tu vaincs, que tu sois vainqueur, que soient véritables ton commandement et ta loi que tu m'as enseignés et que tu réfutes ceux qui s'y opposent, tu seras couvert d'honneurs complets qu'aucun homme n'atteindra et j'adorerai le Christ, comme tu me l'as prêché, jusqu'à la sortie de mon âme. Mais si tu es vaincu, tu ne vivras pas une seule heure. Tu me serais aujourd'hui une *(p.157)* cause de honte et d'ignominie et je me vengerais de toi rapidement, de ma main, à cause de mon opprobre. Quant à ton cœur et à ta langue, les ayant saisis, je les couperais et les jetterais en pâture aux chiens avec tout ton corps en sorte que, par toi, tous fussent avertis de ne pas séduire les fils des rois.»

§8 Quand Nâkor entendit cela, il s'affligea et s'inquiéta fort. Il se vit lui-même, tombé dans la fosse qu'il avait creusée et pris dans le piège qu'il avait caché; il sut (que c'était) sa perte. Il décida dans son cœur d'être des partisans de Yewâsef et de faire prévaloir la croyance de celui-ci pour se sauver de la mort qui était préparée pour lui, sachant que Yewâsef était maître de le tuer. Cela advint par la sagesse très-haute pour faire prévaloir la foi alors que nous disputons avec (nos) adversaires.

§9 Alors le roi se leva entre les serviteurs des idoles et Nâkor (qui était) à la ressemblance de Balaam, jadis dans les jours de Balaq, qui voulut maudire Israël et le bénit de nombreuses bénédictions différentes[3]. Le roi s'assit sur son trône royal et son fils (était là) aussi avec les siens, comme nous l'avons dit, ainsi que tous ceux qui avaient aiguisé leur langue comme une épée tranchante pour trancher la vérité, et aussi les savants qui ne réfléchissent pas, comme dit le prophète:

Il conçoit le méfait et enfante le péché[4].

§10 Une foule sans nombre s'était réunie pour voir leur combat et quel parti vaincrait. Un des savants, qui était distingué par l'autorité (?) entre ses compagnons, dit à Nâkor: «Es-tu (ce) Baralâm qui, dans son impudence et son audace, a blasphémé contre les dieux, a séduit le fils du roi et lui a appris à adorer celui qui a été crucifié?»

Nâkor répondit en disant: «Je suis (ce) Baralâm qui a méprisé tes dieux, comme tu le dis. Mais quant au fils du roi, je ne l'ai pas jeté au milieu de la tromperie, au contraire je l'ai sauvé de l'erreur et de la chute, d'un salut guérisseur, et j'ai fait qu'il fût réfugié *(p.158)* dans le Dieu véritable.»

Le chef des prêtres des idoles lui répondit en disant: «Blasphèmes-tu nos dieux victorieux qui ne meurent pas, devant qui tous les rois de la terre se prosternent et que toutes les personnes honorables adorent? Comment t'est-il possible d'agiter ta langue contre eux, (comment) oses-tu avec insolence les blasphémer et dis-tu qu'ils ne sont pas des dieux, mais que seul (est dieu) celui qui a été crucifié?»

Nâkor se leva pour répliquer et ne répondit pas du tout au prêtre des idoles. De la main il fit signe aux gens rassemblés de se taire; il ouvrit la bouche alors, comme l'ânesse de Balaam fils de Béor[5] et dit au roi des paroles que précédemment il n'avait pas pensé prononcer.

[3] Cf. *Nombres* XXII-XXIV.

[4] *Psaumes* VII, 15.

[5] Cf. *Nombres* XXII, 28: *Yahvé ouvrit la bouche de l'ânesse et elle parla à Balaam.*

CHAPITRE XXVII

§1 «Ô roi, je suis venu par la sagesse de Dieu dans ce monde; j'ai regardé le ciel, la terre et la mer, le soleil, la lune et le reste des choses créées: je me suis émerveillé. J'ai vu le monde et tout ce qui s'y trouve aller sans repos; j'ai compris que celui qui met en mouvement (?) les choses créées et qui les maintient est un Dieu unique, que celui qui met en mouvement (?) est plus fort que celui qui avance et que celui qui maintient est plus fort que celui qui est maintenu. À cause de cela, je dis qu'il est un Dieu unique, fondateur de tout et mainteneur de tout, premier sans commencement, qui est élevé au-dessus de tout, qui est éloigné de toute souffrance et misère, étranger à tout trouble et folie. Il n'a pas besoin de sacrifice ni d'offrande ni de rien de ce qui est visible, mais tous ont besoin de lui et le sollicitent. Ainsi parlé-je à propos de Dieu, selon que j'ai commencé à parler[1].

§2 «Retournons par ailleurs à la race des hommes et voyons qui d'entre eux dit la vérité et la met en pratique, et qui d'entre eux met en pratique l'erreur. Quant à ce qui est manifeste et ce qui est assuré, ô roi, les hommes sont dans ce monde (répartis) en trois catégories: les adorateurs d'idoles, les juifs et les chrétiens. Ces adorateurs de dieux *(p.159)* nombreux se répartissent en trois catégories: les Chaldéens, les Grecs[2] et les Égyptiens. Ce sont ceux qui ont été les premiers et ont enseigné aux autres nations à adorer des dieux aux nombreux noms et à se prosterner devant eux. Recherchons donc par l'examen qui d'entre eux croit en la vérité et qui d'entre eux parle inutilement.

§3 «Les Chaldéens ne connaissent pas Dieu; ils se sont trompés, ont été à la suite des éléments et se sont mis à adorer les créatures au lieu du créateur. Ils se sont fait des images et les ont appelées *dieux*. Ils ont assimilé ceux-ci, en images, au ciel, à la terre, à la mer, au soleil, à la lune, aux autres éléments et aux étoiles. Ils les ont cachés dans des temples et

[1] Le propos, quelque peu obscur, s'éloigne sensiblement du texte original: «... selon qu'il m'a été accordé de parler à son sujet».

[2] Ici comme dans toute la suite du développement, le guèze porte **ዓባውያን ፡**, probablement erreur de lecture à travers l'arabe pour **ዮናውያን ፡**, ou désignation des Sabéens, mentionnés dans le Coran; cf. entre autres la sourate XXII («Le pèlerinage»), 17:

Le Jour de la résurrection,
Dieu distinguera les uns des autres:
les croyants, les Juifs, les Sabéens,
les Chrétiens, les mages et les polythéistes.

se sont prosternés devant eux. Ils ont appelé *dieux* ceux qu'ils gardaient sévèrement pour que les voleurs ne les volassent pas. Ils n'ont pas pensé à ceci et n'y ont pas réfléchi: tout gardien est plus considéré que ce qu'il garde et celui qui fait, plus que ce qu'il a fait. Si leurs dieux ne peuvent se sauver eux-mêmes, comment sauveraient-ils les autres? Mais d'une grande tromperie les Chaldéens se sont trompés; leurs dieux ne leur sont pas utiles, au contraire ils leur font du mal.

§4 «Je suis rempli d'étonnement, ô roi, par la manière dont ceux qu'on appelle *philosophes* ne comprennent pas du tout ces éléments qui vieillissent. D'abord, ô roi, sachons précisément qu'ils ne sont pas des dieux. Au contraire ils vieillissent et sont changés sur l'ordre du Dieu véritable qui ne vieillit pas, n'est pas changé et n'est pas vu, qui voit tout selon qu'il le veut, tourne et change tout. Je parle des éléments, ceux qui les appellent *dieux* errent d'une erreur manifeste; en effet nous les voyons être changés et se mouvoir par la nécessité et ils sont créés à partir de beaucoup de choses. Ils appellent aussi le monde *dieu*, or le monde a un artisan et tout ce qui est œuvre a un commencement et une fin. Son firmament brille avec ses étoiles; en effet les étoiles *(p.160)* se déplacent chacune selon son ordre et sa période, avançant chacune selon son temps pour produire l'été et l'hiver, comme elles en ont reçu l'ordre de Dieu, et elles ne s'écartent pas de leur ordre fixé, qui est une nécessité naturelle, sinon sur l'ordre du maître céleste. Par cela il apparaît évidemment que le ciel n'est pas un dieu, mais l'œuvre de Dieu.

§5 «Quant à ceux qui s'imaginent que la terre est un dieu, ils errent d'une erreur évidente. En effet voici que nous voyons qu'elle est méprisée par les hommes et sous leur domination; ils la labourent, la creusent et en font quelque chose qui est inutile. S'ils la font cuire dans le feu, elle devient une chose morte: un vase d'argile ne fait rien pousser. Si elle est mouillée (à l'excès), elle périt avec ses fruits. Les hommes la foulent de leurs pieds, ainsi que tous les animaux; elle est souillée par le sang des tués et les cadavres des morts. Si la terre est ainsi, il ne convient pas qu'elle soit appelée *dieu*, mais œuvre de Dieu pour le travail des hommes.

§6 «Quant à ceux qui pensent que l'eau est un dieu, voici qu'ils se sont trompés d'une grande tromperie. En effet elle a été créée pour les besoins des hommes et est sous leur loi. Elle est souillée et se corrompt; sa couleur est changée quand on fait de la cuisine avec elle; sa forme devient multiple quand on la mélange; elle est solidifiée par le froid et souillée par le sang de beaucoup; on y lave toutes les saletés. À cause de cela, il n'est pas possible que l'eau soit un dieu, mais (uniquement) l'œuvre de Dieu.

§7 «Ceux qui pensent que le feu est un dieu errent manifestement d'une grande erreur. En effet le feu n'a été créé que pour les hommes afin qu'ils travaillent avec lui, et il est sous leur loi. Ils l'emportent de lieu en lieu pour faire cuire avec lui toute chair qui se mange (et) pour les besoins des hommes morts surtout; quand sa flamme est grande (?), les hommes l'étouffent. À cause de cela, il ne convient pas que le feu soit un dieu, mais Dieu est son créateur.

(p.161) **§8** «Quant à ceux qui font du souffle des vents un dieu, ils se sont trompés (comme?) des mortels. En effet il sert un autre (que lui); en faveur des hommes Dieu a établi les vents, pour que les bateaux avançassent sur la mer, pour l'aire de battage afin de séparer le bon grain de la mauvaise (herbe) et pour les autres besoins des hommes. Ils abattent les branches des arbres, ils s'apaisent sur l'ordre de Dieu et se calment. À cause de cela, le souffle des vents n'est pas un dieu, mais l'œuvre de Dieu.

§9 «Quant à ceux qui estiment que le soleil est un dieu, ils ont erré d'une erreur manifeste. En effet nous voyons le soleil aller par la nécessité; il tourne et passe de signe en signe, il se couche et se lève afin de chauffer les herbes et les plantes pour le profit des hommes. Il a partage avec les étoiles, il est beaucoup plus petit que le ciel et il n'a pas de domination, à lui seul, qui soit implantée en lui. À cause de cela, il ne faut pas penser que le soleil est un dieu, mais une créature de Dieu.

§10 «Ceux qui pensent que la lune est un dieu ont erré d'une erreur évidente. En effet voici que nous la voyons aller par la nécessité; elle passe de signe en signe en se couchant et se levant pour les besoins des hommes. Elle est plus petite que le soleil; et elle est pleine et elle est petite au moment de sa naissance, parfois elle est obscurcie. À cause de cela, on ne l'appelle pas *dieu*, mais l'œuvre de Dieu.

§11 «Ceux qui pensent que l'homme est un dieu ont erré d'une grande erreur. En effet nous le voyons marcher par la nécessité; il est changé, il grandit et vieillit. Parfois il se réjouit et parfois il s'afflige; il a besoin de manger, de boire et aussi de quoi s'habiller. Il est grandement pécheur, il s'irrite, il est envieux, il est voleur, il se repent; il périt de nombreuses manières, selon la nature de l'homme et de l'animal, et la mort est souveraine sur lui. Il ne faut donc pas appeler l'homme *dieu*, mais Dieu est son créateur.

(p.162) «Dans tout cela, les Chaldéens se trompent d'une grande tromperie en errant à la suite de leur désir; ils adorent des éléments vieillis et des statues mortes et ne se rendent pas compte de leur erreur (commise) avec de telles choses qu'ils désirent.

§12 «Arrêtons à présent; enquêtons sur l'affaire des Grecs et voyons ce qu'ils font avec Dieu. Les Grecs disent: 'Nous sommes des philosophes sages' et ils sont fous d'une folie pire que (celle des) Chaldéens. En effet ils signalent de nombreux dieux, la moitié d'entre eux masculins, l'autre moitié féminins. Par là, ô roi, les Grecs introduisent un propos risible (et) impie. En effet ils appellent *dieux* ceux qui sont comme rien, à l'estime de leurs désirs mauvais, pour en recevoir de l'aide dans la pratique du mal, quand ils forniquent, pèchent, tuent et commettent tous scandales et ignominies. Si leurs dieux font ces actes, comment eux-mêmes ne feraient-ils pas pareil? À cause de la pratique de l'erreur, il y eut entre les hommes beaucoup de guerres et de massacres.

§13 «Cependant nous voulons vous raconter l'action d'un de leurs dieux et nous verrons beaucoup de l'ignominie de ceux-ci. En effet ils disent que la fornicatrice et meurtrière étoile qui s'appelle Saturne est un dieu et ils lui immolent leurs enfants. En effet les hommes qui agissent ainsi, ô roi, deviennent fornicateurs, épousent des mâles – en effet ils adorent celui qui fornique et couche avec des mâles – et font d'autres actions mauvaises comme leurs dieux. Comment convient-il à présent que soit un dieu celui qui fornique, celui qui couche avec des mâles et est meurtrier de ses enfants[3].

§14 «Après cela, ils introduisent un homme boiteux et appelle *dieu* quelqu'un qui tient un marteau et des tenailles pour frapper le fer afin d'en tirer profit[4].

§15 «Ils disent que Mercure *(p.163)* est un dieu, lui qui est un marchand, un magicien et un interprète des songes.

§16 «Ils appellent Esculape *dieu*, or celui-ci était médecin et faisait des remèdes et des idoles.

§17 «Apollon aussi, ils l'appellent *dieu* ; un jaloux, il tient un arc et un carquois, un plectre (?) et une lyre; il distribue de l'or aux hommes parce qu'ils le rétribuent.

§18 «Ils appellent *dieu* sa sœur Artémis[5], une chasseresse qui tient un arc et un carquois dans ses mains. Elle erre dans les montagnes, seule avec des chiens, pour chasser le lapin ou le sanglier, et Moloch a forniqué avec elle. Comment cette femme, une chasseresse qui erre avec des chiens, serait-elle un dieu?

[3] Le texte guèze a fondu ensemble, créant ainsi une certaine obscurité, les notices de l'original grec respectivement consacrées à Saturne/Cronos, tueur de ses enfants, et à Jupiter/Zeus, le dieu aux nombreuses bonnes fortunes et amant de Ganymède.

[4] Il s'agit de Vulcain/Héphaïstos, le dieu forgeron devenu boiteux après que sa mère – ou son père – l'eut précipité de l'Olympe. Le grec mentionne le nom du personnage.

[5] «Ilânâ» ou «Alânâ» dans le texte guèze.

§19 «Ils disent que l'étoile Vénus, avec laquelle (Moloch) a aussi forniqué[6], est un dieu.

§20 «Ils appellent aussi Adonis *dieu*, lui qui était chasseur et est mort poursuivi et chassé par un sanglier.

«Comment serait-il possible de prendre soin des hommes à un chasseur, à un fornicateur, à un mortel et à tous les faiseurs d'iniquité? Par cela, il ressort évidemment que les hommes ont pris prétexte de leurs dieux: ils ont commis tous les péchés – fornication, mal, impiété – et ont souillé la terre et l'air avec leurs actions mauvaises.

§21 «Quant aux Égyptiens, leur erreur est encore pire et leur mauvaiseté plus grande que (celle de) tous ceux-là. Ils n'ont pas cru aux dieux des Chaldéens et des Grecs, mais ils ont conçu pour eux d'autres dieux d'entre les animaux qui ne parlent pas, terrestres et mortels, d'entre les herbes et les plantes également. Il y en a parmi eux qui adorent un bélier, il y en a parmi eux qui adorent un serpent, il y en a qui adorent un crocodile et un bœuf, il y en a qui adorent un faucon, un vautour et un aigle, il y en a qui adorent un chacal, un chien et un *(p.164)* loup, il y en a qui adorent un singe et une vipère, il y en a qui adorent le poireau, l'ail, les épines et ce qui reste de créatures. Les misérables ne saisissent pas que toutes ces choses n'ont de pouvoir en rien. Alors qu'ils voient des hommes manger leurs dieux, les faire cuire au feu et les égorger, ils se rendent aveugles et ne saisissent pas que ce ne sont pas des dieux.

§22 «Voici que les Égyptiens, les Chaldéens et les Grecs ont erré d'une erreur manifeste. En effet ils ont fait de tels êtres des dieux, ils ont fabriqué des statues et ils ont appelé *dieux* des statues qui n'ont pas de corps et ne se meuvent pas. Quant à moi, je m'émerveille de ce que, voyant qu'on scie leurs dieux, que le charpentier les travaille, qu'ils sont vieillis, changés et fondus, ils ne saisissent pas que ce ne sont pas des dieux et qu'ils ne peuvent – ils n'(en) ont pas la puissance – se sauver: comment aideraient-ils les hommes? Cependant les fabricants de statues et les sages des Chaldéens, des Grecs et des Égyptiens veulent bien établir la teneur de leurs histoires et les paroles de leurs livres en sorte d'être honorés par (leurs dieux), et (cependant) la honte de ceux-ci est révélée devant tous.

§23 «Voici que l'homme, alors que ses membres sont nombreux, ne peut rejeter un seul de ses membres, mais au contraire demeure dans l'union avec tous ses membres, indivisé dans son unicité et sa maxime étant une. Comment donc y aurait-il dans la nature de Dieu la discorde et des maximes différentes, comme (chez) ces dieux, puisque la nature de

[6] Cette mention d'une fornication de Moloch (Mars/Arès) avec Vénus (d'après un des manuscrits utilisés par Budge) et avec Artémis ne figure pas dans le grec.

Dieu est une? Est-ce que celui qui est persécuté est un dieu, ou celui qu'on égorge, ou (celui qui) fait le mal? Ou (est-ce qu') il est appelé *dieu* celui qui est persécuté par un autre (dieu)? Est-ce qu'on l'égorge ou lui écorche-t-on la peau? Ou est-ce qu'il est volé et dépérit-il? Cela n'est certes pas la manière d'être d'une nature une, mais de nombreux esprits, faiseurs de mal tous. Aucun ne se distingue parmi eux et ils n'ont nullement la nature d'un dieu.

§24 «À présent, ô roi, comment les sages ne feraient-ils pas errer par *(p.165)* les propos des Grecs? En effet ils ont institué des lois, eux-mêmes étant emprisonnés et tenus enfermés par (ces) lois leurs; les commandements de la loi sont droits, mais leurs dieux, sans mensonge, sont iniques, rapaces et éloignés de la loi: à l'un ils imputent de tuer (son) prochain, (les dieux) commettent l'adultère et (fabriquent) du poison qui tue, ils volent et couchent avec des mâles. Mais puisqu'ils réputent ces actions belles et justes comme les actions vertueuses et louent (?) les actions coupables, méprisées et invétérées (?), ainsi que les actions des dieux, alors que ceux-ci sont ennemis de la loi, tous sont sous (le coup de) la perdition de la mort. Ils sont impies, ceux qui font des dieux à la ressemblance de ceux-là. Les récits qui ont été racontés à leur sujet sont des fables, du néant et des mots uniquement. Mais si (les récits) sont (conformes à?) la nature, ceux qui ont fait cela et à qui de telles choses sont arrivées ne sont pas des dieux; les récits sont comme une histoire à venir (?), puis l'histoire mensongère devient véridique; ce sont des fables et rien d'autre. Voici qu'il a été rendu certain, ô roi, que la façon de faire de ceux qui adorent des dieux nombreux est une œuvre d'erreur et de perdition. Il ne convient pas d'appeler *dieux* ceux qui sont visibles et ceux qui sont invisibles[7], mais il est correct d'adorer le Dieu qui est invisible, qui voit tout et est créateur de tout[8].

§25 «Parlons à présent, ô roi, du cas des Juifs et voyons leur croyance en Dieu. Ceux-ci sont les enfants d'Abraham, d'Isaac et de Jacob, ils ont demeuré dans la terre d'Égypte une longue période de jours en servant Pharaon, le roi de celle-ci. Dieu le puissant les a fait sortir de là, d'une main forte et d'un bras élevé, par l'intermédiaire de leur législateur; il a submergé l'Égypte par sa puissance, par des miracles nombreux et de grands prodiges. Cependant (les Juifs) furent eux aussi mauvais et de peu

[7] De manière plus conséquente, eu égard à la suite du propos, le texte grec dit: «...et qui ne voient pas».

[8] L'ensemble du développement relatif aux Grecs a souffert, par rapport au texte original, d'omissions et raccourcis nombreux et générateurs de confusions, d'obscurités et de contresens.

de reconnaissance: ils adorèrent les *(p.166)* dieux des païens et tuèrent les justes et les prophètes qui avaient été envoyés auprès d'eux. Quand il plut au Fils de Dieu de venir sur terre, ils ne le reconnurent pas et agirent follement, comme un homme ivre. Puis ils le livrèrent à Pilate, le gouverneur de Rome, et décrétèrent à son encontre la mort (sur) la croix. Ils ne se rappelèrent pas ses bienfaits et les miracles innombrables qu'il avait faits au milieu d'eux ouvertement. À présent ils adorent Dieu, le seul maître de tout; cependant ils n'ont pas la (vraie) connaissance, car ils nient le Fils de Dieu. Ils sont à la ressemblance des païens, même s'ils pensent qu'ils sont proches de la vérité. Cela (suffit) à propos des Juifs.

§26 «Quant à la position des chrétiens qui sont appelés d'après le Seigneur Jésus-Christ, (la voici: celui-ci est) le Fils du Dieu très-haut, en qui nous croyons, qui est descendu du ciel pour le salut des hommes, qui s'est fait homme par l'Esprit Saint et est né d'une vierge sainte, à la virginité éternelle, sans semence ni souillure. Il a pris d'elle une nature charnelle complète et est apparu aux hommes pour les appeler hors de l'erreur de la mort, dans sa nature charnelle qu'il a prise de nous. Il est mort de par sa volonté et sa grande sagesse. Il est ressuscité le troisième jour par la puissance de sa divinité et s'est élevé dans les cieux, lui de la venue de qui l'Écriture sainte qu'on appelle *Évangile* raconte la gloire. Tu y apprendras cela, ô roi, si tu le lis.

§27 «Jésus avait douze disciples qui prêchèrent, après sa montée dans les cieux, dans tous les pays du monde et ses confins et apprirent aux hommes sa grandeur. L'un d'entre eux vint dans notre pays et nous prêcha la loi de vérité. Depuis ce moment jusqu'à aujourd'hui, ceux qui sont appelés chrétiens servent la vérité de leur prédication. Ce sont donc eux qui ont trouvé la vérité, plus que toutes les nations. Ils reconnaissent Dieu, créateur et artisan de tout, son Fils unique et son Esprit Saint et n'adorent pas d'autre dieu que lui. Les *(p.167)* commandements du Seigneur Jésus-Christ sont imprimés dans leur cœur et inscrits dans leur pensée. Ils les gardent en espérant la résurrection des morts et la vie qui viendra. Ils ne pèchent pas, ne forniquent pas, ne sont pas témoins mensongers et ne convoitent pas ce qui n'est pas à eux. Ils honorent leur père et leur mère, aiment leur prochain et jugent avec droiture pour sauver. Tout ce qu'ils ne veulent pas qu'il leur arrive, ils ne le font pas aux autres. Ils aiment qui leur fait tort, rendent amis leurs ennemis et font du bien à qui leur est hostile. Ils sont doux et tranquilles et s'écartent de la fornication et de toute souillure. Ils ne négligent pas la veuve et n'affligent pas l'orphelin. Celui parmi eux qui a la grandeur exhorte avec humilité celui qui est plus petit. S'il vient un étranger, ils le font entrer sous le toit de leur maison et se réjouissent avec lui comme (avec) un frère véritable; ils ne l'appellent pas *frère de chair*, mais *frère d'âme*. Ils ne refusent pas de livrer leur vie pour le Christ en gardant ses commandements avec scrupule et fermeté. Ils vivent dans la justice et dans la droiture, selon que le Seigneur Dieu leur a ordonné et ils lui rendent grâce à tout moment, quand ils mangent et boivent et par toutes belles actions. En vérité cela est la voie de la vérité qui mène ceux qui y marchent au royaume éternel que leur a promis le Christ dans la vie à venir.

§28 «Sache, ô roi, que je n'ai pas dit cela de par ma volonté. Regarde dans les écrits des chrétiens et tu trouveras que je n'ai rien dit que selon la vérité. Déclare bienheureuse l'intelligence de ton fils; en effet il a compris véridiquement que j'adorerai le Dieu vivant et salvateur jusqu'à (mon) dernier souffle et que j'espère sa deuxième venue véritable. En effet les paroles *(p.168)* intelligentes des chrétiens sont grandes et fort prodigieuses, car ils ne parlent pas avec les mots des hommes, mais avec les mots de Dieu. Toutes les nations ont erré et se sont fait errer elles-mêmes, parce que (les gens) tâtonnent dans les ténèbres et se heurtent l'un l'autre comme des ivrognes. Cela est la fin de mon discours, ô roi, dans lequel j'ai exprimé la vérité du fond de mon cœur. À cause de cela, que la bouche de tes sages iniques qui disent des mensonges cesse (de parler). En effet il vous faut – cela est meilleur pour vous – adorer le Dieu créateur et être attentifs à ses paroles qui ne périssent pas pour être sauvés du châtiment et du supplice, entrer dans la vie qui n'a pas d'affliction et hériter d'elle.»

CHAPITRE XXVIII

§1 Quand Nâkor eut achevé ces mots dans sa réplique, le roi changea (de contenance) et la colère le recouvrit. Mais ses grands prêtres et ses prêtres restèrent muets et il ne leur fut pas possible de répliquer à Nâkor, si ce n'est avec des mots méprisables et corrompus. Le fils du roi se réjouit et son âme exulta fort; son visage s'illumina et il glorifia Dieu qui donne un chemin, de là où il n'y en a pas, à ceux qui se confient en lui. Il rendit ferme la vérité par la bouche de ses ennemis qui le combattaient et par la bouche du chef de l'erreur et fit de celui-ci une aide et un champion pour la voix de la rectitude.

§2 Le roi s'irrita fort contre Nâkor, mais il ne lui fut pas possible de lui faire quelque mal que ce fût pour ce qu'il s'était accordé avec lui précédemment, comme nous l'avons rappelé. En effet on avait commandé à Nâkor de parler avec les chrétiens sans crainte. À cause de cela, on lui rappela souvent, par des signes de tête et des gestes, de mettre fin à sa réplique et de se laisser vaincre par la parole des grands prêtres des statues, selon qu'ils en avaient conféré précédemment avec lui, seuls à seul. Mais lui, de plus belle, répliquait et réduisait à néant leurs interrogations et les éructations de leur cœur, réfutant la tromperie de leur erreur. La discussion se prolongea jusqu'à ce que fût proche *(p.169)* le moment du soir. Le roi ordonna de renvoyer l'assemblée, voulant (continuer à) enquêter le lendemain à propos de cela.

§3 Yewâsef dit au roi son père: «Ô mon seigneur, de même que tu as ordonné au commencement que la façon de juger fût droite, fais à présent qu'elle soit complètement droite dans sa fin et fais une de ces deux actions: si tu ordonnes que mon maître passe la nuit auprès de moi pour que nous cherchions tous deux ce que nous utiliserons dans la discussion avec ceux qui nous combattent, tu prendras avec toi, quant à toi, tes amis: parlez comme vous le voulez et (comme) ils auront choisi eux-mêmes. Si tu me donnes tes amis cette nuit, tu prendras auprès de toi mon ami. En effet si tous demeuraient auprès de toi, mon maître s'inquiéterait et la peur le saisirait par rapport à eux et par rapport à toi. Quant à tes amis, ils se réjouiraient et attendraient la victoire, ce que j'estime ne pas être une façon de juger droite, mais un (abus du) pouvoir royal et une transgression de l'accord juste.»

Le roi s'étonna de la beauté du discours de Yewâsef; il prit auprès de lui ses sages et ses prêtres et ordonna à Yewâsef de prendre Nâkor, espérant encore que celui-ci garderait ce qu'il leur avait promis.

§4 Le fils du roi s'en alla à la ressemblance d'un vainqueur qui a vaincu ses adversaires, les ayant dominés; Nâkor était avec lui. Yewâsef appela Nâkor, seul, en secret, et lui dit: «Ne t'imagine pas que ce qu'il en est de toi m'est caché. En effet je sais précisément que tu n'es pas Baralâm, mais Nâkor l'astrologue. Mais je m'étonne de ce qu'il vous a été possible de faire une telle hypocrisie – et vous vous êtes imaginé que vous pouviez faire venir sur moi cette erreur au milieu du jour, que je prisse le loup pour l'agneau! Mais le proverbe dit bien: *Le cœur* du mauvais *médite vainement*[1]. Voici que ce dessein et cette pensée vôtres sont vains: tout sort du cœur. Mais l'action que tu as faite est pleine *(p.170)* de toute sagesse. À cause de cela, réjouis-toi, Nâkor, et exulte; en effet à toi je rends de nombreuses grâces, car tu as été aujourd'hui le secoureur de la vérité et tu n'a pas souillé tes lèvres par des paroles souillées et par l'hypocrisie de la tromperie. En effet tu as été grandement purifié de nombreuses souillures en réfutant ceux qui ont été appelés *dieux* (par) un mensonge et en établissant la vérité de la loi des chrétiens.

§5 «À cause de cela, j'ai désiré ardemment te prendre auprès de moi, pour deux raisons: la première, afin que le roi ne t'emmenât pas et ne te torturât pas isolément parce que tu n'as pas fait sa volonté; la deuxième, afin de te récompenser pour la grâce que tu (m')as faite aujourd'hui. Question: Quelle est la récompense? Réponse: Je vais te rendre ferme et solide pour que tu t'écartes du chemin glissant sur lequel tu as marché jusqu'à aujourd'hui et que, après, tu empruntes le chemin droit que tu connaissais, mais loin duquel tu t'es précédemment enfui par ta volonté, faisant des turpitudes mauvaises en te jetant dans la fosse et les vallées du péché. Comprends à présent, Nâkor, car tu as de l'entendement; cherche à acquérir le Christ seul et la vie qui a été assignée à ceux qui ont méprisé les œuvres transitoires et corruptibles. En effet tu ne vivras pas pour tout le temps, au contraire tu mourras dans peu et tu seras chassé à la ressemblance de ceux qui sont partis avant toi. Malheur à toi si tu vas là-bas en portant le lourd poids du péché, là où sont le jugement droit et la rétribution pour les actions qui (pèsent) sur toi, sans que tu les aies rejetées! En effet il est facile de les rejeter en ces jours-ci.»

§6 L'âme de Nâkor fut grandement affermie par ces paroles et il dit: «Tu as bien parlé, ô prince. Quant à moi, je connais le Dieu de vérité,

[1] Cf. *Isaïe* XXXII, 6: *Car l'insensé profère l'insanité*
et son cœur médite le mal.

véritable, par lequel advient la connaissance précise du jugement que nous attendons. Voici que nous avons entendu beaucoup des paroles des Écritures, mais la mauvaise habitude et la tromperie de la croyance ancienne ont aveuglé les yeux de mon cœur et répandu une obscurité profonde sur mon esprit. À *(p.171)* présent, par ta parole, le voile de l'obscurité a été enlevé et retiré de sur moi. Demandant protection, je vais frapper à la porte de Dieu; peut-être sera-t-il clément envers moi et ouvrira-t-il le chemin du repentir à moi, le mauvais serviteur. Je pense et je dis: ceci ne se peut, à savoir que j'obtienne la rémission de mes péchés, dont (le nombre) est plus grand que le nombre des grains de sable de la mer, que j'ai commis sciemment et avec folie de mon enfance jusqu'à aujourd'hui.»

§**7** Quand Yewâsef le fils du roi entendit (cela), il se leva aussitôt avec une grande chaleur de cœur; en effet le cœur de Nâkor avait incliné vers le désespoir. Il se mit à affermir et encourager celui-ci vers la foi au Christ en disant: «Que ton cœur ne doute pas de cela, Nâkor; en effet il est écrit *que Dieu de ces pierres peut susciter des enfants à Abraham*[2]. (Cette parole) n'est rien d'autre que ceci, comme dit le père Baralâm, à savoir qu'il est possible à ceux qui ne croient pas et à ceux qui sont souillés d'être sauvés par (?) le repentir de toutes (leurs) fautes (et) de devenir des serviteurs du Christ qui, dans son parfait amour du genre humain – d'une mesure très haute –, nous a ouvert la porte du repentir, ainsi qu'à tous ceux qui se tournent vers lui. En effet lui-même est la porte céleste et il ne ferme devant aucun homme la porte du salut, au contraire il accueille avec joie ceux qui se repentent. À cause de cela, il donne leur récompense d'une manière égale à ceux qui sont venus à la vigne à la première heure du jour, à la troisième heure, à la sixième heure et à la onzième heure, selon qu'il est dit dans l'Évangile saint[3]. Même si, jusqu'à ce moment-ci, voici que tu es parvenu à la vieillesse en faisant des péchés, si tu parviens à la croyance avec une foi brûlante et pure, tu seras digne de ces honneurs et tu seras égalé à ceux qui ont combattu depuis leur jeunesse.»

§**8** Avec beaucoup de paroles assurées (?) (relatives) au repentir, le jeune homme divin enseigna Nâkor qui avait consumé ses jours dans la pratique du mal. Il professa devant lui le pardon des péchés et leur suppression et lui promit que le Christ lui pardonnerait ses péchés *(p.172)* qui étaient passés. Il assura (?) son cœur que le Christ était toujours disposé à accueillir les égarés qui se tournaient vers lui de tout leur cœur; il rétablit son âme souffrante avec ses remèdes et la gratifia d'une santé assurée (?).

[2] *Matthieu* III, 9.
[3] Cf. *Matthieu* XX, 1-9.

§9 Nâkor lui répondit à ce moment et lui dit: «Ô (homme) très noble d'âme et de corps et professeur de mystères à la beauté désirable, sois dans cette profession à la beauté agréable qui conduit au salut et fais qu'elle soit imprimée dans ton cœur pour toujours. Voici que moi je vais partir d'ici pour chercher le salut de mon âme et vais demander le pardon à Dieu, en faisant une pénitence véritable, à cause de ce que je l'(ai) irrité – si Dieu l'agrée. Dorénavant je ne verrai (plus) la face du roi, si toi tu souhaites cette chose.»

§10 Yewâsef se réjouit et accueillit les paroles de Nâkor d'un cœur radieux; il prit celui-ci dans ses bras et lui donna un baiser. Il pria Dieu un long moment pour lui et le renvoya de son palais. Nâkor sortit d'auprès de lui, l'âme résolue, et alla dans un désert éloigné, à la ressemblance d'un cerf. Il rencontra un moine, qui avait la dignité du sacerdoce, là où celui-ci se cachait à cause du péril. Il se prosterna devant lui avec chaleur de cœur, arrosa ses pieds de ses larmes, comme la prostituée de jadis[4], et lui demanda le divin baptême chrétien. Le prêtre qui était plein de grâce très-haute se réjouit beaucoup à cause de lui et l'exhorta selon la coutume. Après cela, il le rendit parfait par le don du vêtement du saint baptême au nom du Père, du Fils et de l'Esprit Saint. Nâkor demeura dans sa repentance auprès de lui pour toujours en se repentant pour ce qu'il avait fait. Béni soit Dieu qui ne veut la ruine de personne, mais au contraire attend la repentance de tous et accueillent ceux qui se repentent, par amour du genre humain.

§11 Quand le roi entendit ce qu'il en était de Nâkor, il perdit complètement l'espoir, car il avait cru en lui. Il vit que ses sages et ses prêtres *(p.173)* mauvais étaient vaincus complètement; il se troubla et fut à court d'expédients. Il déversa sur ces (gens) de grandes injures et un lourd mépris et enduisit leurs visages avec du noir de marmite. Il y en a parmi eux à qui il ordonna d'infliger une grande flagellation avec des nerfs de bœuf, et il les chassa de devant lui. Ensuite il commença à comprendre la (vaine) gloire de ceux qui étaient appelés *dieux* par mensonge; il ne voulut pas voir complètement la lumière du Christ, car l'obscurité et une fumée épaisse couvraient les yeux de son cœur. Cependant il n'honorait plus les prêtres des dieux, ne faisaient pas de fête pour ceux-ci et n'offrait pas de sacrifice aux statues, mais son esprit était mû vers deux côtés. En effet il avait reconnu la faiblesse des dieux; d'un autre côté, il craignait la manière de vivre évangélique. (Celle-ci) était pénible pour lui, car il était entraîné par une habitude mauvaise: il était complètement asservi

[4] Cf. *Luc* VII, 38: *Et se tenant en arrière, à ses pieds, pleurant, (la pécheresse) se mit à lui arroser les pieds de ses larmes [...].*

aux désirs du corps et était tout entier poussé vers les passions mauvaises, comme un ivrogne. Comme dit Isaïe le prophète: sans avoir bu de vin, il a été entraîné par des habitudes mauvaises comme (par) une bride solide[5]. De même le roi se battait avec ses deux pensées.

§12 Quant au divin Yewâsef, plein d'intelligence grâce à la rectitude d'une âme royale, il resta paisible dans son palais. Auprès de tous furent connues sa victoire et la beauté de sa nature et du mode de vie dans lequel il demeurait. Sa façon d'être fut rendue publique, ainsi que son assiduité à mettre en pratique les commandements de Dieu; sa pensée (y) était suspendue et était blessée par l'amour divin. Il désirait fort se rencontrer avec son maître Baralâm et s'efforçait avec grande ardeur de le voir; il se rappelait ses paroles lumineuses dans son cœur, sans oublier, (il était) *comme un arbre planté près d'un cours d'eau*[6]. Il produisit pour Dieu un fruit désirable, il sauva des filets de Satan de nombreuses âmes et les apporta en offrande au Christ. Beaucoup venaient auprès de lui pour entendre de sa bouche la parole du salut. *(p.174)* De ce moment, beaucoup de gens, qui n'étaient pas peu nombreux, s'enfuirent ébranlés et suivirent la parole de notre Sauveur. Il y en a d'autres qui méprisèrent le monde, s'en éloignèrent et entrèrent dans l'arène de la solitude. Quant à Yewâsef, il se consacrait ardemment au jeûne et à la prière et clamait publiquement ces mots disant: «Ô mon Dieu, ô toi en qui je crois, auprès de qui je me suis réfugié et (par qui) j'ai été sauvé de l'erreur, donne à Baralâm ton serviteur la récompense qui lui revient pour m'avoir enseigné, fait sortir de l'erreur et m'avoir montré la vie et le chemin véritables. Ne me prive pas de voir de nouveau cet ange revêtu de chair, dont le monde n'atteint pas la valeur, et (que) j'achève auprès de lui tous les jours de ma vie pour aller sur le chemin divin et faire ton bon plaisir, ô mon Dieu, mon Seigneur, car tu es béni à jamais, amen.»

[5] Cf. entre autres *Isaïe* V, 18: *Malheur à ceux qui tirent sur la faute*
avec les cordes du mensonge
et sur le péché
comme avec les traits du chariot.

et XXIX, 9: *[...] soyez ivres, mais non de vin*
vacillez, mais non de bière forte.

[6] *Psaumes* I, 3.

CHAPITRE XXIX

§1 En ces jours-là, il y eut une fête dans cette ville pour ceux qu'on appelait *dieux* par mensonge. Le roi devait aller à cette fête, neuf bœufs pour le sacrifice avec lui. Cependant les prêtres tremblèrent quand ils virent qu'il était négligent dans leur croyance et qu'il s'était fort refroidi pour ce qui était de les suivre. Ils craignirent que, s'il négligeait de venir au temple, ils fussent privés des dons royaux, (venus) de lui, qui avaient été établis pour eux, et de tout revenu. Ils se levèrent, se mirent en route et parvinrent à un ravin, qui était dans le désert extérieur, dans lequel il y avait un homme qui mettait ses soins à pratiquer la magie et qui était ferme à secourir l'erreur idolâtre; son nom était Tawdâs. Le roi l'honorait dûment et l'appelait *professeur*; il disait: «Par sa magie mon royaume est fort et vaste.» Quand les prêtres vinrent auprès de lui, ils s'en remirent à lui pour les aider et l'informèrent précisément de l'opinion (?) qu'avait le roi de leurs dieux. Ils lui racontèrent l'action du roi et ce qu'avait dit Nâkor contre eux, comment celui-ci avait blasphémé contre les dieux et comment il les avait ridiculisés *(p.175)* devant les gens. «Si toi, (lui dirent-ils,) tu ne nous aides pas, toute notre espérance sera perdue, toute notre foi et toutes les marques de piété avec lesquelles nous célébrons les dieux seront détruites. En effet tu es le seul qui reste comme consolateur dans (nos) malheurs. Voici que sur toi nous avons mis nos espoirs.»

Aussitôt Tawdâs fut fort de la force satanique qui était en lui et s'équipa, à la place de la vérité, d'armes vaines. Il appela des esprits mauvais qu'il connaissait afin d'obtenir un secours (donné) avec diligence pour les actions mauvaises (et) honteuses, qu'il avait précédemment faites avec sa force et avec sa vigueur. Il alla avec eux auprès du roi.

§2 Quand le roi sut sa venue, il l'introduisit auprès de lui. Tawdâs entra, tenant dans sa main une branche de palmier (et) ceint d'un vêtement (?). Le roi se leva de son trône pour l'accueillir, il le prit dans ses bras et lui donna un baiser; il se fit apporter un siège et y fit asseoir Tawdâs à côté de lui. À ce moment, Tawdâs dit au roi: «Ô roi, vis à jamais, gardé par la miséricorde des grands dieux. Voici que j'ai entendu que tu as mené un combat avec les Galiléens et que tu as été couronné de couronnes brillantes de victoire. Voici que je suis venu pour que tu fisses une fête d'action de grâce et sacrifiasses de beaux jeunes gens et de belles jeunes filles aux dieux qui ne meurent pas, et (pour que) tu leur sacrifiasses cent taureaux et beaucoup de bétail afin qu'ils nous fussent un secours dans le futur, sans défaite, et qu'ils nous annonçassent toute une longue durée de jours en bonne santé.»

§3 Le roi lui dit: «Nous n'avons pas vaincu, au contraire nous avons été complètement vaincus. En effet ceux qui étaient avec nous se sont levés soudain contre nous et ils ont trouvé nos soldats faibles, ivres et insensés; ils les ont complètement écrasés. À présent tout ce que tu peux et tout ce qui est en toi de force, mets-le en œuvre pour aider nos gens qui sont tombés en bas et pour les relever de nouveau. Dis-moi ce qui est en toi de ressource au sujet de cela.»

§4 Tawdâs répondit au roi en disant: «Ne crains pas, ô roi, la résistance des Galiléens ni leurs paroles vaines. En effet ce *(p.176)* qui est dit (par eux) ne peut (rien) devant des gens habiles à parler, qui sont connus pour (leur) jugement et (leur) intelligence[1]. Si tu le veux, je les vaincrai rapidement et les rendrai comme le feuillage qui est agité par le vent; il ne leur sera pas possible de tenir devant ma face, comment pourraient-ils argumenter, (poser) des questions et résister avec moi? Mais faisons auparavant cette fête au milieu des gens assemblés pour que tout ce que nous voulons devienne pour nous facile et aplani et que nos affaires prospèrent. Quant à toi, sois le président dans cela et revêts (comme) des armes la puissance de la miséricorde des dieux: quelle quantité de force considérable t'adviendra!»

Ainsi Tawdâs se vanta-t-il dans sa mauvaiseté d'(être) lui-même un homme fort alors qu'il fautait tout le jour, comme dit David le prophète: Ils ont bu un vin trouble[2]. Il se vanta avec les esprits pervers qui l'entouraient et fit que le roi, rapidement, adora d'abord les dieux.

§5 Après cela, celui-ci écrivit de nombreuses lettres royales pour que tous ceux qui étaient sous son autorité royale se rassemblassent pour leur fête impure. Beaucoup se rassemblèrent, amenant des bœufs, des moutons et du bétail de différentes sortes, se hâtant et accourant de toute part. Quand tous furent arrivés, le roi se leva avec Tawdâs; il alla à leur temple impur, (ayant) avec lui cent vingt taureaux et du bétail en grand nombre. Il accomplit les cérémonies de la fête qui était digne de la malédiction, si bien que la ville fut ébranlée par le bruit des cris des animaux et que l'on fut souillé par la fumée de leur sacrifice. Les esprits pervers se glorifièrent fort de la victoire de Tawdâs et les prêtres des idoles rendirent grâce à celui-ci pour avoir bien agi.

[1] L'interprétation de cette phrase est incertaine.

[2] Cf. *Psaumes* LX, 3: *[...] Tu nous as fait boire un vin de vertige.*

§6 Le roi retourna dans son palais et dit à Tawdâs: «Voici que nous avons fait comme tu l'as prescrit; nous n'avons rien négligé de ce qui convenait pour la fête et nous avons multiplié les sacrifices. Voici qu'est arrivé le moment où tu dois remplir notre espérance et sauver mon fils qui s'est éloigné de moi, le racheter de l'erreur des chrétiens et obtenir le pardon pour lui auprès des dieux glorieux. En effet *(p.177)* j'ai mis en œuvre toutes les ruses et en mouvement tous les pouvoirs et les habiletés et je n'ai pas trouvé de remède au mal, pas un seul. Au contraire j'ai vu que sa pensée l'emporte en force sur tout. Si je lui parle avec tranquillité et avec douceur, je ne constate pas qu'il me prête attention avec l'œil de son cœur. Si je lui parle avec des imprécations et avec des mots violents, je vois qu'il élève fort son cœur et le renforce avec la pureté de son corps. À présent j'ai rejeté sur ta sagesse le malheur qui m'a touché. Si par toi j'en suis sauvé et que je vois de nouveau mon fils adorer avec moi mes dieux et aussi se divertir dans les plaisirs de cette vie agréable et dans la gloire de la royauté, je ferai pour toi une statue d'or pour que chacun t'honore à l'égal des dieux pour le temps à venir qui ne vieillit pas.»

§7 Tawdâs le mauvais dirigea son écoute vers le roi et conseilla celui-ci d'un conseil mauvais, destructeur, qui méritait que ses yeux fussent arrachés et sa langue coupée; il lui dit: «Ô roi, si tu veux traiter habilement l'affaire de ton fils, oppose-lui une nouvelle dispute; en effet j'ai une ruse contre laquelle il ne pourra tenir, mais qui agitera son esprit qui est inébranlable. Il sera tourné, s'inclinera et sera amolli comme la cire qui fond si elle s'approche de la flamme du feu.»

Quand le roi considéra cette vaine vantardise de Tawdâs, la joie le saisit aussitôt. Les paroles de celui-ci lui furent agréables et il lui sembla que cette langue trompeuse et impure vaincrait cette âme qui était enseignée par Dieu, qui était emplie de toute sagesse et philosophie divine. Le roi interrogea Tawdâs en disant: «Quelle est ta ruse?»

§8 Considère donc sa ruse, combien grande était sa mauvaiseté et combien il était difficile de se sauver d'elle; examine avec soin la réponse de ce dépravé et ce qu'est ce dont il parla. Il dit: «Ô roi, fais sortir tous ceux qui se tiennent devant ton fils et ordonne (de faire venir) de belles femmes dont la splendeur l'emporte en beauté sur toutes *(p.178)* les femmes, qui connaissent la ruse, la douceur de la voix et la séduction. Pare-les de toute parure désirable et de vêtements précieux et commande-leur de servir ton fils et de demeurer toujours avec lui; qu'elles mangent avec lui, jouent ensemble et l'incitent à coucher (avec elles). Moi je lui enverrai des esprits qui ont pouvoir sur cette action et j'enverrai sur lui le feu du désir et la violence de la colère. Après qu'il aura eu des rapports avec une seule d'entre elles, s'il ne fait pas toute ta volonté, il conviendra que je sois par toi méprisé et haï, digne de tout châtiment, non d'honneurs. En effet il n'y a rien qui entraîne le cœur du mâle comme la vue du visage des femmes. Écoute-moi, que je te raconte une histoire qui sera témoin de l'exactitude de ces mots.»

CHAPITRE XXX

§1 «Il était un roi qui n'avait jamais été gratifié d'un fils. Son âme s'affligeait fort et sa pensée s'attristait, en effet cette affliction n'était pas légère. Alors qu'il était dans une telle tristesse, il lui naquit un fils; la joie emplit le cœur du roi. Les doctes et les médecins lui dirent: 'Si cet enfant regarde le soleil ou le feu avant d'atteindre douze ans, la lumière de ses yeux s'éteindra; en effet ses paupières montrent cela.'

«Quand son père entendit une telle mise en garde, il fut dit à propos de (l'enfant) qu'il convenait que celui-ci demeurât dans un rocher à la ressemblance d'une grotte[1]. On l'(y) plaça avec son tuteur et ses gens et on ne lui fit jamais voir la lumière jusqu'à ce que la douzième année fût accomplie.

§2 «Après (ces années), on le fit sortir de la demeure sans qu'il eût absolument rien vu de ce monde. Le roi ordonna d'apporter à son fils toute (chose) ensemble, de chaque aspect et de chaque espèce. On lui montra des hommes et des femmes, là où était l'or et là où était l'argent, là où étaient les perles, là où étaient les pierres précieuses et là où étaient les pierres de grand prix, là où étaient les vêtements de différentes couleurs, là où étaient les boucliers, les belles armes et les chevaux *(p.179)* royaux parés de parures royales; sur eux étaient de magnifiques cavaliers qui portaient des armes. On lui montra aussi des troupeaux de bœufs; on découvrit à l'enfant tout ce qui se voit ouvertement. L'enfant s'enquit des noms de toutes (ces choses). Les dignitaires du roi lui firent connaître chacune d'entre elles par son nom. Quand il voulut qu'on lui fît connaître le nom des femmes, un ami du roi lui dit en plaisantant: 'Le nom de celles-ci est *démons qui séduisent les hommes*.' Le cœur de l'enfant les désira plus que tous les (autres) biens. Quand on eut fait circuler partout l'enfant, on le ramena auprès du roi. Le roi l'interrogea et lui dit: 'Quelle est (la chose, parmi ce qui) t'a été montré, qui (te) plaît plus que tout ce que tu as vu?'

«L'enfant lui dit: 'Il n'y a pas autre chose que ces démons qui séduisent les hommes. En effet il n'y a rien parmi tout ce que j'ai vu qui m'ait donné du désir en dehors de l'amour de ceux-ci; voici que mon âme est enflammée!'

[1] L'interprétation de cette phrase est incertaine.

«Le roi s'étonna fort des paroles de l'enfant et l'applaudit. Il n'y a pas d'amour qui soit plus profond que l'amour des femmes, ô roi; ne pense pas que tu inclineras le cœur de ton fils avec quoi que ce soit d'autre que cette chose.»

§3 Le roi accueillit les paroles de Tawdâs avec joie et commanda d'amener à l'enfant de belles jeunes filles aux yeux joyeux et à la beauté plaisante; il les para de beaux vêtements pour qu'elles charmassent et trompassent son fils. Il chassa les serviteurs et les personnes choisies par celui-ci du palais et établit à leur place ces femmes pour qu'elles fussent avec lui. Elles se mirent à l'embrasser, à baiser sa bouche, à l'exciter par la beauté de leur aspect et la douceur de leur voix et à lui demander de leur dire oui pour la passion du désir et le coït impur. Il n'y avait aucun homme qui le vît, qui l'entretînt et qui mangeât avec lui; en effet ces femmes le servaient en toute chose. Ainsi fit le roi, et il s'en alla après leur avoir donné ses ordres et leur avoir appris pour quelle raison *(p.180)* il les avait introduites auprès de son fils.

§4 Tawdâs s'en alla aussi à sa cellule haïssable et lut ses livres pleins de pouvoir pour qu'ils l'aidassent dans cette affaire. Il appela un de (ses) esprits pervers et l'envoya attaquer le soldat du Christ expert au combat. Ce maudit ne savait pas qu'on allait se moquer de lui, le railler et que la honte l'environnerait avec toute l'armée des démons. L'esprit mauvais prit avec lui des esprits qui étaient pires que lui et ils arrivèrent à la chambre du jeune homme victorieux. (L'esprit mauvais) fit descendre sur celui-ci un brasier de feu et enflamma grandement son corps avec le brasier de la luxure; l'esprit impur brûlait à l'intérieur de lui. Quant aux jeunes femmes belles de forme et souillées d'esprit, elles le brûlaient à l'extérieur avec la concupiscence du monde.

§5 Mais l'âme pure et limpide du jeune homme reconnut par sa pensée l'agression de l'ennemi, et que celui-ci l'attaquait en (lui faisant) concevoir des pensées mauvaises qu'il faisait se succéder avec violence. Le saint fut effrayé et agité. Il demanda à trouver le repos loin de ces choses mauvaises et à garder son âme pure pour le Christ, sans qu'elle fût souillée par la boue du lourd péché, elle qui avait été revêtue d'un vêtement saint par la grâce du baptême. Aussitôt il se leva avec un amour spirituel qui effaçait cet amour luxurieux par un amour divin, en faisant penser son cœur au souvenir de la joie et de la beauté de la gloire du Christ, le fiancé des âmes pures, dont la gloire est ineffable. Il lui rappela aussi la gloire de sa chambre nuptiale et les délices de son mariage éternel dont sont chassés dans la honte les réprouvés qui ont souillé (leur) vêtement nuptial, mains et pieds liés – et on les pousse dans les ténèbres extérieures. (Le jeune homme) se tourmentait avec de grandes larmes en se frappant la poitrine, tandis qu'il chassait la pensée mauvaise qui entraîne vers le péché.

§6 Après cela, il se leva et tendit les mains vers le ciel en versant des larmes brûlantes et avec de grands gémissements; il supplia Dieu de l'aider et de lui donner de la force, il dit: «Ô Seigneur, *(p.181)* maître de tout, toi qui seul es puissant, le miséricordieux, l'espoir des désespérés, la récompense de ceux qui sont patients, ô secoureur de ceux qui n'ont pas de secours, souviens-toi de ton serviteur en cette heure de combat et regarde vers moi avec l'œil de la miséricorde; sauve mon âme du couteau de Satan et de la puissance des chiens; ne me néglige pas, ne me laisse pas tomber dans la main de mes ennemis et qu'ils ne se réjouissent pas contre moi. Ne t'éloigne pas de moi, ô Seigneur, pour que je ne périsse pas en faisant le péché et que je ne souille pas mon corps dont je suis convenu avec toi que je le garderai pour toi pur et immaculé. C'est toi seul que j'aime et devant toi je me prosterne, ô Père, Fils et Esprit Saint, maintenant et à jamais.» Et il acheva sa prière en disant amen.

§7 Aussitôt une consolation divine vint des cieux et demeura sur lui; les pensées mauvaises s'enfuirent loin de lui, confondues. Il passa la nuit à prier, jusqu'au matin. Il connut les ruses du trompeur et se mit à macérer son corps grandement par la faim et la soif et par toute macération. Il se tenait debout toute la nuit en se rappelant à lui-même l'espérance (donnée par) Dieu et ses promesses. Il fustigeait ses pensées et se rappelait la joie des justes qui étaient là-bas et l'éclat de leur beauté. Il se représentait (?) dans sa pensée, en une représentation (?) évidente, le feu de la géhenne dans lequel sont châtiés les mauvais par ses supplices éternels, ainsi que la flamme de son brasier, pour que l'ennemi ne trouvât pas son âme oisive et dépouillée de mémoire et de parole, qu'il n'y semât pas la nature méprisable (?) des pensées mauvaises et ne troublât pas la pureté de sa pensée et la tranquillité de celle-ci.

§8 L'ennemi fut troublé de toute part et perdit complètement l'espoir. Il ne lui fut pas possible de l'emporter sur la fermeté parfaite du jeune homme. Il fomenta une autre ruse à la ressemblance de ce mauvais qui ne cesse jamais de tromper et de nuire aux hommes. Il rassembla des myriades d'(esprits) mauvais pour que fût exécuté par l'action (?) l'ordre *(p.182)* de Tawdâs. Il renouvela ses attaques et entra dans une des jeunes filles, qui était plus belle que toutes par la beauté de son visage; c'était la fille d'un roi, qui avait été faite captive et était devenue étrangère à l'héritage de son père. On l'avait amenée au roi Abaner, comme un grand cadeau, à cause de l'éclat de sa beauté qui était très plaisante. Le roi l'envoya pour prendre au piège son fils et l'enjôler. Des gens de ruse et de tromperie la conduisirent et lui apprirent les paroles de fourberie et de ruse; en effet elle était connue pour l'intelligence et pour la sagesse. De fait toutes les ruses mauvaises, il était possible au destructeur de les mettre en œuvre rapidement. Celui-ci attaqua le fils du roi du côté droit[2] et instilla dans son cœur l'amour de la jeune fille grâce à l'intelligence de celle-ci, à sa grande sagesse et à la gloire de sa race qui (était) d'une souche royale; en effet elle avait abandonné son héritage en même temps que la gloire royale. Il sema dans le cœur du jeune homme, outre cela, la pensée de la sauver de la foi des idolâtres et de la faire chrétienne. Toutes (ces pensées provenaient) des ruses du serpent, le père de la perdition.

§9 Quand l'âme du fils du roi fut confirmée dans ce (dessein) et qu'il ne trouva pas dans sa pensée de pensée impure ni un désir de péché qui le mût vers la jeune fille, en dehors de la compassion (provenant) de lui à son égard, il s'affligea des malheurs de celle-ci et de la perte de son âme. Il ne reconnut pas que cela (provenait) de la ruse de Satan: tout en étant ténèbres, il fit voir celles-ci comme étant lumière. Quand le fils du roi se mit à parler à la jeune fille et à s'entretenir avec elle des paroles de Dieu, il lui dit: «Femme, comprends et connais le Dieu véritable qui demeure à jamais; ne te détruis pas et ne péris pas dans l'erreur des idoles, mais connais ton créateur qui a créé toutes les créatures: tu deviendras bienheureuse et la fiancée du fiancé qui ne meurt pas.»

Il lui enseigna cela et beaucoup (de choses) qui y ressemblaient. À ce moment, l'esprit du mal apprit à la jeune fille à *(p.183)* prendre au piège par des cajoleries et à entraîner vers le puits de la passion l'âme qui aimait Dieu, comme il avait fait jadis à la race d'Adam: il chassa celui-ci de devant la face de Dieu et du Jardin des délices, vers le malheur et la misère, et le fit entrer sous le pouvoir de la mort – la mort à la place de la vie bienheureuse, durable, qui ne meurt pas.

§10 Quand la jeune fille entendit les paroles du jeune homme, qui étaient remplies de toute philosophie, elle fut dépouillée d'entendement et n'entendit pas ce qu'il lui avait dit. Elle lui répondit, ainsi devenue pour l'esprit du mal comme une langue et une bouche; elle lui dit: «Ô mon seigneur, si tu te soucies du salut de mon âme et que tu veux m'approcher de ton Dieu et sauver mon âme faible, exauce pour moi une demande: au moment même, j'abandonnerai les dieux de mes pères, j'adorerai ton Dieu et le servirai jusqu'à la sortie de mon âme. Tu recevras ta récompense pour m'avoir sauvée et convertie à Dieu.»

[2] Cf. entre autres *Zacharie* III, 1: *Il me fit voir [...] le Satan qui se tenait à sa droite pour l'accuser.*

Le jeune homme lui dit: «Quelle est ta demande, femme?»

Elle, avec (sa) forme, (ses) paroles et (son) regard, bondit tout entière vers la pratique de la luxure et lui dit: «Je veux que tu t'unisses avec moi dans la communauté du mariage, et je suivrai ton commandement avec joie.»

Il lui dit: «Tu me demandes quelque chose d'abominable, femme; cette demande est dure et l'exaucer est pénible (?). Quant à ton salut, je m'en soucie fort et je veux te faire sortir de la profondeur de la perdition; mais que je souille mon corps est difficile pour moi et m'est totalement impossible.»

§11 Elle fut à lui rendre agréable le chemin de cela et lui dit: «Ô (toi qui es) rempli de toute sagesse, pourquoi dis-tu ainsi: on n'appelle pas *souillure* les relations charnelles avec une femme? Est-ce que je ne connais pas les livres des chrétiens: ceux-ci m'ont parlé et j'ai entendu leurs mots? N'est-il pas écrit dans vos livres (une parole) qui dit: *Le mariage est honorable*[3] et les relations charnelles pures? Il est aussi dit: *Il vaut mieux se marier que brûler de désir*[4] et *ce que Dieu a uni, que l'homme ne le sépare pas*[5]. Est-ce que, (à propos) de tous les justes anciens, *(p.184)* (des) patriarches et des prophètes, les Écritures ne nous ont pas enseigné que tous s'étaient mariés? Et Pierre, que vous appelez *chef des apôtres*, n'est-il pas écrit qu'il avait une femme[6]? Montre-moi à présent d'où tu as trouvé (cela) et as appelé la femme *impure*. À moi, il me semble qu'on t'a trompé et éloigné de la vérité de ta foi.»

§12 Il lui dit: «Femme, cela est ainsi, comme tu l'as rappelé; en effet cela est permis à tous ceux qui veulent la communauté du mariage. Mais (pour) ceux qui espèrent devenir un avec le Christ, il n'en est pas ainsi. Quant à moi, depuis que j'ai été purifié par le bain du baptême divin des péchés de mon adolescence, et de ma folie, j'ai conclu avec le Christ un pacte comme quoi je me garderais pur pour lui. Comment oserais-je violer le pacte que j'ai conclu avec Dieu et me jouer de celui-ci?»

§13 La femme lui dit: «Que cette tienne volonté soit faite, selon que tu l'as décidé, cependant un petit désir que tu accomplirais pour moi, si tu le voulais, sauverait mon âme: couche avec moi cette nuit seulement. Permets-moi de me délecter de ta beauté et réjouis-toi, toi, de l'éclat de ma beauté; je te donne la promesse ferme que, au matin, je deviendrai chrétienne et fuirai l'adoration de tous mes dieux, ainsi que la foi en eux.

[3] *Hébreux* XIII, 4.

[4] *1Corinthiens* VII, 9.

[5] *Matthieu* XIX, 6.

[6] Cf. entre autres *1Corinthiens* IX, 5: *N'avons-nous pas le droit d'emmener avec nous une femme-sœur, tous comme les autres apôtres et les frères du Seigneur et Képhas?*

Tu obtiendras le pardon de cet acte et tu seras récompensé par ton Dieu, il te montrera de la faveur parce que tu m'auras sauvée. En effet voici que l'Écriture dit: *Il y a une* grande *joie dans les cieux pour un seul pécheur qui se repent*[7]. Si donc il y a une grande joie dans les cieux pour un seul pécheur qui se repent, quelle grande récompense reviendra-t-elle à celui qui aura été la cause de la repentance et de la conversion. Oui, (c'est) ainsi, à présent ne fais donc pas d'opposition.

«Les chefs de votre loi n'ont-ils pas fait de nombreux accommodements? N'ont-ils pas transgressé un commandement pour accomplir un commandement qui était plus grand que celui-là? Ne dites-vous pas que Paul circoncit Timothée par un accommodement qui valait mieux[8]? Mais la *(p.185)* circoncision, les chrétiens la considèrent comme étrangère à la loi; cependant on n'a pas interdit à Paul de faire cela. Nous trouvons beaucoup (de choses) dans vos Écritures comme ces actions. Si tu veux vraiment sauver mon âme, exauce pour moi ce mien désir; en effet il est petit. Quant à moi, je souhaite m'unir à toi pour que tu sois pour moi un mari; mais si tu ne désires pas cela, je ne te forcerai pas à cela, au contraire je ferai tout ton bon plaisir. Ne m'humilie pas complètement, mais écoute-moi en ce seul moment pour me sauver de l'erreur et de l'adoration des démons; tu feras (ensuite) ce que tu voudras pendant tous les jours de ta vie.»

§14 Ainsi parlait-elle au jeune homme avec un amour violent. En effet son professeur était celui qui lui avait donné deux oreilles pour (?) le mal. En vérité il agissait et enseignait selon ces erreurs qu'elle-même exposait au jeune homme. Elle amollissait sa voix sans honte, posant à droite et à gauche ses pièges. Elle commença, par cela, à ébranler la forteresse de son âme pure et à faire chanceler la fermeté de son esprit.

§15 Quand le semeur du mal et ennemi des justes vit l'ébranlement de l'âme du jeune homme, il se réjouit fort. Il convoqua les esprits mauvais qui étaient venus avec lui à ce moment et leur dit: «Ne voyez-vous pas comment cette jeune fille est proche d'accomplir ce que nous nous n'avons pas accompli? Venez à présent, que nous investissions le jeune homme avec force; en effet nous ne trouverons pas à présent d'autre (moyen) par lequel nous puissions accomplir le bon plaisir de celui qui nous a envoyés.»

Avec de tels (mots), ce père de la tromperie s'adressa à ses compagnons; ils vinrent attaquer le soldat du Christ et agitèrent toute la nature

[7] *Luc* XV, 7.

[8] Cf. *Actes* XVI, 3: *Paul voulut que (Timothée) partît avec lui. Il le prit et le circoncit, à cause des Juifs qui étaient dans ces lieux-là; car tous savaient que son père était grec.*

de son âme. Ils mirent solidement dans son cœur l'amour de la jeune fille et allumèrent en lui avec violence le feu du désir.

§16 Quand le jeune homme vit que son âme brûlait fort et inclinait à faire le péché, et que son cœur désirait ardemment sauver la jeune fille et la convertir à Dieu – cela avait eu lieu par la pose des pièges du démon qui lui avait rendu cela facile par la parole de la jeune fille: ce n'était pas un péché de coucher avec une femme une seule fois pour *(p.186)* le salut de (son) âme –, (alors) le saint gémit du fond de son cœur, craignant les hyènes (?). Il pria un long moment et fit couler de ses yeux des larmes, comme de l'eau, en criant vers le Saint, le Puissant qui sauve ceux qui se réfugient en lui, disant:

«*En toi je me réfugie, ô Seigneur; que je ne sois pas honteux à jamais! Que mes ennemis* qui m'attaquent *ne se rient pas de moi*[9]*!*

«Prête attention à ton serviteur en ce moment et, dans ton bon plaisir, redresse mes chemins pour que ton nom soit glorifié sur moi, ton serviteur méprisable, car tu es béni à jamais, amen.»

17 Quand il eut prié un long moment avec épanchement de larmes et prosternations nombreuses, il se coucha par terre et dormit un peu. Il vit que des gens à l'aspect fort terrifiant l'enlevaient; ils le conduisirent dans des lieux qu'il n'avait jamais vus et le firent entrer dans une vaste contrée aux nombreux cours d'eau. La beauté de son aspect était éclatante et très suave la fragrance de son parfum. Il vit là des arbres de différentes couleurs, ils portaient des fruits étranges et merveilleux qui étaient agréables à regarder et qu'on désirait toucher. Les feuilles de ces arbres chantaient un chant suave et, quand elles étaient mises en mouvement, il émanait d'elles un vent léger de la suavité duquel on ne se rassasiait pas. Il vit des trônes ornés d'or et incrustés de pierres précieuses, dont l'éclat resplendissait et la beauté était variée, ainsi que des lits dressés de différentes couleurs, de l'aspect desquels la beauté l'emportait sur (toute) beauté et de la beauté desquels le caractère exaltant était au-dessus de la louange. Quant aux eaux de la contrée, elles coulaient très limpides pour la joie du regard, dans une grande joie.

§18 Quand ils eurent fait circuler le jeune homme dans cette contrée à la beauté merveilleuse et à la grande étendue, avec ces (choses) d'aspect merveilleux, ils le firent entrer dans une cité dont la louange n'est pas possible par la parole. Son rempart était d'or pur et ses murs étaient construits avec des pierres dont personne n'a jamais vu de pareilles. Qui peut dire la beauté de cette ville? D'au-dessus de la ville une lumière brillait; elle se multipliait et emplissait *(p.187)* toutes les rues. Des guetteurs (?) marchaient, chacun selon sa fonction; chacune de leurs sections avait une

[9] *Psaumes* XXV, 2.

lumière qui brillait. Ils marchaient auprès d'elle en faisant des glorifications avec une mélodie suave qui n'avait jamais été entendue sur une langue humaine. Le jeune homme entendit une voix qui disait: «Ceci est l'endroit du repos pour toujours des justes et cette joie est l'allégresse de ceux qui ont plu à Dieu.»

§19 Les hommes effrayants voulurent le faire sortir de là, mais lui était tout entier empli de joie, d'allégresse et de la suavité des délices. Il se mit à leur dire: «Je vous prie de ne pas me séparer de cette joie ineffable, au contraire donnez-moi un lieu parmi les coins de la ville pour que j'y demeure.»

Ils lui répondirent et lui dirent: «En ce moment, il ne t'est pas possible de demeurer ici, mais, avec beaucoup de fatigue et abondante sueur du visage, tu viendras ici si tu as contraint ton âme et l'as mortifiée.»

§20 Quand ils lui eurent dit cela, ils le conduisirent hors de la ville et l'amenèrent dans des lieux de ténèbres, pleins de vers et à l'odeur très fétide. À la place de la joie qui est sans affliction, il vit un lieu de ténèbres qui était sans lumière, dont l'entièreté était noirceur, lieu d'affliction et de tristesse. Là était un feu qui brûlait, qui flambait, et le ver du supplice y rampait. Là étaient des puissances qui torturaient, gardiens du feu affectés (?) là. Beaucoup de gens brûlaient dans le feu, ils se lamentaient et s'affligeaient. Le jeune homme entendit une voix qui lui disait: «Ceci est le séjour des pécheurs. Ainsi sont suppliciés ceux qui se souillent par la pratique de l'impureté.»

§21 Alors qu'il était ainsi, (ses guides) le conduisirent hors de là et le ramenèrent dans son état (précédent), ses larmes coulant comme de l'eau. Pour lui la beauté de la jeune fille et la beauté de ses compagnes puaient plus que l'ordure et que toute pourriture. Il se mit à penser en son âme et à se rappeler tout ce qu'il avait vu. Son cœur fut suspendu *(p.188)* à l'amour de ces belles choses, et il était pris de crainte et de tremblement devant ces supplices qui effraient fort; couché sur son lit, il ne lui était absolument pas possible d'émettre une parole.

§22 Le roi apprit le mal de son fils, il vint auprès de lui et l'interrogea sur ce qui lui était arrivé. Son fils se mit à lui raconter ce qu'il avait vu et lui dit: «Pourquoi as-tu *préparé un piège pour mes pieds et* as-tu *courbé mon âme? Si Dieu ne m'avait aidé, pour un peu mon âme habiterait dans le chéol.* Mais *Dieu est très bon pour Israël* et *pour ceux qui sont droits de cœur,* lui qui *a sauvé mon âme du milieu* du filet – *et je me suis endormi tremblant*[10]. Mais, de ses cieux élevés, mon Dieu et mon Sauveur m'a visité. Il m'a montré les belles choses qu'il a interdites à

[10] Dans ce centon scripturaire sont cités successivement des fragments de *Psaumes* LVII, 7; XCIV, 17; LXXII, 1; LVII, 4.

l'âme de ceux qui l'ont irrité et de quelle quantité (sont) les supplices qu'il a préparés pour eux lorsqu'ils ont mal agi. À présent, ô père, voici que tu as fermé tes oreilles à l'écoute de ma voix qui te guide vers les belles choses que les justes appellent de leurs vœux. Ne m'empêche pas d'emprunter le chemin droit; cela en effet est mon vœu, cela est ce que je recherche pour être sauvé de tout et parvenir au lieu où demeure le serviteur de Dieu, Baralâm mon professeur: je finirai avec lui le reste de ma vie. Mais si tu me retiens de force, je mourrai dans l'affliction et la tristesse, toi me voyant; tu ne seras plus appelé un père pour moi dorénavant, et moi je ne serai plus appelé un fils pour toi.»

CHAPITRE XXXI

§1 Le roi s'attrista, fronça le visage et (faillit?) renoncer à son mode de vie; il retourna dans son palais en méditant en lui-même le mal. Quant aux esprits mauvais qui avaient été envoyés par Tawdâs contre le jeune homme divin, ils revinrent auprès de Tawdâs, couverts de honte, en confessant leur défaite. Le mensonger, voyant les amis du mensonge porter sur leur face le signe de la défaite, leur dit: «Êtes-vous ainsi faibles et brisés, qu'il ne vous est pas possible de vaincre un jeune homme?»

(p.189) **§2** Alors les esprits mauvais lui parlèrent de la puissance du Dieu de vérité et lui dirent: «Nous ne pouvons nous approcher de la puissance du Christ et de son signe dont le nom est *croix*. En effet quand (le jeune homme) s'en signe, nous sommes vaincus rapidement et nous fuyons. Tous les princes de l'air et les maîtres du monde des ténèbres fuient, battus, avant qu'il ait achevé de se signer, dans une grande faiblesse. Quand nous avons attaqué avec violence ce jeune homme et que nous l'avons fait chanceler, il s'est confié au Christ pour que celui-ci l'aidât; il s'est fortifié avec le signe de la croix, nous a chassés et éloignés, confondus, et s'est rendu lui-même très fort. Quant à nous, nous n'avons pas été négligents ni indolents, mais quand, nous étant revigorés, nous arrivions auprès de lui, il appelait le Christ pour que celui-ci l'aidât: il arrivait un feu de colère d'en haut, il nous brûlait et nous fuyions alors. Voici que nous savons qu'il ne nous est pas possible d'approcher de lui.»

Ainsi les esprits mauvais informèrent-ils Tawdâs, et ils lui racontèrent tout ce qui était advenu.

§3 Quant au roi, il était agité de tout côté. Il fit venir Tawdâs et lui dit: «Voici que nous avons accompli tout ce que tu as ordonné, maître, et nous n'avons trouvé aucun profit. S'il te reste un autre stratagème, expose-le-moi pour que nous l'essayions: peut-être trouverons-nous un accès au mal et un moyen de lui porter tort.»

§4 Tawdâs demanda à parler avec le fils du roi. Le lendemain, le roi le prit avec lui et alla visiter son fils. Quand ils furent assis ensemble, Tawdâs prit la parole et se mit à réprimander le jeune homme pour sa résistance, pour sa foi étrangère et pour sa désobéissance. Celui-ci fut ferme et s'écria en disant: «Je ne préférerai jamais quelque chose à la gloire de l'amour du Christ.»

Tawdâs entra à l'intérieur du palais et dit: «Ô Yewâsef, que connais-tu, que tu te sois éloigné de l'adoration de nos dieux, aies abandonné la foi en eux et aies enflammé le roi *(p.190)* ton père de fureur? Tu es devenu maudit et haï au milieu de tout le peuple et des dieux d'auprès desquels provient la vie. Ceux-ci ne t'ont-ils pas donné à ton père, ayant entendu sa prière – et ils l'ont délivré des chaînes du manque d'enfants?»

Avec beaucoup de paroles oiseuses, qui n'étaient pas profitables, avec elles (donc), ce magicien qui errait dans les choses mauvaises argumentait avec Yewâsef. Il se mit à adoucir ses paroles et à (chercher à) l'éloigner de la prédication évangélique en établissant fermement le service des idoles.

§5 Le fils du Roi très-haut, qui marchait dans la ville qu'a construite Dieu et non l'homme, resta silencieux, puis il dit à Tawdâs: «Écoute, (homme) à la tromperie profonde, toi qui es plus noir que la noirceur de la nuit, semence de Babylone, fils des Chaldéens constructeurs de la tour, par lesquels la langue a été divisée, qui prononces des sentences vaines, vieillard misérable, toi à côté des péchés duquel les péchés des cinq villes qui ont brûlées dans le feu et le bitume sont légers, comment oses-tu blasphémer contre l'histoire du salut par lequel les ténèbres ont été complètement illuminées, par lequel les égarés ont trouvé le chemin de la vérité et par (lequel) ont été sauvés ceux qui étaient perdus ainsi que ceux qui étaient captifs? Dis-moi, je te prie, ce qui vaut mieux entre adorer Dieu maître de tout, avec son fils monogène et son Esprit Saint, un seul Dieu, qui n'est pas créé et qui ne meurt pas, créateur des belles choses et source des biens, dont la puissance ne peut être vaincue ni la gloire appréhendée, devant qui se tiennent des milliers de milliers et des myriades de myriades d'anges, milices célestes qui remplissent les cieux et la terre de sa gloire, par lequel tout a été créé du néant, par lequel tout est solide et par la sagesse (duquel) l'ordonnance de tout est maintenue – lequel (donc) est le meilleur: adorer celui-là ou adorer des démons destructeurs et des idoles qui n'ont pas d'âme, qu'on loue et célèbre *(p.191)* pour (leur) pratique de la luxure, du commerce charnel avec les mâles et de toutes les actions des païens qui sont consignées, à propos des dieux, dans les livres de votre croyance?

§6 «N'avez-vous pas honte, misérables? Demain vous serez récompensés par le feu qui ne s'endort jamais, ô vous qui êtes semblables à la race chalcédonienne[1]. N'avez-vous pas honte quand vous vous prosternez devant

[1] On attendrait ici, comme *supra*, «chaldéenne». Le traducteur, sans doute peu familier de ce mot, l'aura remplacé par celui des tenants du dyophysisme au concile de Chalcédoine (451 ap. J.-C), souvent vilipendés par les chrétiens d'Égypte et d'Éthiopie.

des statues mortelles qu'a faites la main de l'homme? En effet vous avez façonné des pierres et du bois et vous les avez appelés *dieux*. Et encore, est-ce bon pour vous quand vous prenez, du troupeau, des taureaux et, du bétail, beaucoup (de têtes) qui ont été prescrites pour le sacrifice et que vous les sacrifiez à des dieux morts? Ô insensés et égarés, ne savez-vous pas que la chose sacrifiée est plus précieuse que votre idole? En effet l'idole, c'est l'homme qui l'a faite; l'animal, Dieu l'a créé. Voici que l'animal muet qui ne parle pas vaut beaucoup mieux par la connaissance, beaucoup mieux que toi; en effet il connaît son créateur et, alors que tu es intelligent, tu ne connais pas le Dieu qui t'a créé de là où tu n'existais pas et par lequel est ta vie.

§7 «Voici que tu appelles *dieu* ce que tu ne connaissais pas précédemment, ce dont tu vois à présent qu'on le bat au fer, qu'on le fond au feu et qu'on le frappe avec des marteaux. Tu l'as orné d'or et d'argent, tu l'as soulevé de la terre et tu l'as placé en hauteur. Tu t'es prosterné devant une pierre sans valeur et méprisable, devant ce qui est moindre que toi. Tu ne te prosternes pas devant un dieu, mais tu te prosternes devant l'œuvre de tes mains, (chose) morte qui ne respire pas. Il n'est pas approprié d'appeler une statue *mortelle* ; en effet ce qui n'a jamais vécu, il ne convient pas de le dire mortel. Au contraire il convient de changer (cette appellation) en un nom nouveau qui convienne à une telle chose abominable. En effet la pierre se fend et le vase d'argile se brise; le bois, on le façonne; le bronze se corrode; l'or et l'argent, on les fond. Tes dieux, on les vend aussi; il y en a parmi eux dont le prix est modique, il y en a dont *(p.192)* le prix est considérable. Ce qui est honoré, ce n'est pas la nature divine, mais (l'objet) transitoire que l'on acquiert par un achat. Qui donc achète Dieu ou qui le vend? Et ce qui ne se meut pas, comment l'appelle-t-on *dieu* ? Ne vois-tu pas que celui d'entre eux qui se tient debout ne peut jamais s'asseoir et celui qui est assis ne peut se tenir debout?

§8 «Sois honteux, toi qui n'as pas de sens; mets ta main sur ta bouche, ô le plus misérable de tous les hommes, toi qui loues ces objets! En effet tu es étranger à la vérité; on t'a séduit avec un signe mensonger et tu as fait des statues et les as appelées *dieux* mensongèrement. Lève-toi, misérable, et comprends que tu es un vieillard; (est-ce qu')il t'est possible de t'être profitable à toi-même en ayant, alors que tu es un homme, fait pour toi un dieu[2]? Comment cela se produirait-il? Tu n'as pas fait un dieu, mais tu as fait l'image d'un homme ou d'un animal qui n'ont pas de langue et n'expriment rien. S'il n'y avait pas de forgeron et de

[2] L'interprétation de cette phrase est incertaine.

charpentier, tu n'aurais pas (un objet) qui fût pour toi un dieu. S'il n'y avait pas (des gens) qui gardassent (ces dieux), tu ferais un dieu, que tu prierais, d'une grande montagne (?). Combien grande est la folie des gens qui adorent comme un dieu – et ils le prient pour qu'il les garde – celui que gardent quelques gardes pour qu'on ne le vole pas! Si (ces dieux) sont en or et argent, ils les gardent sévèrement; s'ils sont en pierre ou en argile ou en quelqu'une des matières communes de ce monde, ils se gardent eux-mêmes. J'imagine que l'argile, chez vous, est plus forte que l'or!

§9 «N'est-ce pas à juste titre qu'il convient qu'on rie de vous, insensés et aveugles qui n'avez pas du tout d'entendement ni de repos? En effet vos actions sont folie; en effet celui qui est dans l'état de soldat et se représente (son dieu?) comme un soldat fait pour lui une statue, la dresse et l'appelle *Molok le dieu*[3]; puis, dans (son) désir des femmes, il se rend fou par cette passion, se fait un autre dieu et l'appelle *Vénus*. Il y en a un autre (qui), à cause de son amour du vin, fait une statue et l'appelle *Dionysos*. *(p.193)* Ainsi en est-il du reste des péchés et de leur représentation. En effet ceux qui éprouvent des désirs quant à leurs passions érigent celles-ci en dieux et appellent les péchés *dieux*. Ainsi il y a dans les temples d'idoles des jeux, des plaisirs porteurs de maux, des danses et des chants, des ornements (?) et des divertissements de folie. Qui peut décrire leurs actions impures? Qui peut souiller sa bouche en faisant connaître leurs actions mauvaises? Cependant elles sont publiques, même si nous nous taisons. Cela donc est ton adoration, Tawdâs, toi qui n'as pas de sens, comme tes statues. Est-ce pour cela que tu me prescris de me prosterner devant celles-ci? En vérité tes actions sont très mauvaises; tu es *comme (tes statues)*, toi et *tous ceux qui placent leur confiance en elles*[4].

§10 «Quant à moi, j'adore mon Seigneur et je me sacrifie à lui, le créateur qui régit tout, notre Seigneur Jésus-Christ, notre espérance, par lequel nous avons obtenu d'être proches du Père des lumières dans l'Esprit Saint, par lequel nous avons été rachetés de la servitude, par son sang. S'il ne s'était pas abaissé jusqu'à devenir un serviteur, nous ne serions pas devenus dignes d'être appelés *fils*. Pour nous il s'est abaissé et (les gens) n'ont pas pensé qu'il était Dieu, mais il accepta tout ce qui n'était pas convenable (pour lui) et accomplit toute la manière d'être des hommes, à l'unique exception du péché. Il monta sur la croix dans sa chair et on le mit au tombeau; il ressuscita le troisième jour après être descendu dans le chéol et (en) fit sortir ceux qui étaient esclaves du mauvais

[3] C'est-à-dire Mars/Arès.
[4] *Psaumes* CXV, 8.

maître du monde, qui étaient enchaînés par le péché. Qu'est-ce qui est pire que ceci: que tu blasphèmes contre lui en te moquant? Ne voyez-vous pas en combien d'endroits qui ne sont pas profitables ce soleil envoie son éclat et sur combien de corps de morts qui sont putréfiés il émet sa lumière? Est-ce qu'un blâme ou une tache le touchent? N'est-ce pas lui qui assèche la souillure et éclaire dans les endroits ténébreux sans être du tout affecté par cela ni *(p.194)* que quelque souillure l'atteigne jamais? Et que dirons-nous encore à propos du feu? Ne reçoit-il pas en lui le fer noir et froid et ne le rend-il pas tout entier comme un brasier de feu? Est-ce qu'il prend quelque chose de la nature des propriétés du fer? Ou bien ne vois-tu pas alors qu'on frappe le fer avec des marteaux: est-ce que quelque chose atteint le feu ou quelque dommage que ce soit lui arrive-t-il?

§11 «Si, à cette chose créée, il n'arrive pas de mal en étant en contact avec ce qui est inférieur à elle, ni aucun dommage, pour quelle raison, (homme) dépourvu de connaissance et cœur de pierre, oses-tu te moquer de moi quand je dis que le Fils du Père et Verbe de Dieu n'a absolument pas été séparé de la gloire de son Père, mais qu'il est Dieu? Il est venu pour le salut des enfants de l'homme, il a revêtu le corps humain pour rendre les hommes participants de la nature intelligente divine. Du fin fond du chéol il a fait sortir notre race pour lui donner l'honneur et la gloire célestes. Il n'a revêtu un corps mortel que pour tromper le maître des ténèbres de ce monde en s'unissant au corps humain, pour le vaincre, le détruire et sauver notre race de son iniquité. À cause de cela, il est venu pour souffrir sur la croix d'une souffrance dont il ne souffre pas, afin de faire connaître ses deux natures: parce qu'il était devenu homme, il a été crucifié; parce qu'il est Dieu, il a assombri le soleil, secoué la terre et fait lever du tombeau les corps de nombreux morts. Il est également mort comme homme; il a fait captif le chéol comme Dieu et a ressuscité d'entre les morts. À cause de cela, le prophète s'est écrié et a dit: «Le chéol a murmuré quand il est descendu en bas[5].» En effet celui-ci se moqua de lui et il lui sembla que c'était un homme, mais, voyant que c'était Dieu, il trembla. Voici qu'il a placé au-dessus de tout notre nature qui était méprisée et dépourvue de connaissance; il l'a placée sur un trône de gloire, brillant d'une gloire qui ne meurt pas.

§12 «Quel dommage a touché en cela le Verbe de Dieu? N'as-tu pas honte quand tu blasphèmes avec *(p.195)* audace contre Dieu et contre son Verbe? Ne vaut-il pas mieux croire en ce Dieu et adorer celui qui est

[5] Cf. *Isaïe* XIV, 9: *Le chéol dans ses profondeurs frémit à ton approche.*

aussi bon et ami de l'homme, qui commande de pratiquer la droiture, de pratiquer l'ascèse et d'acquérir la pureté, (qui) enseigne la miséricorde, gratifie de la foi et prêche la paix? Il est juste, il aime l'homme et il fait le bien; à un tel Dieu convient l'adoration. Ou bien convient-il d'adorer tes dieux aux nombreux péchés et impurs dans toutes leurs actions et aussi dans leurs appellations (?)? Malheur à vous, pierres, (gens) au cœur plus dur que le roc, plus faibles que les animaux, fils de perdition et héritiers des ténèbres! Mais pour moi la béatitude, pour moi et pour tous les chrétiens; en effet nous avons un Dieu ami de l'homme, qui est aimé (de l'homme?). En effet ceux qui l'adorent, s'ils peinent un peu dans ce monde et sont dans le malheur, récoltent le fruit de leur récompense qui n'a pas de mort dans le royaume des cieux qui ne passe pas, dans la béatitude divine qui demeure à jamais, dont les délices ne cessent jamais.»

CHAPITRE XXXII

§1 Tawdâs lui répondit en disant: «toute génération laisse (quelque chose) à celles qui (viennent) après elle; de fait cette loi nôtre, des sages et de nombreux savants et législateurs à l'action et à la sagesse admirables l'ont établie, et tous les rois de la terre l'ont accueillie comme une parole belle, sans erreur. Mais la loi des Galiléens, ceux qui l'ont prêchée étaient des hommes du peuple, faibles et misérables; infime est leur nombre: douze. Comment te plais-tu à la prédication de ces quelques hommes du peuple qui ne sont pas connus, davantage qu'à la loi qu'ont établie de nombreuses personnes considérables qui brillent à la ressemblance d'une lumière éclatante? Quelle est la démonstration, à propos de ceux-là, qu'ils sont véridiques mais (non) trompeurs?»

§2 Yewâsef répondit en disant: «Tawdâs, je pense que tu es un âne dans ton propos: tu entends le son de la harpe et tu ne comprends pas, mais tu es *comme* le serpent *qui se bouche les oreilles* pour *ne pas* (p.196) *entendre la voix qui (le) charme*[1]. Le prophète a bien parlé à ton sujet: *Est-il permis à un Éthiopien d'abandonner sa peau et à un léopard, ses taches de couleur?* Te *serait-il possible de faire de belles choses:* tu as *été instruit dans la pratique du mal*[2]*?* (Homme) égaré et à l'œil aveugle, comment ne t'est-il pas possible de reconnaître la force de la vérité qui est louée par beaucoup? Tu te vantes de ta sagesse qui est ta foi aveugle et putride; tu dis (qu'elle a été accueillie) par des rois nombreux et tu dis aussi que, la prédication de l'Évangile, quelques hommes sans connaissance l'ont faite. Voici que la puissance de notre religion glorieuse est manifeste, ainsi que la faiblesse de votre loi mauvaise. Quant à celle-ci, des sages vous aident pour elle et des gens puissants vous renforcent; cependant elle s'est affaiblie et a péri. Mais l'adoration de Dieu n'a pas une seule aide de la part des hommes; voici qu'elle resplendit d'un éclat qui est beaucoup plus brillant que l'éclat du soleil, voici qu'elle a prospéré dans tous les confins du monde. Si des prêtres d'idoles et des philosophes savants l'avaient établie et que des rois puissants lui fussent venus en aide, tu aurais trouvé un prétexte, toi le mauvais, et tu aurais dit: 'C'est par la puissance de l'homme qu'est advenu tout cela.' Mais à présent tu vois l'Évangile saint qu'ont prêché des hommes de rien et des pêcheurs

[1] *Psaumes* LVIII, 5.
[2] *Jérémie* XIII, 23.

persécutés par tous les gouverneurs. Malgré tout cela, ils ont rempli le monde entier; en effet *leur discours s'est répandu dans toute la terre et jusqu'aux confins du monde sont parvenues leurs paroles*[3]. Que diras-tu? (N')est-ce (pas) la foi de Dieu? Elle n'a pas à combattre pour sa puissance afin d'être ferme pour le salut des hommes avec toute son action et son plan. Avec (cette) démonstration qui convient, ô le plus dépourvu de connaissance de tous les hommes, (il appert que) les tiens sont mensongers et les nôtres véridiques; (cela) est largement manifesté par cette parole.

§3 «Si toutes vos actions n'étaient pas un mensonge comme une fable, elles ne seraient pas inférieures à cette *(p.197)* puissance qui provient d'hommes de rien, et elles ne s'affaibliraient pas. En effet voici que le prophète a dit:

J'ai vu le pécheur grand et élevé comme un cèdre du Liban;
quand je suis revenu, je ne l'ai pas trouvé,
je l'ai cherché et je n'ai pas trouvé sa place[4].

«C'est à propos de vous que le prophète a dit cette parole, vous qui aidez la foi des idoles pour un seul moment: après peu de temps, on ne vous trouvera plus, mais *comme la fumée* vous *disparaîtrez rapidement*[5]. Au sujet de la connaissance de l'Évangile, voici que le Seigneur dit:

Le ciel et la terre passeront, mais ma parole ne passera pas[6].

Le psalmiste dit aussi:

Toi Seigneur, tu as fondé la terre au commencement,
et les cieux sont l'œuvre de tes mains.
Eux périront, mais toi tu es,
tous vieillissent comme un habit,
comme un manteau tu les roules et ils sont changés,
mais toi, tu es le même
et tes années n'ont pas de fin[7].

§4 «Quant à la (bonne) prédication, (c'est) celle qui (provient) des sages du monde, les pêcheurs qui ont repêché tous (les hommes) de l'abîme de la perdition, que vous méprisez, vous misérables et serviteurs du péché en vérité, et vilipendez. En effet ils ont fait briller des prodiges, des signes, et des miracles de différentes sortes comme brille le soleil dans le monde, en donnant la lumière aux aveugles, l'ouïe aux sourds et

[3] *Psaumes* XIX, 5; *Romains* X, 18.
[4] *Psaumes* XXXVII, 35-36.
[5] Cf. entre autres *Psaumes* XXXVII, 20: *[...] (les méchants) s'en vont en fumée, ils s'en vont!*
[6] *Matthieu* XXIV, 35.
[7] *Psaumes* CII, 26-28.

la marche aux paralytiques; et les morts, ils les ont gratifiés de la vie et de la résurrection. Leur seule ombre guérit tous les maux qui (viennent) sur les hommes. Ils ont chassé les démons que vous honorez, vous, comme des dieux, non seulement du corps des hommes mais aussi de cette terre. Ils les ont tous chassés par le signe de la Croix glorieuse et ont détruit toute magie. Quant au poison (de celle-ci), ils l'ont rendu comme quelque chose qui n'a pas de puissance. Ces (hommes) ont guéri par la puissance du Christ toute la nature des hommes; il convient donc qu'ils soient loués par tous ceux qui sont pleins de science, parce qu'ils sont prédicateurs de la vérité.

§5 «Que te reste-t-il *(p.198)* comme paroles que tu puisses prononcer au sujet de tes sages et de tes prêtres d'idoles qui, dans l'erreur de leur sagesse, aident le diable menteur? Dis-moi, je te prie, ce qu'ils ont laissé dans le monde qui mérite d'être rappelé, ou bien ce qu'il y a que tu puisses faire connaître à leur sujet en dehors d'une manière d'être d'animal, de l'impureté et de la puanteur, d'une sagesse de mensonge, de tout discours d'impureté et de tromperie et de la puanteur de la boue de leur loi. Cependant ces savants qui ont été capables de lever leurs yeux un peu au-dessus de la folie ont exprimé une vérité dont la démonstration est correcte; ils ont dit: ceux qui sont appelés *dieux*, ne sont-ils pas des hommes? En effet il y en a parmi eux qui ont été préposés à des villes et des pays, il y en a d'autres qui ont fait dans le monde une action futile; on les appela *dieux* et ils séduisirent les hommes par la tromperie. Celui-ci[8] établissait l'usage et parlait selon ce que lui-même savait.

§6 «Quel fut le point de départ de l'apparition des statues? Celui-ci fut dans les temps anciens, époque par époque: si, en fait de courage ou de sagesse ou d'amitié dans l'action, ou (de) quelque autre action parmi les actions, (des hommes) avaient fait une action qui restait en mémoire, pour leur honneur on leur dressait des statues sur des colonnes. Mais ceux qui (vinrent) après eux ne connurent pas l'intention de leurs pères, à savoir que ceux-ci avaient fait un mémorial et, pour louer (les grands hommes), leur avaient dressé des colonnes à statue. Petit à petit, Satan, le prince du mal, les inclina à rendre un culte; ils furent entraînés vers des hommes sujets au vieillissement, qui étaient pareils à eux quant aux passions. Ils leur rendirent un culte comme à des dieux, les appelèrent *immortels* et leur offrirent sacrifices et offrandes. Du fait que les démons demeuraient dans (ces) idoles, (les gens) s'en remettaient à eux, les honoraient et leur

[8] Il s'agit de l'inventeur, resté anonyme dans le guèze, des statues honorifiques dont il est question plus loin; le texte grec nomme explicitement le personnage: Seroug, l'arrière-grand-père d'Abraham (cf. entre autres *Genèse* XI, 20-26).

sacrifiaient. Or ils n'étaient pas exercés à connaître Dieu et (les démons) voulaient être établis sur eux comme des dieux pour deux raisons: l'une d'entre elles, pour qu'ils fussent honorés par ce nom; l'autre, parce *(p.199)* qu'il leur était agréable d'être honorés comme des dieux. En effet beaucoup brûlaient d'envie de cela et c'étaient eux-mêmes qui avaient incliné (les gens) vers l'impiété et la souillure.

§7 «Quand les hommes arrivèrent à l'aboutissement de ces scandales, étant revêtus de ténèbres, ils plantèrent, chacun d'entre eux, un arbre pour parfaire leur péché et leur désir et l'appelèrent *dieu*. Dans la grandeur de leur erreur, ils devinrent méprisables et, ce qui est pire que l'état dans lequel ils étaient tombés, ils se prosternaient devant (ces objets) – jusqu'à ce que le Seigneur vînt, dans la tendresse de sa miséricorde, nous rachetât, nous qui avions cru en lui, de cette erreur et nous enseignât la connaissance du Dieu véritable. En effet il n'y a de salut qu'en lui seul et il n'y a d'autre dieu, au ciel et sur terre, que lui seul, le créateur de tout et le maître de tout par la parole de sa puissance. En effet il est dit:

Par la parole de Dieu les cieux ont été établis fermement
et par le souffle de sa bouche toute leur armée[9].
et
Tout a été par lui, et sans lui rien n'a paru[10].»

§8 Quand Tawdâs entendit ces paroles, il sut précisément que la parole de Yewâsef (provenait) de la sagesse qui avait été donnée à celui-ci par Dieu. Il fut rempli de tremblement comme celui qui tremble au bruit du tonnerre et resta tout à fait silencieux. Au moment du coucher du soleil, il revint à l'affaire et commença à méditer l'agitation de sa misère; en effet la parole du salut s'était approchée des yeux de son cœur qui étaient obscurcis. Il commença à se repentir grandement à cause de ce qui était passé, il reconnut la ruse des idoles et leur tromperie et alla vers la belle croyance et se réfugia en elle. De ce moment, il s'éloigna de dessous la tutelle du mal et s'en rendit étranger; il combattit les dieux méprisables et les haït comme il les aimait précédemment. Il se leva alors du milieu de la séance, le roi étant assis sur son trône, (et) s'écria à grande voix en disant: «Ô roi, voici que l'esprit de Dieu demeure dans ton fils; en effet celui-ci en vérité nous a vaincus, nous n'avons (plus) à présent d'argument et nous ne sommes pas capables de blasphémer contre ce qu'il nous a dit. *(p.200)* En vérité il est grand, le Dieu des chrétiens, grande la foi de ceux-ci et grands les mystères de celle-là!»

[9] *Psaumes* XXXIII, *6.*
[10] *Jean I, 3.*

§9 Tawdâs se tourna vers Yewâsef, le fils du roi, et lui dit: «Dis-moi à présent, ô lumière de vérité, (toi) dont l'âme est lumineuse, le Christ m'accueillera-t-il si je me tourne vers lui, m'éloigne de la mauvaiseté de mes actions et m'en écarte?»

L'annonciateur de la vérité et prédicateur de celle-ci lui répondit et lui dit: «Oui, il t'accueillera assurément, ainsi que tous ceux qui se tournent vers lui – non comme tu le penses, mais il t'accueillera comme le fils qui est revenu d'un pays éloigné. (Son père) le reçut hors du chemin de la faute, il l'embrassa et lui donna un baiser. Aussitôt il enleva de sur lui la souillure du péché et la turpitude de celui-ci, il le revêtit du vêtement du salut et le para d'une pourpre précieuse à la beauté éclatante. Il fit une fête de joie pour les puissances d'en haut en organisant une fête pour le retour de la brebis qui avait été perdue et pour sa rentrée. C'est Dieu lui-même qui a dit: *'Il y aura une* grande *joie dans les cieux pour un pécheur qui se repent*[11].'

«Il a dit encore: *'Je ne suis pas venu appeler des justes, mais des pécheurs, au repentir*[12].'

«Au prophète aussi il a dit: *(Aussi vrai que) je suis vivant, je ne veux pas la mort du pécheur, mais qu'il se détourne de son chemin et vive. Détournez-vous de votre chemin mauvais,* enfants *d'Israël,* et ne *mourez* pas. En effet *le péché du pécheur ne lui nuira pas; s'il se détourne de son péché, pratique la justice et marche dans le commandement de la vie, il vivra sûrement et ne mourra* jamais. *Aucun des péchés qu'il aura faits ne sera rappelé contre lui,* car *il aura pratiqué la justice et la droiture et par cela vivra*[13].

«Il a dit encore en un autre endroit: «*Lavez-vous, devenez purs* et immaculés *et rejetez la mauvaiseté de votre âme de devant mes yeux; abandonnez votre mauvaiseté* et votre iniquité. *Apprenez à faire le bien. Même si vos péchés sont* noirs, *je les rendrai blancs comme la neige*[14].

§10 «Ce sont de telles espérances que Dieu a promises à ceux qui se tournent vers lui. Ne tarde pas, homme, et ne diffère pas; *(p.201)* au contraire approche-toi du Christ notre Dieu, l'ami des hommes. Brille de sa lumière et ton visage ne sera pas confondu. Quand tu seras baptisé du baptême divin pour ensevelir dans l'eau toute la souillure du vieil homme et tout le poids des nombreux péchés, (tout cela) disparaîtra, dissous, comme si (cela) n'avait pas existé. Tu émergeras pur de toute tache et il

[11] *Luc* XV, 7.
[12] *Luc* V, 32.
[13] *Ézéchiel* XXXIII, 11-16.
[14] *Isaïe* I, 16-18.

ne restera rien sur toi de la souillure ni de la corrosion du péché. Après cela, il te reviendra de te garder dans la pureté qui t'aura été donnée de là-bas par la tendresse de la miséricorde de notre Dieu.»

§11 Quant à Tawdâs, lorsqu'il eut été instruit par ces paroles, il sortit immédiatement, alla à l'antre maléfique et prit ses livres de magie. Il dit: «Ceci est le principe de tout mal et le magasin du mal des démons. Je vais les brûler dans le feu d'un embrasement complet.»

Puis il courut à la grotte de l'homme honorable, à l'action vertueuse, revêtu du sacerdoce, auprès duquel était allé Nâkor, dont nous avons rappelé précédemment la glorieuse réputation, et il lui raconta toute son affaire en mettant de la cendre sur sa tête dans de grands gémissements; il baigna son corps dans un flot de larmes et raconta au vieillard tout le déroulement de ses actions impures. Celui-ci, pour sauver l'âme de Tawdâs et la faire sortir de la gueule du serpent trompeur, était en effet un expert véritable. Il l'exhorta avec des paroles de salut, lui découvrit la loi de la rémission et du pardon du péché et lui promit que le Juge remettait et était clément; il l'enseigna encore et lui prescrivit de jeûner de nombreux jours, puis il le purifia avec l'eau du baptême chrétien divin. Il fortifia Tawdâs dans la vérité et dans le repentir, celui-ci se repentant de l'abondance de ses péchés et implorant le pardon de Dieu avec des gémissements et des larmes continuels.

CHAPITRE XXXIII

§1 Quant au roi, lorsqu'il vit cette chose qui était arrivée à cet (homme) fameux, il fut agité tout entier et effondré. Il rendait manifeste qu'il était recouvert d'une grande affliction; et son âme, il l'ébranlait d'une grande agitation. Il fit venir de nouveau tous ses proches et ses conseillers et il délibéra avec eux de ce qu'il ferait avec son fils. *(p.202)* Il y eut entre eux une grande discussion et celui qui s'appelait Arâchis – que nous avons évoqué précédemment –, qui était distingué dans la hiérarchie des offices et qui était le premier par l'approbation (que rencontrait son) conseil, dit au roi: «Ô roi, que convenait-il que tu fisses avec ton fils, et que tu aies failli à faire, pour l'amener à observer nos lois et à adorer nos dieux? À moi, il me semble que nous poursuivons une action inutile; en effet ces machinations (?) sont totalement vaines. Son esprit en effet aime vaincre et ne se détourne jamais. Si tu veux, livre-le à la torture et au supplice: tu tortureras ta chair, tu ne seras plus appelé *père* et tu le perdras, car il est prêt à mourir pour le Christ. En vérité cette décision-ci seule te reste, et c'est que tu partages ton royaume et que tu prescrives à ton fils de régner sur sa part. Si la nature des événements et les soucis du monde l'entraînent vers notre foi et qu'il soit entraîné derrière nous, il en sera pour nous comme nous le voulons et comme nous l'espérons. En effet une habitude qui est fortement ancrée dans notre âme est opiniâtre et (ne) peut être enlevée (que) par un dur combat. C'est par la persuasion surtout que les choses se font, par la force au contraire elles deviennent difficiles et ne peuvent être changées. Mais si ton fils reste ferme dans la croyance en la loi chrétienne, il te reviendra de la joie en compensation du déplaisir: tu n'auras pas perdu ton fils et tu n'en seras pas privé.»

Quand Arâchis dit cela, tous ceux qui étaient réunis furent témoins pour lui; ils approuvèrent sa parole et l'acceptèrent. Le roi lui répondit à ce moment en approuvant et lui dit: «Fais cette affaire ainsi.»

§2 Il alla auprès de son fils Yewâsef et lui dit: «Ceci est vraiment la fin de mon entretien avec toi, fils qui n'écoute pas (ma) parole et n'y prête pas attention. Si tu réjouis mon cœur, sache que je t'épargnerai encore. Examine quelle est la valeur de (cette) parole: j'ai peiné beaucoup et je t'ai trouvé inchangé et ne t'attachant pas à écouter ma parole. Viens à présent pour que nous partagions le royaume; tu seras *(p.203)* dans ta part, dans une (des deux) parties. On t'appellera roi et tu seras maître de marcher dans quelque chemin que tu voudras.»

§3 Cette âme véritablement glorieuse sut que le roi ne faisait cela que pour accomplir sa volonté. Cependant Yewâsef délibéra de l'écouter en cela afin de fuir, se soustraire à sa main et aller vers le chemin qu'il désirait. Il répondit au roi en disant: «Quant à moi, le désir de mon cœur (est), cela est certain, de rechercher l'homme divin qui m'a guidé vers le chemin du salut et, avec lui, de mépriser désormais tout jusqu'à la fin de ma vie. Cependant si tu ne me permets pas, ô père, de faire ma volonté, que je t'écoute en cela et que je t'obéisse! En effet il est bon d'obéir à un père pour des choses qui ne comportent pas de chemin de perdition, dont l'examen attentif montre clairement (qu'elles sont) sans éloignement de Dieu.»

§4 Le roi fut rempli d'une allégresse qui excédait de beaucoup toute joie. Le roi partagea les territoires qui étaient sous sa domination en deux parts; il fit son fils roi, le ceignit d'une couronne et le para de toute la pompe royale, et le roi l'envoya dans le royaume qui avait été établi pour lui. Yewâsef s'en alla en grande pompe et avec les chants qui conviennent aux rois. Son père commanda à tous les chefs, aux généraux et aux gouverneurs choisis d'aller avec son fils qui était roi, de choisir pour lui des villes dans lesquelles demeuraient beaucoup de gens et de lui dire d'assumer la royauté et le pouvoir; il lui donna toutes les armes qui conviennent à la royauté. Yewâsef reçut à ce moment le pouvoir royal.

§5 Quand il arriva dans la ville qui était sa part pour y régner, il plaça le signe de la Croix sur toutes les tours de l'enceinte de la ville, le signe de la Croix glorieuse du Christ et Dieu. Il dépouilla les temples d'idoles et les renversa, il excava leurs fondements *(p.204)* et ne laissa pas subsister la trace des esprits (impurs). Il construisit à l'intérieur de la ville un sanctuaire grand et beau et ordonna que tous s'y rassemblassent. Il inaugura l'adoration de Dieu par la prosternation devant la Croix vivifiante; lui-même s'avançait devant tous et s'adonnait à la prière et à de longues supplications.

Il se mit à enseigner tous ceux qui étaient sous le pouvoir de sa main pour les détourner de l'erreur des idoles et leur dispenser publiquement la prédication de l'Évangile: le récit de la descente du Verbe de Dieu dans le monde, ses miracles et ses prodiges. Il leur fit connaître ses souffrances sur la Croix, par lesquelles avait été sauvé le monde, et le prodige de sa résurrection et de sa montée aux cieux. Il annonça aussi le jour de tremblement et de crainte lors de sa seconde venue terrible et effrayante, ainsi que les belles choses qu'il avait préparées pour les croyants et les supplices qui attendaient les pécheurs. Il leur enseignait cela avec une manière bonne et avec des paroles douces. Il n'y a pas d'(homme) choisi (?) comme celui-ci: certes redoutable et effrayant du fait de l'éminence de son pouvoir royal et de la grandeur de sa royauté, il demeura au milieu (des gens) dans l'humilité et la douceur, par lesquelles il entraînait vers lui beaucoup (d'entre eux), voulant être admirable dans ses actes et simple et doux dans son savoir. À cause de cela, il reçut la puissance royale avec humilité et avec savoir; en effet l'humilité est une grande aide; elle fit que tous écoutaient sa parole.

§6 Ainsi, en peu de jours, il fit que tout le peuple qui était sous son autorité et son pouvoir, les villes et les campagnes exprimassent avec ses paroles divines l'enseignement des mystères; ils l'apprirent au point de renier complètement (leurs) nombreux dieux et de s'(en) séparer, s'étant écartés des sacrifices aux dieux et de l'abomination de ceux-ci. Ils furent fermes dans la belle foi qui n'a pas d'erreur, furent façonnés à nouveau par les enseignements de Yewâsef et servirent le Christ. Tous *(p.205)* ceux qui avaient demeuré dans les montagnes et les grottes par peur de son père, prêtres et moines – et il y avait aussi avec eux quelques évêques –, sortirent de leurs liens (?) et allèrent auprès de lui pleins d'allégresse. Il accueillait ceux qui avaient enduré les tribulations dont on les avait accablés, pour le Christ; il les faisait entrer dans son palais, lavait leurs pieds et leurs têtes de la saleté, consolait leur cœur et leur donnait le repos (?) dans tout ce qu'ils voulaient. Il fit la dédicace de l'église qu'il avait construite; il y avait (là) un des évêques, qui avait beaucoup peiné pour la foi et avait abandonné son siège épiscopal, Yewâsef le nomma archevêque (?) sur l'église.

§7 C'était un saint homme qui connaissait les canons de l'Église, son âme était pleine d'un zèle divin. Il prépara (des fonts pour) le baptême chrétien et y baptisa ceux qui étaient retournés vers le Christ; d'abord il baptisa les dignitaires et toutes les personnes des (hauts) rangs, après eux il baptisa les soldats, puis tous les gens. Ce n'est pas de la maladie de leurs âmes seulement qu'ils étaient guéris, mais tous ceux qui avaient une maladie dans leur corps étaient guéris de tout mal et étaient sauvés de toute maladie lorsqu'ils sortaient des (fonts?) baptismaux, purs dans leur âme et sains dans leur corps, ayant trouvé la guérison de l'âme et du corps ensemble.

§8 À cause de cela, beaucoup venaient auprès de Yewâsef le roi, de toute part, voulant acquérir de lui la connaissance de la belle foi. Le roi Yewâsef se mit à détruire les temples de toutes les idoles; il prit tous leurs plats et leurs vases qui étaient préparés pour les statues et construisit avec eux de grands autels et des églises. Il fit de leurs biens des biens de grand prix et, de cette manière, rendit ces (choses) transitoires qui périssent précieuses, efficaces et profitables. Quant aux démons impurs qui avaient leurs habitudes *(p.206)* dans ces sanctuaires et autels, ils étaient chassés et tourmentés de grands tourments; beaucoup les entendaient crier à cause des tourments qui les avaient atteints. Toutes ces régions obtinrent la liberté loin des ténèbres de l'erreur des démons et se réjouirent dans la lumière de la foi chrétienne qui est pure de la souillure.

§9 Ainsi le roi Yewâsef fut le chemin de la vérité pour tous, il en éveilla beaucoup et fit brûler leur cœur de se faire semblable à sa volonté, conformément à ce qui revenait à son autorité et à sa position. En effet tous ceux qui étaient sous sa royauté se faisaient semblables à lui et appliquaient (?) ses décisions. De cette manière, ils désiraient avec amour apprendre ses façons de faire, par lesquelles ils maîtriseraient un peu du savoir de leur maître. À cause de cela, avec l'aide de Dieu, ils grandirent dans la foi droite et celle-ci les fit se multiplier. Le roi Yewâsef avait le cœur suspendu aux commandements du Christ et (à) son amour, à la sagesse de la parole de grâce et (au) pilotage des âmes de beaucoup, dirigeant leur course vers le port. En effet il savait qu'il convenait au roi, avant tout, d'apprendre aux gens à craindre Dieu et à observer la rectitude que lui-même pratiquait. Il se rendait fort lui-même pour régir (ses) passions ainsi que ceux qui étaient sous son commandement; comme un pilote avisé, il tenait en sécurité les rames de gouverne (?) de la beauté de la foi.

§10 Ce roi véritable régissait avec rigueur les désirs qu'il éprouvait (?). Il ne se vantait pas du tout de la gloire de ses pères et de la gloire royale qu'il avait. En effet il savait que nos parents à nous tous étaient poussière, que le premier père de notre race était un être de poussière et que nous (provenions) de sa nature, ceux qui sont riches et ceux qui sont pauvres. Il jeta sa pensée dans l'abîme de l'humilité et de la sagesse qui est dans l'au-delà; il connut sa condition ici-bas et sut précisément que les choses qui étaient dans l'au-delà étaient véritables, qu'il les trouverait après son départ d'ici-bas. En effet il les connaissait très bien.

§11 Il avait sauvé ceux qui *(p.207)* étaient ensemble sous la souveraineté de l'erreur de leurs pères et les avaient faits serviteurs de celui qui nous a rachetés de la servitude mauvaise par son sang précieux. Il examina alors ouvertement la beauté de la pratique des actions vertueuses. En effet la pratique de la pureté et de la rectitude l'aidait; il était couronné de la pureté comme d'une couronne et paré de la pourpre de la rectitude, connaissant le caractère transitoire de la richesse qui ressemble à l'écoulement de l'eau des fleuves. Il mettait ses soins à amasser (un trésor) pour lui là où il n'y a pas de vers qui détruisent ni de voleurs qui creusent et volent.

À ce moment, il se mit à distribuer biens et richesse aux indigents sans épargner, en ne réservant (rien). En effet il savait que celui qui a une grande puissance, il convient qu'il imite Dieu; il pensait qu'il n'y avait rien qui fût plus honorable que de faire la charité, cela est plus précieux que les pierres précieuses. Il rassemblait la richesse de la beauté des actions qui réjouissent ici-bas ceux qui les font en espérant les délices à venir. Dans l'au-delà, ils jouiront de la liberté (?) de la béatitude qu'ils attendaient. À cause de cela, il rachetait ceux qui étaient en prison et (dans) les supplices et ceux qui étaient enchaînés pour dettes. Il donnait avec joie à tous ceux qui en avaient besoin; il fut un père pour les orphelins, les veuves et les indigents, il fut pour eux comme leur géniteur à cause de (son) amour pour la bienfaisance, considérant que le fait qu'il leur faisait du bien revenait à se faire du bien à lui-même. En vérité il était riche de dons et son âme était riche de vérité; en effet elle était royale, demeure de la richesse et donatrice avec générosité pour ceux qui étaient dans le besoin. En effet il espérait recevoir à cause de cela une récompense multipliée sans pouvoir être comptée, quand arriverait le moment de la rétribution pour les actes.

§12 Peu de temps après, sa réputation se répandit en tout lieu; chacun le recherchait à tout moment, comme ceux qui accourent à la fragrance d'un parfum dont l'odeur est suave, ayant rejeté de sur soi les besoins du corps et de l'âme. La douce mention de son nom était dans la bouche de tous. Ce n'est pas *(p.208)* à cause de la crainte et de la terreur que les gens venaient auprès de lui, mais par devoir et par un violent amour (venu) du fond de leur cœur, qui, à cause de Dieu et à cause de la beauté de la manière de vivre de Yewâsef, avait été planté dans le cœur de tous. Alors vinrent auprès de lui ceux qui étaient sous le commandement de son père, ayant abandonné toute erreur, se réjouissant dans le chemin de la vérité. La ville de Yewâsef croissait et se renforçait et la ville de son père diminuait et s'affaiblissait, selon que le raconte le *Livre des rois* à propos de David et de Saül[1].

[1] Cf. *2Samuel* III, 1: *La guerre se prolongea entre la maison de Saül et la maison de David, mais David allait se fortifiant, tandis que la maison de Saül allait s'affaiblissant.*

CHAPITRE XXXIV

§1 Quand le père de Yewâsef vit cela, il se convertit, à la fin des jours de son temps de vie, avec un grand zèle et se rappela ses péchés; il reconnut la faiblesse de ses dieux et leur tromperie vaine. Il rassembla alors (ses) conseillers dignes de foi et alla vers la lumière par laquelle il était guidé; tous ceux qui étaient rassemblés déclarèrent que les paroles de Yewâsef étaient correctes. En effet notre Sauveur les avait visités depuis l'orient; il avait entendu la supplication de son serviteur Yewâsef. Le roi voulut informer son fils de cela, il lui écrivit le lendemain une lettre qui disait ainsi:

§2 «Du roi Anbeyer au fils du roi Yewâsef digne d'être aimé: salut, fils bien-aimé.

«Fils bien-aimé, de nombreuses pensées étaient entrées dans mon âme et m'avaient mû vers le mal. En effet je vois que nos affaires s'évanouissent toutes comme la fumée, mais que l'affaire de ta foi brille d'une lumière qui est plus éclatante que la lumière du soleil. Voici que je me suis tourné vers la lumière véritable; en effet elles sont vraies pour toujours, les paroles qui sont sorties de ta bouche. Comme les ténèbres profondes du péché et de l'impiété nous recouvraient, à cause de cela il ne nous a pas été possible de voir la vérité et de comprendre le créateur de tout. Au contraire à cet éclat tel que tu as fait lever de toi pour nous nous avons fermé nos yeux, et nous n'avons pas voulu le voir. Nous avons longtemps fait le mal contre toi, de nombreuses fois, et nous t'avons *(p.209)* affligé. Malheur à moi, car nous avons tué de nombreux chrétiens qui, par la force de la puissance qui les aidait, ont livré leurs âmes à la mort devant l'épaisseur de notre cœur!

«À présent voici que nous avons retiré ces lourdes ténèbres de la prunelle de nos yeux; voici que nous avons vu un peu de l'éclat de la vérité et nous nous sommes mis à nous repentir de ce qui est passé en fait de mauvaiseté de nos actions. Cependant il y a un autre nuage de mauvaiseté: voici que cette espèce de brouillard – un désespoir mauvais – s'est approchée de cet éclat pour obscurcir cet éclat et le recouvrir avec l'abondance de nos offenses. En effet je suis méprisé auprès du Christ et il ne me recevra pas alors que j'étais à la ressemblance de quelqu'un qui s'opposait (à lui) et se battait avec lui. Expose-moi rapidement, t'étant informé précisément, cher fils, la réponse à ces choses que tu as à me dire; apprends à ton père ce qu'il convient qu'il fasse et entraîne ton géniteur vers la connaissance qui est convenable et qui est profitable.»

§3 Quand Yewâsef lut cette lettre et comprit ce qui s'y trouvait, son âme fut remplie de la douceur du Christ et d'un grand étonnement; il replia la lettre et la donna à celui qui l'avait apportée. Il entra rapidement dans sa chambre et se prosterna devant l'image de Dieu. Il fit pleuvoir ses larmes sur le sol en rendant grâce au Seigneur Christ; il approcha et fit monter vers lui la ferveur de (son) cœur en disant:

«Je t'exalte, mon roi et mon Dieu; je bénis ton nom à jamais et dans les siècles des siècles. Tu es grand, ô Seigneur, et très glorieux; il n'y a pas de fin à ta grandeur. Qui peut dire ta puissance et qui viendra à bout de (proclamer) toutes tes glorifications, ô toi qui as fait sortir les eaux d'un rocher? Mon père au cœur sourd et à la nuque raide, qui est plus solide qu'un rocher, quand il t'a vu, il a fondu comme la cire devant le feu, car tu es capable de faire lever (?) des enfants à Abraham depuis ces pierres[1].

«Je te rends grâce, ô mon Seigneur ami des hommes, Dieu de miséricorde, toi qui as été longanime envers *(p.210)* nos fautes, (qui) as été patient envers nous jusqu'à ce moment-ci et ne nous as pas châtiés, alors que nous méritions depuis le commencement de tomber devant ta face en ce monde, à la ressemblance des ennemis de la Loi qui demeuraient dans les cinq villes et ont été brûlés par le soufre et par le feu[2]. Cependant ta longanimité que rien ne peut égaler a été miséricordieuse envers nous.

Je te rends grâce, moi le méprisable, qui ne suis pas digne de rendre pleinement grâce à ta bonté. J'adresse une requête à ta clémence qui est sans mesure, ô Fils et Verbe du Dieu invisible, créateur de toute (chose) par ta parole – par ton bon plaisir tu en es maître –, toi qui as étendu tes bras volontairement sur le bois de la croix, a lié le fort et a donné à ceux qui étaient emprisonnés la vie éternelle, étends à présent ta main créatrice de toute (chose), qui est invisible, et libère ton serviteur mon père, à jamais, de cette captivité dont l'a fait captif le Mauvais trompeur. Révèle-lui ouvertement que tu es celui qui vit à jamais, le Dieu véritable, le Roi à jamais qui ne meurt pas, toi seul.

§4 «Regarde la contrition de mon cœur avec l'œil de la miséricorde et de la douceur; selon ta promesse qui n'est pas mensongère, sois avec moi, ô créateur et curateur de toute créature. Que ton eau, qui ne change

[1] Dans ce début de prière sont cités, plus ou moins littéralement, *Psaumes* CVI, 2; CXIV, 8; LXVIII, 3; *Matthieu* III, 9.

[2] Cf. entre autres *Genèse* XIX, 24: *Et Yahvé fit pleuvoir sur Sodome et sur Gomorrhe du soufre et du feu venant de Yahvé, du ciel.*

pas, jaillisse en moi, me donne la parole, ouvre ma bouche et me gratifie d'un cœur droit. Que je sois bien édifié sur toi, ô pierre qui irrigue; donne-moi le pouvoir, à moi ton serviteur insignifiant et méprisable, d'exposer à mon père le mystère de ta sagesse comme il convient et de le sauver par ta puissance de la tromperie de Satan le mauvais. Fais-le approcher de toi, ô Dieu, Seigneur de tout, qui ne veut pas notre destruction, à (nous) pécheurs, mais que nous espérions ta miséricorde dans le repentir. En effet tu es glorifié jusque dans les siècles des siècles, amen.»

§**5** Quand Yewâsef le roi eut prié ainsi et fut assuré qu'il ne serait pas déçu dans son espérance, il se mit en route aussitôt, confiant dans la tendresse du Christ; il partit de là à cheval, dans un appareil royal, et parvint au royaume de son père. Quand on annonça à son père l'arrivée de son fils, il sortit aussitôt à sa rencontre, l'embrassa, fit une grande fête *(p.211)* et se réjouit de sa venue.

§**6** Après cela, ils s'assirent ensemble, seuls. Qui pourrait rapporter les paroles du fils du roi que Yewâsef prononça à ce moment avec sagesse? Qu'exprimerons-nous à propos de ce qu'il disait avec les mots de l'Esprit Saint divin, par lesquels les pêcheurs du Christ ont pêché le monde entier? Ceux-ci purifièrent les sages des sages par la grâce de cet esprit par lequel ce Yewâsef était sage. Il enseigna le roi et illumina son cœur par la lumière de la connaissance. Il avait beaucoup peiné au commencement de son enseignement pour le tirer de l'adoration des idoles. Qu'est-ce qu'il n'avait pas dit et qu'est-ce qui n'avait pas été fait pour qu'il le convertît? Cependant il avait été semblable à ceux qui parlent en vain dans les oreilles de ceux qui n'écoutent pas. Quand Dieu regarda vers l'humilité de son serviteur Yewâsef, il ouvrit les portes du cœur de son père qui étaient fermées, ainsi qu'il est dit: Celui qui met la lumière dans les cœurs de *ceux qui le craignent fait leur volonté et écoute leur prière*[3]. Rapidement le roi comprit ce qui lui était dit, si bien que son fils trouva avec la grâce du Christ le moment adéquat, obtint la victoire et le dessus sur les esprits mauvais qui dominaient sur l'âme de son père et libéra celui-ci de leur tromperie d'une libération éternelle. Il lui montra clairement la parole du salut pour le mettre au nombre des gens du Dieu vivant qui est dans les cieux.

§**7** Il lui parla d'abord et l'informa de l'ordonnance de la foi lumineuse; (le roi) n'avait pas entendu ni connu les miracles et les prodiges dont il parlait. Il lui apprit beaucoup au sujet de Dieu et lui révéla la beauté de l'adoration de celui-ci et qu'il n'y avait pas d'autre Dieu, ni au ciel en

[3] *Psaumes* CXLV, 19.

haut, ni sur terre en bas, en dehors du Dieu unique qui est le Père, le Fils et l'Esprit Saint. Il l'informa de beaucoup de mystères des paroles divines. Il lui parla aussi des créatures, visibles et invisibles, et de la manière dont Dieu avait amené toute (chose) du néant à l'existence. Il créa l'homme à son image et à *(p.212)* (sa) ressemblance, il l'honora du pouvoir (de faire sa) volonté et lui permit de cultiver les belles choses qui étaient dans le Jardin des délices. Il lui commanda de se tenir loin d'un seul arbre, qui était l'arbre de la connaissance. Quand l'homme transgressa son commandement, il le chassa du Jardin des délices parce qu'il avait déchu de sa nature; la race des hommes tomba dans ces erreurs et (dans) ses misères et elle tomba sous le pouvoir de la mort par force, par la tromperie du Trompeur qui avait emporté les hommes sous son autorité, une seule fois, les avait fait oublier Dieu et les avait séduits pour qu'ils se prosternassent devant les dieux impurs.

§8 «Après cela, (continua Yewâsef,) Dieu notre façonneur éprouva de la compassion, selon le bon plaisir du Père, du Fils et de l'Esprit Saint, et se plut à naître à notre ressemblance de la sainte Vierge. Il subit la Passion, lui qui est impassible; il ressuscita d'entre les morts le troisième jour, nous racheta de la transgression de jadis et nous rendit dignes d'un honneur qui est plus grand que jadis. Il nous rassembla au moment de sa montée dans les cieux, nous qui étions venus et ceux qui étaient là-bas. Nous croyons aussi qu'il reviendra relever son ouvrage et qu'il rétribuera chacun selon ses actions.»

§9 Yewâsef se mit aussi à exposer à son père le mystère du royaume des cieux et les belles choses ineffables qu'attendent ceux qui en sont dignes. Il lui exposa les supplices qui ont été préparés pour les pécheurs, le feu qui ne s'éteint pas, les ténèbres extérieures, le ver qui ne dort pas et le châtiment du supplice qui est tenu en réserve pour tous les serviteurs du péché.

Il dit tout cela d'une voix douce et le fit entendre à (son père) par la grâce de l'Esprit Saint qui demeurait sur lui. Il lui dit encore la profondeur de l'amour de Dieu pour l'homme, dont on ne peut évaluer la trace, comment Dieu accueille le repentir de ceux qui retournent vers lui, et qu'il n'y a pas de péché qui vainque son amour si nous voulons nous fortifier de celui-ci. Il lui produisit de nombreux témoignages des Écritures et mit un terme à son discours.

CHAPITRE XXXV

§1 Le cœur du roi fut rendu confiant par ces *(p.213)* paroles de sagesse et d'enseignement (provenant) de Dieu. Il s'écria à haute voix et (avec) ferveur de cœur, confessa le Christ notre Sauveur et abandonna toute l'adoration des idoles. Devant tous, il se prosterna devant la Croix dispensatrice de vie et proclama, tous les gens l'entendant, que notre Seigneur Jésus-Christ était le Dieu véritable. Il avoua son impiété précédente et fustigea sa dureté de cœur qui s'était tournée contre les chrétiens, ainsi que le massacre (qu')il (avait fait) de ceux-ci; il entra dans la beauté de l'adoration et (y prit) une grande part. Ici fut accomplie la parole de l'apôtre qui dit: Là où il y a incrédulité, là advient une surabondance de grâce[1].

§2 Yewâsef, qui était sage entre les hommes, enseigna beaucoup (de choses) aux généraux et aux gouverneurs qui étaient venus, ainsi qu'à tout le peuple, quant à la loi de Dieu et l'adoration de celui-ci. À la ressemblance d'un homme de feu, il se fit semblable aux anges quand il chanta sur un mode suave, et aux gens assemblés (quand il chanta) sur le mode de leur musique[2]. La grâce de l'Esprit Saint demeura sur lui et les mut tous vers la glorification de Dieu. Tous les gens s'écrièrent d'une seule voix en disant: «Grand est le Dieu des chrétiens, il n'y a pas d'autre Dieu que notre Seigneur Jésus-Christ qui est glorifié avec le Père et l'Esprit Saint!»

§3 À ce moment, Anbiyar le roi s'en alla; il fut rempli d'un zèle divin et s'élança en grande colère contre les idoles qui étaient faites d'or et d'argent, il les jeta toutes à terre et les fracassa. Après cela, il les coupa en morceaux, les répartit entre les pauvres et rendit profitables (des choses) qui n'avaient pas de profit. Pareillement, il se leva avec son fils contre tous les temples (et) autels des idoles et les renversa jusqu'à leurs fondations. Il construisit à leur place de grandes églises pour Dieu – non dans la ville seulement, mais dans toutes les régions – et les acheva avec zèle. Quant aux esprits mauvais qui habitaient dans les temples, ils en furent chassés, *(p.214)* criant et tremblant devant la puissance de notre Dieu à laquelle il n'est pas possible de résister. Tous les gens de la région

[1] Cf. *Romains* V, 20: *[...] où s'est multiplié le péché, a surabondé la grâce.*

[2] L'interprétation de cette phrase est très incertaine.

et beaucoup de peuples qui étaient voisins furent attirés vers la foi droite et la piété.

§4 À ce moment vint un évêque saint, il instruisit Anbiyar le roi et le baptisa du baptême chrétien saint (et) divin au nom du Père, du Fils et de l'Esprit Saint; Yewâsef fut son parrain lors du baptême chrétien glorieux. Admirable est ce fait: il fut un père pour son géniteur qui l'avait engendré selon la chair; il fut pour lui cause d'une deuxième naissance, spirituelle. En effet il était fils du Fils du Père céleste et fruit véritable qui (provient) d'une branche glorieuse, qui a poussé de la branche qui a crié et dit: *«Moi, je suis la vigne* de vérité, *vous ses sarments*[3]*.»* Ainsi engendra-t-il le roi, à nouveau, par l'eau et par l'Esprit. Yewâsef se réjouit d'une grande joie et tous les gens de la ville et des régions (voisines) furent jugés dignes, avec le roi, du baptême chrétien divin; ceux qui, précédemment, étaient enténébrés devinrent fils de la lumière. Toute maladie et toute traverse satanique furent chassées loin de ceux qui croyaient et tous furent saints et parfaits d'âme et de corps. D'autres prodiges eurent lieu par la résurrection de la foi, des églises furent construites et des évêques se montrèrent, qui s'étaient cachés par effroi et crainte; ils reçurent leurs églises. Les prêtres et les moines se multiplièrent et reçurent la charge de paître le troupeau du Christ.

§5 Quant au roi Anbiyar, il s'éloigna de (son) joug antérieur, se repentit de ce qu'il avait fait et remit la charge de (son) royaume à son fils Yewâsef. Il se retira (?) complètement, mit de la cendre sur sa tête, gémit dans son cœur et baigna son corps de ses larmes en implorant Dieu, le sauveur (présent) en tout, et en *(p.215)* le suppliant pour le pardon de ses péchés. Il éveilla (?) son âme à une telle soumission et humilité qu'il s'interdisait et avait honte d'invoquer le nom de Dieu. Avec de grands efforts et combats, et l'exhortation (provenant) de la bouche de son fils, il osa invoquer son nom. Ainsi il fut changé selon le bon changement et alla sur le chemin qui mène à la pratique des vertus. Il vécut dans cet état quatre ans dans une belle repentance, dans la lamentation et dans les larmes brûlantes, dans les actions vertueuses et dans toute pureté et sainteté. Il accomplit la durée de sa vie dans cette (manière d'être), puis la maladie dont il allait mourir s'empara de lui. Quand arriva le moment de sa mort, la crainte et l'effroi le saisirent, lui se rappelant ce qu'il avait fait de mauvaises choses. Quant à Yewâsef, il le consolait avec des paroles de consolation et allégeait sur lui le poids de l'affliction en lui disant: «Ô père, pourquoi t'affliges-tu et pourquoi te perturbes-tu toi-même?

[3] *Jean* XV, 5.

Remets-toi au Seigneur ton Dieu; il est *l'espoir de tous les confins de la terre et de ceux qui sont sur la mer lointaine*[4], lui qui dit par Isaïe le prophète:

Lavez-vous, soyez purs,
ôtez la mauvaiseté et la tromperie *de vos âmes*
de devant mes yeux.
Apprenez à faire le bien.
Si vos péchés sont comme l'écarlate,
je les rendrai blancs comme la neige;
s'ils sont comme la pourpre,
je les rendrai blancs comme la laine[5].

§6 «Ne crains pas, ô père, et ne doute pas dans ton cœur: les péchés de ceux qui se repentent ne peuvent vaincre la bonté incommensurable de Dieu. En effet ces péchés ont un nombre et un chiffre, quels qu'ils soient, mais à la miséricorde de Dieu et à sa bonté il n'y a pas de nombre ni de mesure; or donc il ne convient pas que ce qui est soumis au chiffre et au nombre vainque ce qui n'a ni mesure ni nombre.»

Avec (des paroles) qui étaient comme ces paroles-là qui entraînent le cœur, Yewâsef exhortait son père au point qu'il fit que, dans son espérance, celui-ci eût des espoirs lumineux.

§7 Aussitôt son père tendit ses mains en rendant grâce à Dieu; il bénit Yewâsef son fils et dit: «Béni soit le jour *(p.216)* où tu es né, fils qui est très cher, fils qui n'est pas à moi, mais (qui est) le fils du Père céleste! Par quel don puis-je te récompenser. De quelle bénédiction te bénirai-je? Quelle est l'action de grâce que je présenterai à Dieu pour toi? J'étais perdu et j'ai été retrouvé grâce à toi; j'étais mort dans le péché et j'ai revécu par toi; j'étais ennemi et éloigné de Dieu et il s'est montré très clément grâce à toi. Avec quoi te récompenserai-je pour tout cela? (C'est) Dieu qui a fait que tu méritasses une grande récompense à cause de ton grand mérite.»

Quand il dit ces paroles et beaucoup plus qu'elles, il embrassait son fils bien-aimé sans interruption. Après cela, il pria en disant: «Dans ta main, ô Dieu ami de l'homme, je remets mon esprit.» Puis, ayant dit cela, il remit son âme dans la main de Dieu avec une belle repentance.

§8 Quant à son fils Yewâsef, il honora son père avec beaucoup de larmes. Il procéda avec ses funérailles en grand honneur et l'enterra dans le tombeau de gens croyants. Il ne le revêtit pas de la pourpre royale, mais il le para des beaux vêtements de la pénitence. Après cela, il se tint

4 *Psaumes* LXV, 6.
5 *Isaïe* I, *16-18.*

auprès de son tombeau, leva ses mains vers le ciel et fit couler les larmes de ses yeux comme l'eau d'un fleuve; il cria vers Dieu en disant:

«Je te rends grâce, ô Seigneur, roi de gloire, ô puissant toi seul, qui ne meurs pas, car tu n'as pas dédaigné ma requête ni méprisé mes larmes; au contraire tu as bien voulu détourner ce tien serviteur, mon père, du chemin du péché et tu l'as attiré vers toi, ô sauveur de tous, et l'as éloigné de l'erreur des idoles; tu l'as rendu digne de te connaître, ô Dieu véritable, ami du genre humain. À présent, mon Seigneur et mon Dieu de la bonté duquel la profondeur et la trace ne peuvent être appréhendées, fais-le demeurer dans un lieu herbeux, dans un lieu de repos où resplendit la lumière de ta face; ne te rappelle pas ses fautes antérieures, mais, selon l'abondance de ta miséricorde, efface ses péchés et emplis *(p.217)* de clémence envers lui les cœurs des saints qu'il a tués par l'épée et par le feu; prescris-leur de ne pas être irrités contre lui. En effet toute chose t'est possible, en effet tu es miséricordieux envers ceux qui se tournent vers toi, en effet voici que ta clémence s'est répandue sur tous. C'est toi qui sauves ceux qui se réfugient en toi, ô mon Seigneur et mon Dieu, Jésus-Christ. En effet à toi conviennent la gloire et l'action de grâce jusqu'à la fin des siècles, amen.»

§9 Ainsi, en priant, implorant et suppliant Dieu jusqu'au septième jour, il ne quitta jamais le tombeau de son père. Il ne se rappela pas du tout nourriture ni boisson et il ne dormit pas pour se reposer; au contraire il arrosait la terre de ses larmes en pleurant dans les gémissements et sans se taire. Le huitième jour, il alla à son palais et distribua aux indigents richesses et biens; il ne resta pas un seul de ceux qui étaient démunis qui manquât de quelque chose.

CHAPITRE XXXVI

§1 En peu de jours, il accomplit ce ministère ainsi et épuisa ses trésors afin que, lorsqu'il voudrait entrer par la porte étroite, rien du poids de l'argent ne le retardât. Le quarantième jour après la mort de son père, il prépara la commémoration (de celle-ci) et convoqua tous les titulaires d'offices, ceux qui servaient dans l'état de soldat et l'ensemble du peuple de la grande ville. Il parla à tous en disant: «Écoutez, vous tous, voici que vous avez vu que mon père, le roi Anbiyar, est mort à l'instar d'un parmi les indigents. Personne n'a pu le racheter avec quelque chose, ni avec l'argent, ni avec la richesse, ni avec la gloire royale; ni moi, le fils bien-aimé de mon père, ni aucun parmi ses amis et ses parents qui (lui) ont survécu n'avons pu l'aider – ni argent ni richesse – (à se sauver) de cette sentence qui n'a pas de miséricorde. Mais il est allé là où est la sentence de rectitude, dans l'au-delà, pour rendre compte de sa manière de vivre pendant le temps de ces jours-ci. Il n'y a avec lui aucun parmi *(p.218)* tous qui puisse l'aider – en dehors de ses seules actions, bonnes ou mauvaises. Cette chose doit toucher tous les hommes, qui ont une nature charnelle, et elle ne cessera pas pour eux.

§2 «À présent écoutez-moi, mes amis et mes frères, peuple de Dieu, vous que le Christ notre Dieu a rachetés par son sang précieux de l'erreur de jadis et de la servitude de l'Adversaire. Vous-mêmes connaissez ma manière de vivre parmi vous, que, depuis que je suis devenu chrétien et qu'il m'est revenu d'être le serviteur du Christ, j'ai tout pris en haine, n'ai aimé que le Christ seul et ai abandonné tous mes désirs. Ceci est l'accomplissement de mes vœux: sortir de l'agitation de ce monde et de ses délices vaines, être avec le Christ dans la solitude et dans la tranquillité spirituelle qui n'a pas d'agitation et servir mon Dieu et mon Seigneur. Quant à mes soins envers mon père, cela (fut) à cause du commandement dont j'ai reçu la prescription[1]. Cependant, par la grâce et par l'aide de Dieu, je n'ai pas peiné en vain et ma peine n'a pas été perdue en ces jours, mais j'ai tout rejeté sur le Christ. Je vous ai rassemblés, vous tous, et vous ai appris à l'adorer lui seul, car il est le Dieu véritable et le Seigneur de tout en vérité; ce n'est pas moi qui ai fait cela, mais sa grâce qui était avec moi. Je vous ai libérés de la servitude de la captivité

[1] Cf. entre autres *Exode* XX, 12: *Tu honoreras ton père et ta mère [...].*

mauvaise, de la tromperie de l'adoration des idoles et du culte des statues. Voici qu'à présent le temps est arrivé pour moi d'accomplir ce que j'ai fait à Dieu le vœu de faire, d'aller là où il me guidera et d'accomplir le vœu que je lui ai fait. À présent délibérez pour que soit établi sur vous et règne celui que vous aurez désiré, vous. En effet désormais vous êtes fermes dans l'accomplissement du bon plaisir du Père et rien ne vous est caché de ses commandements. Marchez-y, ne vous écartez ni à droite ni à gauche et que le Dieu de paix soit avec vous, amen.»

(p.219) **§3** Quand ils entendirent ce discours, eux le peuple et les soldats, il y eut aussitôt un ébranlement, une commotion et une grande désolation, (les gens) pleurant et se lamentant sur leur orphelinage. Ils redoublèrent les paroles de serment et de désolation, avec de grandes larmes, (déclarant) qu'ils ne le laisseraient jamais (aller), mais qu'ils l'emprisonneraient et qu'ils ne prêteraient absolument pas d'attention à une parole de lui relative au départ. Ainsi crièrent tout le peuple et tous les dignitaires. Yewâsef, en faisant un geste de ses mains, fit signe aux gens et leur commanda de faire silence; il leur dit: «Je ne peux vous résister.» Puis il les renvoya à leurs demeures, portant la marque de l'affliction et du chagrin sur leur visage. (Il y avait là) un des dignitaires qui étaient auprès de lui, dont le rang l'emportait sur tous par la beauté de la piété et l'admirable pureté de la manière de vivre, dont le nom était Bârâsyâs[2], que nous avons évoqué précédemment lorsqu'on avait simulé que Nâkor était Baralâm qui disputait avec les philosophes. Ce Bârâsyâs aidait Yewâsef et combattait avec lui, car son cœur brûlait d'un zèle divin. Le roi le prit tout seul et se mit à lui parler avec douceur et à le prier avec énergie d'accepter la royauté, de paître son peuple dans la crainte de Dieu et de marcher sur le chemin qu'il désirait.

§4 Quand Bârâsyâs vit Yewâsef refuser, détester complètement (l'idée de régner) et ne pas vouloir de cela, il lui dit: «Est-ce ainsi, ô roi, que tu deviens à la ressemblance d'un tyran dans ta sentence et dans ton discours? Ce n'est pas la Loi: voici que tu as appris à aimer ton prochain comme toi-même, pour quelle raison veux-tu mettre sur moi le fardeau que tu es déterminé à rejeter de sur toi? Si la royauté est bonne, accepte-la avec bonheur; si celle-ci est une malédiction et une (cause de) calomnie (?) pour l'âme, pourquoi la mets-tu sur moi et veux-tu qu'elle me fasse trébucher?»

Quand Yewâsef le vit parler ainsi, il cessa de lui parler.

(p.220) **§5** Pendant la nuit, il écrivit une lettre au peuple qui était pleine de toute sagesse et science et de toute la beauté de la piété, exposant

[2] Cf. chapitre XXVI, **§4**, où le nom du personnage est orthographié Bârâkyâs.

comment il convenait qu'ils crussent en Dieu, quel sacrifice glorieux ils offriraient à celui-ci, quelle glorification et quelle action de grâce. Il commanda, outre cela, qu'ils ne reçussent pour la charge royale que Bârâsyâs. Il laissa la lettre dans sa chambre et sortit de son palais en cachette, se dissimulant à tous. Cependant il ne fut pas possible que cette affaire fût cachée aux gens, mais au moment du matin, quand il apprit cela, tout le peuple poussa aussitôt des cris et des lamentations. Tous les gens de la ville sortirent à la recherche de Yewâsef, dispersés sur tous les chemins pour trouver où il s'était enfui. Cependant leur zèle ne fut pas vain, c'est-à-dire que, lorsqu'il eurent occupé tous les chemins, encerclé les montagnes et parcouru des vallées où (?) personne ne passait, ils le trouvèrent dans une vallée, les mains tendues vers le ciel et disant la prière de la septième heure[3].

§6 Quand ils le virent, ils firent couler leurs larmes en l'implorant et en lui faisant des reproches de ce qu'il les avait abandonnés et était parti. Il leur dit: «Ne vous fatiguez pas en vain et ne pensez pas que, désormais, je serai pour vous un roi.»

Quand ils l'eurent beaucoup pressé, il s'apitoya et retourna dans son palais. Il rassembla tout le peuple, lui découvrit son dessein et jura, pour (appuyer?) ses paroles, qu'il ne serait pas avec eux un seul jour (de plus). Il leur dit: «Quant à moi, voici que j'ai accompli tout mon ministère à votre égard; je n'ai (rien) retenu et ne vous ai rien caché de ce qui m'incombait – quelque chose que je ne vous aurais pas dit et que je ne vous aurais pas enseigné –, me battant et guidant tous vers la foi en notre Seigneur Jésus-Christ, leur montrant le chemin de la repentance. Voici que je vais marcher sur le chemin que je désirais précédemment, vous ne reverrez pas ma face. Cependant je suis pur de votre sang et *(p.221)* de vous (?) en ce jour, ainsi que dit l'apôtre divin: *'Je suis pur du sang de vous tous.* En effet *je n'ai rien caché – que je ne vous aurais pas annoncé* – (de) *tout le* bon plaisir *de Dieu*[4]*.'*»

Quand ils entendirent cela, ils surent la fermeté de sa volonté et qu'il ne leur était pas possible de le détourner de la fermeté de sa pensée. Ils se mirent à se lamenter sur leur orphelinage et ne trouvèrent pas de moyen par lequel le retenir.

§7 À ce moment, le roi prit Bârâsyâs et leur dit: «Frères, j'ai établi celui-ci roi sur vous.» Quant à Bârâsyâs, il résista avec énergie à cette chose, mais, alors qu'il ne voulait pas, contre son gré, ils lui conférèrent la dignité royale et le placèrent sur le trône. Yewâsef plaça la couronne sur

[3] Ou peut-être, et aussi d'après le grec, «de la sixième heure».

[4] Cf. *Actes* XX, 26-27.

sa tête et mit l'anneau royal à son doigt. Il se tint debout en direction de l'est et prononça pour le roi qui recevait la royauté une prière pour que celui-ci gardât la foi de Dieu sans chancellement et qu'il trouvât la (bonne) voie sans s'écarter des commandements du Christ. Puis il fit une demande pour les prêtres et pour tout le troupeau et, pour eux, il demanda à Dieu le salut et la victoire, et que tout ce qu'ils lui demanderaient fût accepté.

§8 Quand il eut prié ainsi, il se tourna vers Bârâsyâs et lui dit: «Voici que je te commande, cher frère, par le commandement de l'apôtre de te *garder toi-même et tout le troupeau sur lequel l'Esprit Saint* t'*a établi pour que* tu *fisses paître* le peuple *de Dieu qui* nous a fait vivre *par son sang*[5]. De même que tu as connu Dieu avant moi et que ta piété (a été) dans une croyance pure, de même à présent montre un grand zèle à lui agréer. En effet de même que tu as mérité une grande dignité de la part de Dieu, en échange de cela, il t'incombe de le payer avec quelque chose qui est plus grand. En effet à celui à qui il a donné incombent la créance (?) de l'action de grâce, l'observance de ses commandements saints et l'éloignement du chemin qui mène à la ruine. Comme ceux qui *(p.222)* sont sur la mer – si l'un des marins se trompe, un petit dommage touche le navire, mais si le pilote se trompe, celui-ci périt tout entier –, de même en est-il des rois: si un de leurs sujets faute, le dommage ne touche pas toute la troupe (?) comme il touche celui-ci; mais si le roi faute, le dommage (?) touche tout le pays. Quant à toi, si tu es négligent en quoi que ce soit de ce qui se doit, il te reviendra un grand châtiment. Garde-toi toi-même dans la pratique des vertus et hais tous les désirs qui t'entraîneraient vers le péché. En effet l'apôtre a dit: *Faites la paix avec tous* et gardez la pureté, car *sans elle personne ne verra Dieu*[6].

§9 «Observe la révolution de la sphère céleste et ses cycles, et comment elle tourne au-dessus des affaires des hommes, emporte des heures vaines et les fait passer. Que son changement et son passage éphémère soient pour toi l'image de ce qui change. En effet le cœur, au moment du changement des choses, a un signe: il va venir une pensée qui n'est pas vraie[7]. Sois ferme dans la pratique du bien et véridique dans ta parole. Ne t'enorgueillis pas, pour un honneur transitoire, d'un orgueil de gloire vaine; au contraire, d'un cœur pur, pense à la misère et à la faiblesse de ta nature, à la venue rapide de la mort dans cette vie chétive d'ici-bas, car la mort est attachée à la chair. Si tu penses à cela, tu ne tomberas pas dans

[5] Cf. *Actes* XX, 28.
[6] *Hébreux* XII, 14.
[7] L'interprétation de cette phrase est incertaine.

le puits du péché. Crains ton Dieu, le roi céleste véritable, et tu seras bienheureux vraiment; en effet voici qu'il est dit:

Heureux tous ceux qui craignent Dieu et qui marchent dans ses voies[8]*!*
Heureux l'homme qui craint Dieu,
qui se réjouit complètement de ses commandements[9]*!*
Heureux les miséricordieux, car à eux aussi on fera miséricorde[10]*!*
Soyez miséricordieux comme votre Père céleste[11].

§10 «En effet c'est ce commandement dont sont requis avant tout ceux qui sont dans *(p.223)* une position élevée. Surtout celui qui est placé dans une position élevée, il lui faut se faire semblable au dispensateur de la puissance par toute la beauté des actions de miséricorde. Surtout, quant à la norme de l'obéissance, il n'y a rien qui attire ainsi vers l'affection mutuelle comme le don de la bienveillance qui est donné aux nécessiteux. En effet servir par crainte des hommes est vain. Écoute donc à propos de la crainte que celle-ci est liée à la tromperie; un nom glorieux et loué tromp ceux qui y prêtent attention. Celui qui craint par nécessité, s'il en trouve le moyen, se lève pour s'insurger. Mais celui qui est lié par les liens de l'affection, celui-là est ferme dans la beauté d'une obéissance qui ne se retire pas. À cause de cela, sois généreux envers les nécessiteux. Ouvre tes oreilles pour écouter les pauvres afin que, pour toi, les oreilles de Dieu soient à l'écoute. En effet si nous sommes des secoureurs pour ceux qui sont en (notre) puissance, en échange de cela, nous trouverons Dieu. De même que nous les écouterons, il nous écoutera. De même que nous les verrons, il nous verra avec l'œil de sa royauté divine qui regarde tout. Fuyons donc loin de la souffrance vers la volonté de miséricorde; nous serons rétribués à la ressemblance de ce que nous aurons fait.

§11 «Écoute aussi un autre commandement qui ressemble à celui-là: pardonnez pour que (Dieu) vous pardonne; *si vous ne pardonnez pas aux hommes leurs fautes, votre Père ne vous pardonnera pas vos fautes*[12]. À cause de cela, ne garde pas rancune aux croyants dans l'irritation, au contraire si tu veux le pardon de tes péchés, pardonne, toi, à ceux qui ont fauté envers toi. En effet celui qui pardonne, on le récompense par le pardon pour ses fautes; en retour de notre clémence envers ceux qui nous ont offensés, nous obtenons de faire s'écarter la colère ténébreuse. En retour aussi de ce que nous ne pardonnons pas aux pécheurs, nos péchés

[8] *Psaumes* CXXVIII, 1.
[9] *Psaumes* CXII, 1.
[10] *Matthieu* V, 7.
[11] *Luc* V, 36.
[12] *Matthieu* VI, 15.

ne nous sont pas pardonnés, selon que tu as entendu à propos de celui qui devait dix mille talents: à cause de son peu de pitié envers celui qui était son égal dans la servitude, il fut poursuivi de plus belle pour la dette qui (pesait) sur lui[13]. À cause de cela, il nous revient à nous aussi de nous tenir en grande garde pour que ne nous atteigne pas ce qui a atteint celui-là, au contraire abandonnons tout, comme il convient (?), tout ressentiment qui sort du *(p.224)* cœur pour que (Dieu) nous remette la grande dette qui pèse sur nous.

§12 «Avant tout, garde une belle douceur et enseigne la beauté de la piété et de la foi qu'on t'a enseignée. Qu'aucune mauvaise herbe de dissension ne pousse en toi, au contraire garde la semence divine pure, sans tache, pour que le Maître en voie le fruit abondant; il nous rétribuera selon nos actions, quand les justes resplendiront comme le soleil, et il rétribuera les pécheurs des ténèbres et de la douleur éternelles.

À présent, frères, je vous confie à Dieu et à la parole de sa grâce qui peut vous renforcer et vous donner un héritage dans tous les lieux saints (?).»

§13 Ayant dit cela, il ploya les genoux et pria avec des larmes brûlantes; puis il se tourna vers Bârâsyâs, qu'il avait établi roi, et vers tous les dignitaires et les officiers. Alors une grande chose advint, qui mérite les larmes; en effet tous lui parlèrent précisément, avec des lamentations: s'il restait avec eux, il était leur vie; son départ d'auprès d'eux (était) le départ de leur âme. Quelle lamentation ne lui adressèrent-ils pas à ce moment? Quelle déploration ne lui firent-ils pas entendre (?), l'adjurant, lui donnant des baisers et l'embrassant? En effet la douleur de leur cœur les rendait comme des insensés; ils crièrent en disant: «Malheur à nous, malheur à nous! Ô toi qui nous as libérés de toute souillure mauvaise, ô notre seigneur et notre père, notre sauveur et notre créateur, toi par qui nous avons connu Dieu, toi par qui nous avons été libérés de l'erreur – par toi nous avons trouvé le repos, la joie et l'allégresse –, qu'est-ce qui va nous atteindre à présent, qu'allons-nous devenir après notre séparation d'avec toi, combien de maux nous atteindront après toi?»

§14 Avec ces paroles et (d'autres) qui leur ressemblaient, ils faisaient une déploration, se frappaient la poitrine et se lamentaient sur les malheurs qui leur arrivaient. Mais lui, avec des paroles de consolation, leur parla; il leur fit entendre beaucoup (de choses) et leur promit qu'il serait avec eux en esprit, mais il ne lui était pas possible de demeurer avec eux en chair. *(p.225)* Ayant dit cela, il sortit de son palais; ils le suivirent tous sans se retourner et se mirent à fuir de la ville, ne voulant pas la

[13] Cf. *Matthieu* XVIII, 24-35.

revoir de leurs yeux. Quand ils furent sortis de la ville, après un long moment, les exhortant et les pressant de s'en retourner, il les réprimanda, puis aggrava la réprimande à leur endroit. Ils se séparèrent de lui par force; ils revinrent, leurs yeux pleins de larmes, et, se retournant, ils regardaient vers lui et leurs pieds refusaient d'avancer. Certains parmi eux, au cœur brûlant, le suivirent la nuit en étant pleins de regret.

CHAPITRE XXXVII

§1 Cet (homme) au cœur ferme s'enfuit d'au milieu d'eux et abandonna son royaume, se réjouissant et exultant comme qui revient d'un exil lointain et rentre dans son pays avec joie. Par-dessus il était vêtu de ses vêtements habituels, mais par-dessous il était revêtu des haillons de laine que lui avait donnés son maître Baralâm. Cette nuit-là, il arriva à la demeure d'un pauvre; il dépouilla les beaux vêtements qui étaient sur lui et les donna au pauvre pour que celui-ci (en) retirât un bon prix qui le réjouirait. Ainsi, par la prière de ce pauvre et de nombreux nécessiteux, il fit de Dieu le Très-Haut son secoureur; il revêtit sa grâce comme un vêtement de salut et une pourpre de joie. Il n'emporta avec lui ni pain ni eau ni rien de ce qu'il faut pour se nourrir; il ne revêtit de vêtement que ces haillons que nous avons mentionnés, en redoublant d'un amour qui était élevé au-dessus de la nature et d'un désir divin pour le Christ, le Roi qui ne meurt pas. Il se blessa lui-même et il était tout entier suspendu vers Dieu, brûlant d'amour pour lui, ainsi qu'il est dit:

L'amour brûle *comme* le feu[1].

Il était ivre de l'amour divin et assoiffé de voir (Dieu) dans l'ardeur de son amour, ainsi qu'il est dit:

Comme la biche soupire après les sources d'eau,
de même mon âme soupire après Dieu;
mon âme a soif de mon Dieu puissant et *vivant*[2].

En effet *(p.226)* l'âme qui aime à l'instar de cet amour crie dans le *Cantique des cantiques* en disant:

Car je suis frappé par son amour.
Fais-moi voir ton visage,
fais-moi entendre ta voix;
car ta voix est agréable,
et ton visage est charmant[3].

§2 Ô amour qu'on ne peut exprimer, amour du Christ qui brûle dans le cœur comme le feu! L'assemblée des apôtres et l'assemblée des martyrs

[1] Cf. *Cantique* VIII, 6: *[...] l'amour est fort comme la mort,*
[...] ses fièvres sont des fièvres de feu,
une flamme de Yah.

[2] *Psaumes* XLII, 2-3.

[3] *Cantique* II, 5, 14.

ont abandonné tout ce qui est visible et ont préféré le Christ à la vie transitoire; ils ont enduré toute sorte de supplices dans leur amour de la beauté divine, en méditant l'amour du Verbe de Dieu notre Père. Ce feu, Yewâsef l'accueillit dans son cœur; il méprisa les choses terrestres et dédaigna richesse, honneur et louange des hommes; il abandonna parfums et vêtements de pourpre et assimila ceux-ci à une toile d'araignée. Il se tourna avec fermeté vers toute souffrance et peine, dans une vie qui (se passe) dans l'ascèse, criant et disant:

«Je t'ai suivi, ô mon Messie,
mon âme a suivi derrière toi,
*ta droite m'*attend[4].»

§3 Ainsi il alla, regardant en avant sans se retourner, jusqu'aux confins du désert. Il rejeta la fréquentation des choses transitoires, comme qui rejette des chaînes et un lourd carcan. Il se réjouit dans l'esprit et regarda vers le Christ qu'il désirait; il cria vers lui en disant: «Ne fais pas que mes yeux voient les belles choses de ce monde et ne fais pas que mon cœur se réjouisse de ces choses transitoires; au contraire emplis mes yeux, ô Seigneur, du ruissellement des larmes spirituelles, assure mes pas et fais-moi voir la face de Baralâm ton serviteur, qui fut pour moi cause de salut, pour que j'apprenne par lui la règle de l'abstinence dans cette vie d'ascèse et que je ne sois pas changé par l'insuffisance de mon examen (?) des attaques de l'Ennemi. Donne-moi, ô Seigneur, de trouver le chemin pour arriver auprès de toi; en effet mon âme est blessée et a soif de toi, ô source de vie.»

§4 Avec ces paroles, il parlait continuellement dans son cœur; il conversait avec Dieu dans l'unité, par la prière et par des visions très-hautes. Ainsi allait-il son chemin sans faiblesse. Il était *(p.227)* éprouvé par de dures épreuves, mais, par l'amour de son Dieu, il vainquait la loi de la nature et la soif d'eau. Il se nourrissait de l'herbe qui pousse dans le désert, car il n'avait rien emporté avec lui – comme nous l'avons dit précédemment – en dehors de son seul corps et des haillons qui le revêtaient. Cependant il se nourrissait d'un peu d'herbe; de celle-ci il ne trouvait pas beaucoup, car le désert était très sec et sans eau. Au milieu du jour, l'ardeur du soleil le brûlait fort, mais Dieu couvrait d'ombre (?) pour lui l'ardeur de la soif d'eau.

§5 Il ne fut pas possible à l'ennemi des belles choses, père du mensonge, de supporter cela, alors qu'il le voyait dans cette beauté de pensée et dans ce brûlant amour de Dieu. Il suscita contre lui dans le désert

[4] *Psaumes* LXIII, 9.

de nombreuses tentations en l'éprouvant par le rappel de sa gloire royale et de sa belle position, de ses dignitaires qui l'entouraient, de ses amis, de ses parents et de ses familiers – toutes les vies étaient suspendues sur lui – et aussi des différentes sortes de repos. Il lui rappela encore la difficulté de la pratique de la vertu et son danger, la faiblesse de sa chair et que celle-ci n'était pas habituée à une telle rigueur. Il lui fit aussi penser à la longueur du temps et au tourment de la soif dans ce désert. Surtout il ne lui donna aucunement d'espoir, ni ce qui pouvait le réconforter, et (il lui dit) qu'il n'y avait pas de fin à ces fatigues. Il fit venir dans son esprit de nombreuses envies (?), ainsi qu'il est écrit à propos du grand Antoine.

§6 Quand l'Ennemi connut sa faiblesse face à la pensée du saint – en effet celui-ci pensait continuellement au Christ et son cœur brûlait de l'amour de celui-ci, il était très ferme dans la beauté de son espérance et assuré dans sa foi –, il lui sembla que rien ne pouvait l'attaquer. L'adversaire fut couvert de honte au début de son attaque et tomba, ainsi qu'il est dit[5]. Après cela, il suscita pour lui une autre tentation; en effet *(p.228)* nombreuses sont les ruses du Mauvais. Il suscita pour lui différentes apparitions illusoires pour instiller en lui la crainte: une fois il lui apparaissait à la ressemblance d'un homme noir; une fois il se faisait semblable pour lui à quelqu'un qui tenait une épée et menaçait de le tuer, pour qu'il revînt rapidement en arrière; une fois il se faisait semblable pour lui à des bêtes sauvages de différents aspects, et elles donnaient de la voix contre lui, criant et s'élançant. Il se faisait semblable à des serpents féroces s'enroulant sur lui; il se faisait encore semblable à un grand dragon, à une vipère et à un céraste.

§7 Quant à ce soldat athlète (de Dieu), son âme, loin de l'échauffement (?), était sans crainte ni frayeur. En effet voici qu'il avait fait du Très-Haut (son) refuge; son esprit était vigilant (?) et il se moqua de Satan le mauvais en disant: «Il ne te revient pas de m'abuser, trompeur malfaisant, par une duperie comme celle-ci. En effet c'est toi qui, jadis, as fait se lever le mal contre la race des hommes; tu es à jamais perfide et tu ne cesseras pas de te comporter en ennemi en tout lieu. Elle te convient parfaitement, cette manière de te montrer (?), à savoir de te faire semblable aux bêtes sauvages et aux hyènes et de révéler ouvertement la nature bestiale de ta volonté et ta perversité. Pourquoi, misérable, regardes-tu vers ce que tu ne peux atteindre? Depuis que je sais que ces tromperies et ces objets d'épouvante proviennent de toi, de ce moment je n'ai pas de crainte de toi ni une seule préoccupation. En effet Dieu m'aide et je vois

[5] Cf. *Psaumes* XXVII, 2: *[...] ce sont eux, mes adversaires et mes ennemis qui trébuchent et qui tombent.*

mes ennemis malfaisants, je piétine la vipère et je chevauche le serpent auxquels tu te rends semblable. Je te piétine, lion et serpent, par la puissance du Christ étant vainqueur. *Que soient confondus et déshonorés tous mes ennemis, qu'ils rougissent de honte et s'éloignent avec précipitation, en hâte*[6].»

§8 Yewâsef s'orna tout entier du signe de la Croix, armure qui ne peut être vaincue, et rendit vains tous les *(p.229)* fantômes du Menteur. Aussitôt s'évanouirent les bêtes sauvages et les hyènes, comme s'évanouit la fumée et comme fond la cire qui est près du feu. Quant au saint, il était ferme par la puissance du Christ, se réjouissant et rendant grâce à Dieu. Cependant (il y avait) de nombreuses bêtes sauvages de différentes sortes, des vipères de toute sorte et l'engeance des dragons de différents aspects; ce désert s'en révélait rempli et les chemins étaient remplis de crainte et d'épouvante. Mais lui, il volait avec des ailes au-dessus de toutes deux; quant à l'épouvante en effet, selon la parole de l'Écriture, l'amour la chasse à l'extérieur[7] et la crainte, le désir l'allège. Ainsi lutta-t-il avec des tourments et des périls de toute sorte pendant des jours nombreux. Après cela, il parvint à ce désert qui est dans Sinâor[8], c'est celui dans lequel demeurait Baralâm; il y trouva de l'eau et en éteignit l'ardeur de la soif.

[6] *Psaumes* VI, 11.
[7] Cf. *1Jean* IV, 18: *[...] l'amour parfait bannit la crainte [...]*.
[8] Cf. chapitre VI, **§1**, note 15.

CHAPITRE XXXVIII

§1 Yewâsef resta deux ans dans ce désert, en le parcourant, mais il ne trouva pas Baralâm et il s'imaginait que Dieu éprouvait la force de sa pensée et la fermeté de son âme. Il demeura ainsi sous la voûte éthérée; le jour, l'ardeur torride du soleil le brûlait; la nuit, il était roidi et desséché par le froid. Continuellement il cherchait avec ardeur le vieillard illustre, Baralâm, comme qui cherche un trésor de beaucoup de prix. Il fut en butte à des tentations nombreuses et à des assauts de la part des esprits mauvais; il endura de nombreuses rigueurs par manque des herbes dont il se nourrissait. Ce désert, très sec, en (était dépourvu) et n'avait pas de plantes comme elles. Cependant cette âme chrétienne, qui ne pouvait être vaincue, brûlait d'un grand désir et, avec joie, elle endurait. À cause de cela, elle n'était pas privée de visions très-hautes. Quand le saint Yewâsef eut accompli deux années, il fut (toujours) à errer sans repos, cherchant celui qu'il désirait voir et suppliant *(p.230)* Dieu. Le ruisseau de ses larmes s'écoulait comme l'eau d'un fleuve et il criait en disant: «Ô mon Seigneur et mon Dieu, montre-moi celui qui a été cause pour moi que je te connusse et que je connusse ces belles choses. J'ai été privé de lui par l'abondance de mes péchés; ne me prive pas, ô Seigneur, de cette grâce, mais rends-moi digne de le voir et de mener le combat de l'ascèse pareillement, comme lui.»

§2 Il trouva, sous la direction de Dieu, une grotte et, dans celle-ci, la trace de ceux qui marchaient sur ce chemin; il trouva un moine qui parcourait le désert. Il se jeta sur lui avec ardeur de cœur et l'embrassa; il l'interrogea et lui dit: «Où trouverai-je Baralâm?» Et il lui raconta son histoire et (la) lui exposa clairement. De ce moine il apprit la demeure de celui qu'il cherchait et il le trouva rapidement, à la ressemblance d'un chasseur habile qui trouve la trace du gibier (?). Il trouva le signe par lequel il devait reconnaître le vieillard. Il alla en se réjouissant dans son espérance, comme un jeune homme vigoureux qui espère voir son père après de nombreuses années. En effet quand l'amour de Dieu demeure dans l'âme, il l'emporte en puissance sur (l'amour) naturel par la grandeur de (sa) contrainte.

§3 Yewâsef se tint alors à la porte de la grotte et frappa en disant: «Bénis, père, bénis!»

Quant Baralâm entendit sa voix, il sortit de la grotte et reconnut par l'esprit (Yewâsef), qu'il n'était pas possible de reconnaître rapidement à cause de ce que son aspect avait été fort changé par rapport à ce qu'(il était) précédemment. De ce jeune homme en fleur et d'une beauté éclatante l'aspect était devenu noir par (l'effet de) la chaleur torride du soleil et du froid de la nuit; tout son corps était couvert (?) par les cheveux, ses joues étaient comme si elles avaient été brûlées par le feu, ses yeux étaient enfoncés et ressemblaient à des puits qu'on aurait creusés et ses cils étaient brûlés par le ruissellement des larmes et par les nombreuses privations. Yewâsef reconnut (son) père spirituel, surtout par l'aspect (inchangé) dans lequel il se trouvait. Aussitôt le vieillard se leva, tourna son visage vers l'est et adressa une prière à Dieu en lui rendant grâce et en le suppliant. *(p.231)* Après qu'il eut achevé sa prière en disant amen, tous deux s'étreignirent et s'embrassèrent mutuellement. Chacun honora l'autre d'un honneur spirituel avec un désir violent qui, depuis longtemps, était sans assouvissement.

§**4** Quand ils se furent étreints un long moment, ils s'assirent et se mirent à converser. Le vieillard Baralâm dit à Yewâsef: «Bienvenue, fils bien-aimé, fils de Dieu et héritier de son royaume céleste par notre Seigneur Jésus-Christ que tu aimes et que tu désires, et il t'est revenu justement plus que les temps sujets au vieillissement! À la ressemblance du riche habile et avisé, tu as vendu tout ce qui était à toi et tu as acheté la perle précieuse qui n'a pas de prix. Tu as trouvé le trésor qui ne peut être volé, qui est caché dans le champ des commandements de Dieu[1]. Tu as donné tout ce qui était à toi d'entre les choses transitoires qui passent rapidement afin d'acheter ce champ pour toi-même. De même Dieu te donnera les choses durables à la place des choses transitoires et ce qui ne vieillit pas à la place des choses sujettes au vieillissement, et tes jours ne vieilliront pas. Raconte-moi à présent, fils bien-aimé, comment tu es parvenu ici, ce qui t'est arrivé après mon départ et si ton géniteur a appris à connaître Dieu ou, jusqu'à aujourd'hui, est dans sa folie première dans la captivité de la tromperie de Satan.»

§**5** Quand Baralâm lui eut dit cela, le roi Yewâsef se mit à lui raconter tout ce qui était arrivé après qu'il l'avait quitté et comment Dieu l'avait gardé jusqu'au moment de leur rencontre. Le vieillard écoutait avec plaisir et il s'étonnait d'un cœur brûlant, il dit: «Gloire à toi, ô notre Dieu qui toujours protèges ceux que tu aimes et les secours! Gloire à toi, ô Christ roi de tout et Dieu de toutes les belles choses, car tu as bien voulu

[1] Cf. *Matthieu* XIII, 44-46.

que la semence que j'ai semée dans l'âme de ton serviteur Yewâsef donnât du fruit au centuple, ainsi que tu l'as rendu digne de cela, ô laboureur et Seigneur! Gloire à toi, ô Esprit bon, parfait de sainteté et père de la grâce, qui as donné la grâce à tes disciples saints *(p.232)* et as rendu ton serviteur Yewâsef digne de trouver celle-là! Tu as libéré beaucoup de gens de l'erreur de l'adoration des idoles à cause de lui et tu as éclairé leur cœur par la connaissance de la lumière de ta divinité véritable.

§6 Ainsi Dieu fut-il glorifié et remercié par eux; avec de tels (propos) ils demeurèrent à s'entretenir en se réjouissant de la grâce de Dieu. Le soir arriva, ils se levèrent pour la prière et firent le service (divin) selon l'habitude. Après cela, ils se souvinrent de la nourriture; Baralâm approcha une table glorieuse qui était chargée de nourritures spirituelles. Quant à la nourriture qui est visible, il n'y en avait pas sur elle en dehors de légumes crus que le vieillard cultivait et arrachait, quelques fruits[2] de dattier qu'on récoltait dans ce désert et des herbes du désert. Ils rendirent grande grâce à Dieu et mangèrent de ce qui était servi et burent de la source d'eau qui était proche d'eux. De nouveau ils rendirent grâce à celui qui a la main tendue et qui rassasie tout vivant. Ils se levèrent de nouveau, achevèrent la prière de la nuit et se mirent à s'entretenir des choses spirituelles, après avoir prié, avec des paroles salvatrices qui étaient pleines de toute sagesse céleste, pendant (toute) la longueur de leur nuit jusqu'à ce que vînt le matin. L'amour les avait fait oublier de se souvenir de leur prière habituelle.

§7 Yewâsef demeura avec Baralâm de nombreuses années en combattant de ce combat admirable qui est élevé au-dessus de la nature des êtres de chair, comme avec un géniteur et un précepteur, en toute soumission et humilité. Yewâsef produisait un fruit pour (Baralâm?) et s'exerçait dans toutes les sortes de pratique des vertus; (il était) rompu à l'endurance face aux attaques des esprits mauvais qui ne sont pas visibles. À cause de cela, il vainquit les désirs et les tua tous. Il soumit la pensée du corps et la pensée de l'esprit[3] comme un serviteur à son maître; il oublia complètement tous les agréments et le repos. En ce temps-là, il régissait (son corps?) à l'instar d'un mauvais serviteur qu'il appelait de sa voix à venir. *(p.233)* Ainsi était son combat ascétique, au point que Baralâm lui-même, qui y avait persisté de nombreuses années, s'en étonnait et était vaincu par sa résistance endurante. Ainsi se nourrissait-il de cette nourriture sèche, qui n'avait pas de saveur, pour retenir sa vie

[2] Le guèze ቡስር፡ transcrit l'arabe بسر («dattes vertes»).

[3] Le sens général de la proposition, comme d'ailleurs le texte grec, incite à comprendre «...la pensée du corps **à** la pensée de l'esprit».

uniquement, afin de ne pas mourir par la violence (contre lui-même) pour que ne fût pas perdue la récompense de la beauté des actions. Il contraignit aussi la nature à pratiquer la veille comme s'il n'avait pas une nature charnelle.

§8 Pour la prière et l'exercice mental, sa pensée travaillait sans cesse et il passa les jours de sa vie à contempler des visions spirituelles (et) célestes, au point qu'il n'arrêta pas du tout, ni une heure ni (le temps d') un clin d'œil, depuis le moment où il demeura dans ce désert. Cela est (le chemin) qu'il emprunta dans[4] l'ordonnance de la vie monastique véritable, et il ne fut pas trouvé oisif loin du travail spirituel qui est sans tache. Celui-ci (fut un homme) au cœur ferme, un beau coureur qui parcourut les étapes des chemins célestes et garda l'ardeur de son cœur sans extinction depuis le commencement jusqu'à la fin. Il fut ferme dans son cœur à jamais, *allant de puissance en puissance*[5], et, ce qui est élevé au-dessus de cela, il ajouta l'amour à l'amour et la vigilance à la vigilance jusqu'à ce qu'il fût parvenu à la béatitude qui était souhaitée et qui était désirée (par lui).

[4] On peut aussi comprendre: «Celui-ci est celui qui marcha dans...».
[5] *Psaumes* LXXXIV, 6.

CHAPITRE XXXIX

§1 Ainsi demeurèrent Baralâm et Yewâsef, rivalisant entre eux d'une belle rivalité, heureux loin de toute agitation séculière. Leurs cœurs étaient sans trouble et sans confusion et ils se prêtaient à de nombreuses fatigues pour la belle adoration. Un jour, le vieillard appela son fils spirituel qu'il avait engendré par la prédication de l'Évangile. Il s'entretint avec lui de propos spirituels en disant comme précédemment: «Cher Yewâsef, il te revenait de demeurer dans ce désert. Alors que je priais, mon Seigneur Jésus-Christ m'a promis ceci à propos de toi, à savoir que je te verrais avant ma mort dans cette vie. Voici que j'ai *(p.234)* vu à présent ce que je désirais, j'ai vu que tu t'es séparé du monde et de tout ce qui est dans le monde; tu t'es approché du Christ d'un cœur sans doute et tu es parvenu à la limite de la fin ultime de la perfection. À présent si (tant?) est que soit arrivé le temps de mon départ, l'habitude du désir m'accompagnant et étant liée (?) à moi[1], voici que je vais m'en aller pour être avec le Christ à jamais. Voici, accomplis (?) l'enterrement qui est pour mon corps et donne la poussière à la poussière; sois, toi, en ce lieu et demeure dans le combat spirituel. Institue le souvenir de mon humilité dans ta prière, car je crains la multitude des démons: peut-être se lèveront-ils pour faire achopper mon âme à cause de la grandeur de ma folie.

§2 «Mon fils, ne t'afflige pas à cause des souffrances de la vie ascétique et ne tremble pas devant la longueur du temps et devant la ruse de Satan. Au contraire sois fort, par la puissance du Christ, contre la faiblesse (des démons) et ris-toi d'eux avec hardiesse. Sois devant la rigueur du labeur à la ressemblance de qui est tout le temps à attendre le départ d'ici-bas. Que le même jour soit pour toi comme le commencement de ta pratique de l'ascétisme et sa fin. Sois toujours ainsi en oubliant ce qui est derrière toi et en progressant devant toi; témoigne publiquement, comme un signe, en remportant l'appel très-haut de Dieu dans le Christ Jésus. Selon que dit l'apôtre glorieux, *ne tremblons pas,* frères, *si l'homme qui est à l'extérieur* vieillit, voici qu'*à l'intérieur il se renouvelle de jour en jour, car une petite affliction* qui est au-delà de l'accomplissement (?) *crée pour nous une gloire qui demeure à jamais.* Notre souhait ne va pas vers *ce*

[1] Le guèze **ወይትቃረነኒ ፡**, littéralement «et me combattant», paraît transcrire simplement ici un verbe arabe de racine قرن («joindre, associer»).

qui est visible, en effet ce qui est visible est temporaire et ce qui est invisible demeure *à jamais*[2].

§3 «Après que tu auras médité cela, sois courageux et fort; sois un soldat fort, garde-toi pour être digne d'être un soldat. Même si le Trompeur suscite pour toi une pensée d'agitation, garde-toi pour qu'il ne renverse pas la fermeté de ta pensée; considère attentivement le commandement *(p.235)* divin qui dit: Ne craignez pas sa tromperie, car *dans le monde* il vous revient d'être affligés, *mais soyez fermes car moi j'ai vaincu le monde*[3].

«À cause de cela, réjouis-toi toujours en Dieu, car il t'a choisi, t'a honoré en dehors du monde et t'a placé devant lui. À cause de cela, il t'a appelé d'un appel saint qui est pour toujours. Il est *proche; ne te soucie de rien, mais dans toute* prière et supplication aie confiance et rends grâce à Dieu *au moment de ta supplication*[4]. En effet lui-même a dit: *Je ne t'abandonnerai pas ni ne me retirerai de toi*[5].

«Pense ainsi au moment de la rigueur du combat et de l'agitation de la vie ascétique et réjouis-toi en te souvenant du Seigneur notre Dieu. En effet il est dit: *Je me suis souvenu de Dieu et je me suis réjoui*[6].

§4 «Et encore, si l'Adversaire (cherche à) te tromper par une autre attaque, suscite pour toi une pensée d'orgueil et te fait voir la gloire du royaume séculier et toute la gloire du monde que tu as méprisé, revêts-toi de la cuirasse de la parole du Sauveur, comme du bouclier de celui qui a dit: '*Si vous avez fait* la tâche *qui vous a été prescrite, dites: Nous sommes des serviteurs inutiles, car nous avons fait ce que nous devions (faire)*[7].'

«Mais nous ne pouvons accomplir ce qui nous incombe d'entre les commandements de notre Créateur qui s'est fait pauvre pour nous alors qu'il est riche et a souffert pour nous délivrer de la souffrance. Quelle gloire pour un serviteur s'il souffre à la ressemblance de son maître? En effet nous sommes fort au-dessous de ses souffrances. Pense ainsi pour tout doute et tout orgueil qui se gonflerait contre la connaissance de Dieu, emprisonne toutes les pensées auprès de l'obéissance au Christ et fais-les revenir à Dieu qui est au-dessus de toute pensée, qui gardera ton cœur et toutes tes pensées dans le Christ Jésus, amen.»

[2] *2Corinthiens* IV, 16-18.
[3] *Jean* XVI, 33.
[4] *Philippiens* IV, 4-6.
[5] *Hébreux* XIII, 5.
[6] *Psaumes* LXXVII, 4.
[7] *Luc* XVII, 10.

§5 Quand le bienheureux Baralâm dit cela, la profondeur du flot des larmes de Yewâsef ne se trouva plus selon la mesure; au contraire (Yewâsef) était à la ressemblance d'une fontaine d'eau qui a plusieurs sources, au point qu'il arrosa son corps *(p.236)* avec la terre sur laquelle il était assis, se lamentant véhémentement et suppliant d'un cœur brûlant que son voyage fût avec lui sur le chemin des bons, et qu'il ne restât pas dans le monde après lui. Il lui dit: «Pourquoi, ô mon père, cherches-tu le repos pour toi seul et pas pour ton prochain? Comment accomplis-tu l'amour parfait, selon ce qu'il est dit: *Aime ton prochain comme toi-même*[8], alors que toi tu t'en vas dans le repos et me laisses, moi, dans l'affliction et la misère, moi qui n'ai pas été entraîné précédemment au combat du bel ascétisme, avant que je sois instruit de l'attaque (des démons) et des nombreuses épreuves (qu')ils (infligent)? Voici que tu m'abandonnes face à leur assaut: rien ne peut m'arriver sinon tomber dans leur tromperie mauvaise et mourir de la mort éternelle de l'âme. Malheur à moi, misérable, voici que va me toucher ce qui a touché les nombreux moines perfides qui n'ont pas été tentés! Mais je t'implore de supplier Dieu pour qu'il me prenne avec toi et que je quitte ce monde. Oui, implore celui qui rétribue à proportion des actions; je t'implore pour ne pas demeurer dans le monde, après ma séparation d'avec toi, un seul jour et n'être pas errant à l'intérieur de ce désert.»

§6 Quand Yewâsef dit cela en pleurant, alors le vieillard lui parla avec douceur et avec calme (et lui dit): «Il n'est pas souhaitable, mon fils, que tu t'opposes au jugement de Dieu qui ne peut être appréhendé. Quant à moi, j'ai beaucoup supplié à propos de cela et j'ai appris de sa bonté qu'il ne serait pas bon pour toi à présent que tu rejettes le poids de la chair, mais sois endurant dans l'ascèse pour que Dieu tresse pour toi une couronne de lumière. En effet tu n'as pas encore mené un combat qui fût à proportion de la grandeur de la récompense qui a été préparée pour toi; au contraire il te revient de peiner un peu et d'entrer, en te réjouissant, dans la joie de ton Seigneur. En effet moi, à présent, je touche à la centième année de mes jours et j'ai demeuré complètement dans ce désert pendant soixante-quinze ans. Quant à toi, même si la durée de tes jours n'est pas longue comme cela, tu en seras *(p.237)* proche, selon qu'a ordonné Dieu, afin que tu sois égal – et que tu ne t'(en) sépares en rien – à ceux qui supportent le poids du jour et sa chaleur. Accepte à présent, mon très cher, ce qui agrée à Dieu avec joie, car personne parmi les hommes ne peut repousser sa volonté; sois endurant en te gardant par sa

[8] *Matthieu* XXII, 39.

grâce et sois toujours en éveil face aux pensées qui s'en prennent à la pureté de ta pensée, à la ressemblance d'un trésor de grand prix. Garde-la du vol en faisant se réfugier ton âme auprès du spectacle de la beauté des visions spirituelles et élève-toi de jour en jour pour que soit accompli sur toi ce qu'a promis notre Sauveur à ses justes en disant: *'S'il y en a un qui m'aime, qu'il garde ma parole, et nous viendrons chez lui et nous ferons notre demeure (chez lui)*[9]*.'*»

§7 Quand le vieillard eut dit ces mots et beaucoup plus que cela, avec la contrition d'une âme sainte et d'une langue inspirée par Dieu, l'âme affligée de Yewâsef fut consolée. Baralâm l'envoya aussi chez des frères dont la demeure était éloignée afin qu'il rapportât les choses nécessaires pour le sacrifice sacerdotal. Yewâsef alla avec ardeur en se hâtant d'accomplir le service de sa mission. En effet il craignait que Baralâm ne mourût, lui n'étant pas là, comme tous les hommes et ne remît son esprit à Dieu, (et) que (lui Yewâsef) ne fût privé d'entendre sa voix et ses recommandations, sans prier sur lui et recevoir sa bénédiction. Ainsi s'en alla-t-il avec courage pour ce voyage au loin et il rapporta ce qui était nécessaire pour le sacrifice sacerdotal. Le vieillard glorieux Baralâm offrit le sacrifice de Dieu; il se communia, communia Yewâsef avec les purs mystères du Christ et se réjouit dans l'Esprit Saint.

§8 Ils se nourrirent selon l'habitude et Baralâm nourrit encore Yewâsef de paroles de l'enseignement qui est profitable à l'âme. Il lui dit: «Cher fils, nous ne nous réunirons pas dans ce monde pour quoi que ce soit dorénavant, ni ne nous nourrirons à une seule table; en effet voici que *(p.238)* je vais m'en aller pour le voyage de mes pères, qui est le dernier. Il convient que tu montres ouvertement ton affection pour moi en gardant les commandements de Dieu avec constance jusqu'à ce que tu aies accompli en ce lieu la règle, selon que tu as appris et as été enseigné, te souvenant tout le temps de mon âme faible et débile. À présent réjouis-toi d'une (grande) joie et sois joyeux de la joie du Christ; en effet tu as choisi, à la place des choses terrestres sujettes au vieillissement, les choses durables à jamais qui ne passent pas. Voici qu'il s'est approché, (le moment de?) recevoir le prix de tes actions et d'obtenir ta récompense. Voici que (le Christ) s'est montré et est venu à présent pour voir ta vigne, que tu as cultivée; la main ouverte, il te donnera le prix de ton travail, lui dont la parole est juste et la promesse véridique. Selon que dit Paul: *Si nous sommes morts avec lui, nous vivrons avec lui. Si nous avons enduré, nous régnerons avec lui*[10] dans le royaume éternel qui n'a pas de

[9] *Jean* XIV, 23.
[10] *2Timothée* II, 11-12.

fin, brillant de la lumière qu'il n'est pas possible de regarder et qui ne peut être touchée et étant dignes de l'illumination de la Trinité, principe de tout, principe loué véritable.»

Avec de telles paroles Baralâm fut à parler à Yewâsef pendant toute la durée de la nuit, celui-ci se lamentant avec des larmes abondantes et ne pouvant endurer la séparation d'avec lui.

§9 Quand le jour brilla, Baralâm mit fin à son entretien avec Yewâsef, tendit ses mains vers le ciel, leva les yeux et rendit grande grâce à Dieu; il dit: «Ô Seigneur, Dieu, mon Dieu, qui es en tout lieu et que tous craignent, je te rends grâce, car tu as regardé vers ma faiblesse et m'as rendu digne d'achever ma carrière ici-bas dans la croyance droite en toi, dans le chemin de tes commandements. À présent, ô ami du bien et Seigneur à la compassion parfaite, accueille-moi dans tes tentes éternelles. Ne te souviens pas de tout ce en quoi j'ai péché, soit en le sachant soit sans *(p.239)* le savoir; garde ce tien serviteur fidèle que tu m'as rendu digne, moi ton serviteur, de te présenter en offrande. Sauve-le de toutes les tromperies de Satan et rends-le vainqueur des nombreux pièges que tend le Mauvais pour faire trébucher avec mauvaiseté ceux qui veulent être sauvés. Donne-lui pouvoir, ô Tout-Puissant, sur tous les trompeurs et chasse ceux-ci de devant la face de ton serviteur; donne-lui autorité pour qu'il piétine la tête de l'Ennemi, père de la destruction et destructeur des âmes. Envoie sur lui d'en haut la grâce de l'Esprit Saint et le pouvoir sur les attaques de ceux qui sont invisibles, afin qu'il devienne digne et reçoive de toi la couronne de victoire, et que soit glorifié sur lui ton nom, ô Père, Fils et Esprit Saint, un seul Dieu, car à toi reviennent honneur et gloire dans les siècles des siècles, amen.»

§10 Quand il eut dit cela, il embrassa Yewâsef comme un père (son) fils et lui donna le salut avec un baiser de sainteté. Il se signa selon le signe de la Croix et s'en alla dans la joie et dans l'allégresse, comme qui va dans une assemblée de gens joyeux; avec élégance et grâce, il s'en alla pour recevoir la récompense de la gloire de l'au-delà, vieillard véritable qui avait passé ses jours dans un mode de vie spirituel.

CHAPITRE XL

§1 Quant à Yewâsef, il tomba sur son père (spirituel) en priant et en prenant congé de lui dans les gémissements et les larmes. Il lava son corps, l'ensevelit dans ces haillons de laine que Baralâm lui avait donnés alors qu'il était dans son palais et l'en enveloppa. Il récita sur lui les psaumes qui sont prescrits, pendant toute la longueur du jour et pendant toute la longueur de la nuit, en chantant et il arrosa la dépouille glorieuse du bienheureux avec ses larmes. Le lendemain, il creusa son tombeau près de sa grotte avec fermeté de cœur. Il porta le corps pur du prêtre spirituel et l'enterra en grand honneur. Son âme s'enflamma comme le feu et il s'appliqua à la prière avec grande véhémence, il dit:

§2 «Ô Seigneur, je t'implore de tout mon cœur et mon âme te supplie; ne détourne pas *(p.240)* ton visage de moi et ne t'irrite pas contre ton serviteur. Sois pour moi un secoureur, ne m'éloigne pas et ne t'éloigne pas de moi. Ô mon Seigneur, et mon sauveur, puisque mon père et ma mère m'ont rejeté, toi, ô Seigneur, accueille-moi. Montre-moi le chemin de tes commandements et montre-moi le chemin de ta justice à cause de mes ennemis. Ne me livre pas à l'âme de ceux qui me maltraitent[1]. J'ai été jeté sur toi depuis le sein; depuis le ventre de ma mère, tu es mon Dieu. Ne t'éloigne pas de moi, car je n'ai pas de secoureur en dehors de toi, car dans la grandeur de ta miséricorde mon âme se confie. Ô régisseur de toute la création, régis ma vie avec ta providence et ta sagesse ineffable. Montre-moi (le chemin?) où marcher et sauve-moi, car tu es un Dieu bon et ami des hommes, par la prière et par la supplication de Baralâm qui t'a complu. En effet tu es mon Dieu et toi, je te glorifie, ô Père, Fils et Esprit Saint.»

§3 Quand il eut achevé sa prière, il s'assit près du tombeau en pleurant. S'étant assis, il s'endormit et vit dans son sommeil ces êtres terrifiants qu'il avait vus précédemment[2], venant auprès de lui. Ils lui montrèrent la ville grande et merveilleuse et le firent entrer dans un palais grand et glorieux dont la beauté était différente de toute beauté. Quand il eut passé la porte, d'autres êtres lumineux l'accueillirent, qui étaient très lumineux; dans leurs mains (étaient) des couronnes qui resplendissaient d'une lumière qui ne peut être décrite, les yeux des hommes n'en ont jamais vu

[1] Tout ce début de prière suit de près *Psaumes* XXVII, 7-12.

[2] Cf. chapitre XXX, **§17**.

qui fussent comme elles. Yewâsef les interrogea en disant: «À qui sont ces couronnes glorieuses que je vois, qui sont élevées au-dessus de toute beauté?»

Ils lui répondirent et lui dirent: «On (en) a préparé une pour toi à cause des âmes nombreuses que tu as sauvées; voici que tu verras qu'elle l'emportera sur cet (éclat actuel) à cause de cette vie ascétique dans laquelle tu es, si tu vas jusqu'au bout. Quant à cette deuxième couronne, (c'est) celle qu'il te revient de préparer pour ton père qui, par toi, s'est détourné du mauvais chemin et s'est repenti d'un cœur pur, vers Dieu.»

(p.241). **§4** À Yewâsef ce propos fut pénible, il dit: «Comment mon père peut-il recevoir une grâce comme moi qui ai peiné dans une telle peine – et ma peine aurait été égalée par sa repentance?»

Quand il dit cela, Baralâm lui apparut et le réprimanda en disant: «Yewâsef, ne t'ai-je pas dit précédemment: 'Si tu obtiens une grande richesse, ne sois pas avare?' Tu t'es étonné de ma parole à ce moment-là[3]. À présent pourquoi est-ce un poids pour toi quand l'honneur de ton père est comme le tien – et tu ne t'es pas réjoui dans ton âme de ce que voici qu'ont été entendues tes nombreuses supplications à ce sujet?»

§5 Yewâsef, selon son habitude, lui dit: «Pardonne-moi, mon père, pardonne-moi et indique-moi en quel lieu tu demeures.»

Baralâm lui répondit et lui dit: «Voici qu'il m'a été octroyé de demeurer dans cette grande ville à la beauté éminente, à l'intérieur de laquelle il y a la beauté d'un éclat qui ne peut être délimité.»

Yewâsef supplia Baralâm de le conduire à sa demeure et de l'accueillir avec bienveillance. Baralâm lui dit: «Jusqu'à présent il n'est pas encore arrivé, le temps que tu vinsses dans ces demeures, alors que la chair pèse sur toi. Mais si tu es endurant dans le repentir et la crainte, comme je te l'ai prescrit, tu viendras après peu (de temps) et tu seras digne de cette demeure. Tu obtiendras cette gloire et joie et elle sera pour toi toujours, à jamais.»

Yewâsef se réveilla, son âme était remplie de cette lumière et gloire; il s'étonna fort et donna exaltation, glorification et action de grâce à Dieu.

§6 Il fut ferme jusqu'à la fin et accompli dans le mode de vie divin véritable. Il pratiqua de plus belle l'ascèse après le départ du vieillard glorieux Baralâm. La vingt-cinquième année de jours de sa vie, il abandonna (son) royaume terrestre et entra dans le combat ascétique; il demeura trente-cinq ans en ascèse dans un désert reculé, à la ressemblance d'un homme qui n'a pas de corps, dans un combat ascétique qui

[3] Cf. chapitre XVIII, **§12**.

était au-dessus de la nature de l'homme. *(p.242)* Précédemment il avait sauvé de nombreuses âmes de la gueule du dragon destructeur d'âmes et les avait présentées en offrande à Dieu qui sauve ceux qui l'implorent. Il confessa le Christ devant rois et gouverneurs, sans honte; il se montra et fut un grand apôtre, un prédicateur et un (homme) à la voix haute dans la prédication de la grandeur de Dieu. Après cela, méprisant la royauté, il alla dans le désert; il combattit avec beaucoup d'esprits dont la mauvaiseté était diverse et, par la puissance du Christ, il les vainquit tous. Il obtint la faveur, eut une réputation fameuse et acquit la grâce et le don d'en haut. À cause de cela, l'œil de son âme était détourné de toutes les ténèbres terrestres et regardait (les choses) qui doivent venir comme si elles étaient (déjà) là.

§7 Le Christ fut pour lui à la place de tout. Il était suspendu à l'amour du Christ; il le voyait étant devant sa face, il se réjouissait toujours de la beauté du Christ, selon que dit le prophète:

Constamment je place Dieu devant moi, lui, *en tout temps.*
En effet il est à ma droite, pour que je ne sois pas ébranlé[4].

Il est dit encore:

Mon âme suit derrière toi,
moi, ta droite me reçoit[5].

En vérité son âme suivit derrière le Seigneur Christ, elle était jointe à celui-ci d'une jonction sans séparation. Il ne fut pas changé quant à cette manière de faire admirable et il ne changea pas la règle de son ascèse depuis le commencement jusqu'à la fin. Il garda (son) corps depuis les jours de sa jeunesse jusqu'à sa vieillesse; tous les jours, il augmentait le profit et l'élévation dans la pratique des vertus, voyant (toujours) plus des choses cachées qu'il voyait.

§8 Il alla sur ce chemin et donna à celui qui l'avait appelé une œuvre qui était comparable à son appel; il crucifia le monde pour lui-même et il se crucifia lui-même pour le monde. Il alla en paix auprès du Dieu de paix, il alla auprès du Seigneur qu'il avait toujours désiré. Il se tint devant la face de Dieu dans le pur intérieur d'un espace voilé (?), sans en être empêché. Il fut paré de la couronne du Christ de l'au-delà et il lui revint de contempler le Seigneur Christ, d'être avec lui et de se réjouir toujours *(p.243)* de la beauté du Seigneur Christ dans la demeure où était son serviteur Baralâm, à qui il avait confié son âme en ce monde. Il alla au pays des vivants là où chantent les gens de la fête, là où demeurent tous ceux qui sont joyeux.

[4] *Psaumes* XVI, 8.
[5] *Psaumes* LXIII, 9.

Quant à son corps glorieux, un homme qui demeurait à proximité de lui, l'homme qui l'avait logé jadis alors qu'il cherchait Baralâm, vit dans une vision divine et sut à l'heure même la mort du bienheureux Yewâsef. Il alla là-bas et lui fit satisfaction avec un grand chant de glorification. Il versa de ses yeux des larmes abondantes en signe de ce qu'il l'aimait et récita sur sa dépouille tous les préceptes chrétiens. Il le mit dans le tombeau de son père (spirituel) Baralâm, car ils avaient voulu que leurs corps demeurassent ensemble.

§9 Après cela il apparut à ce solitaire, dans son sommeil, (un être) dont l'aspect était majestueux; il lui donna un ordre effrayant et terrifiant. Le solitaire s'éveilla avec zèle de son sommeil et déféra à ce qu'il lui avait raconté. Il alla au royaume de l'Inde, entra auprès du roi Barâsyâs, lui narra tout ce qu'il en était quant à ce qui concernait Yewâsef le bienheureux et l'informa de l'histoire de celui-ci. Barâsyâs ne différa pas, au contraire il partit aussitôt avec de nombreuses forces, arriva à la grotte, vit le tombeau et pleura sur lui d'un cœur brûlant. Il ouvrit le tombeau et regarda les dépouilles de Baralâm et de Yewâsef; il trouva leurs corps comme jadis, dont l'aspect n'avait été changé en rien par rapport à jadis, complets et intacts, avec leurs vêtements. Quand il les trouva ainsi, complets et intacts, il émanait de leurs vêtements et de leurs dépouilles un parfum suave; il ne se manifestait absolument aucune mauvaise odeur en eux. Le roi les mit alors dans des sarcophages précieux et les emporta dans son pays.

§10 Quand les gens apprirent leur histoire, ils vinrent de toutes les villes et les régions pour se prosterner devant Dieu; *(p.244)* ils virent les corps saints et glorifièrent devant eux avec de nombreuses glorifications. Ils allumèrent des lumières de chandeliers et de cire, dans l'honneur, dans la joie et dans une grande affliction. Ils mirent les sarcophages dans l'église que précédemment Yewâsef avait construite là, avec beaucoup de parfums et d'aromates, ainsi qu'il convenait pour leur entrée dans le repos; en effet le repos des enfants de la lumière (est) quelque chose qui réjouit les enfants de la lumière et les héritiers de celle-ci. Quant aux guérisons qui en apparurent – guérir les malades, donner la lumière aux yeux des aveugles, soigner les paralytiques, chasser les esprits impurs de sur les hommes –, qui est celui qui pourrait les compter? Tous retrouvèrent la santé. Quand ceux-ci et tous les gens virent ce qu'avait fait Dieu, sur ses saints, ses serviteurs et ses justes, en fait de miracles et de prodiges qui étaient au-dessus des esprits, qui s'étaient manifestés de leur tombeau, une foi (plus grande) s'ajouta à leur foi et ils glorifièrent Dieu grandement. Et également, quand ils entendirent le (récit du) combat de

Yewâsef le juste, qui était délectable et qui était semblable au combat de (son) maître Baralâm, ils glorifièrent Dieu, car il avait demeuré avec lui depuis son enfance. Ils furent grandement stupéfaits et rendirent grâce à Dieu qui enrichit toujours ceux qu'il aime et les rétribue d'une récompense abondante et d'une multiplication de dons, lui à qui reviennent gloire, honneur et prosternation pendant toute la longueur des temps, amen, amen, amen.

Achevée est la vie des saints Baralâm et Yewâsef dans la paix de Dieu, amen. Son achèvement eut lieu le jour béni de vendredi, le quatre du mois de khedâr, la mille deux cent trente-troisième année des martyrs purs[6]. Que leur bénédiction soit avec notre roi Iyâsou et avec nous tous, ses serviteurs, amen.

1er colophon

§1 Je supplie avec un amour spirituel celui qui la lira de se souvenir de moi, serviteur infime, pauvre et méprisable, qui ne mérite pas d'être appelé homme à cause de ses péchés, et traducteur de celle-ci en arabe depuis l'indien[7], Barsom fils d'Abou Elfaraj, afin que Dieu ait pitié de lui, lui pardonne le grand nombre de ses fautes, de ses péchés, de ses erreurs et de ses trébuchements et donne le repos à l'âme de ses géniteurs, de ses enfants et de ses parents; afin qu'il lui pardonne sa négligence, ce dont il n'a pas été capable et la faiblesse de sa fidélité (?) et de son écriture, car un scribe ne peut être excusé de (?) la négligence ni un traducteur de la méconnaissance de la langue. Celui qui a fait quelque prière, que Dieu le récompense pareillement, selon que dit son Évangile saint: *«C'est avec la mesure dont vous mesurez qu'il vous sera mesuré*[8]*.»*

§2 Nous t'implorons, ô notre Seigneur Jésus-Christ, de nous aider à faire ce que nous avons appris et ce qui nous a été prescrit. Affermis nos vieillards, garde nos jeunes gens, protège nos femmes et fais grandir dans la piété et pour les vertus nos enfants. Gratifie-nous de la croyance, de la paix et de la santé dans nos villes; rends justes les chefs du palais qui (se sont éloignés?) de nous[9]. Que (Dieu) prolonge les jours de la royauté de notre seigneur, notre maître, notre souverain, maître glorieux du royaume, Iyâsou, qu'il le gratifie de la victoire, lui, ses chefs et ses soldats, là où

[6] C'est-à-dire le 1er novembre 1717 (il faut lire 1433 et non 1233).

[7] Il faut entendre, sans doute, par *indien* le pehlvi, la langue iranienne en usage sous la domination sassanide.

[8] *Matthieu* VII, 2.

[9] L'interprétation de cette phrase est incertaine.

il sera allé et là où il aura demeuré et qu'il le fasse revenir en paix auprès de son troupeau. De même *(p.246)* qu'il garde pour nous – et en prolonge la charge sur nous – notre père, notre chef et notre pasteur, le père, le seigneur grand parmi les patriarches, abbâ Yohannes[10]. Qu'il nous rende pour lui des enfants obéissants et qu'il nous sauve par sa prière. Qu'il nous rende dignes d'une grande part par l'intercession de la maîtresse d'intercession, trésor de pureté et de bénédiction, la Vierge Marie – Mârihâm – pure et sainte, de sire Marc, prédicateur des territoires égyptiens, de tous les martyrs et saints, des anges qui sont proches, de tous ceux qui lui ont plu et de ceux aussi qui lui plairont par leurs actions vertueuses, amen, amen, amen.

2e colophon

Ce livre a été traduit de la langue arabe en guèze sur l'ordre de notre roi aimant Dieu Galâwdêwos. Son achèvement a eu lieu le sept du mois de genbot, la sept mille quarante-cinquième (année) depuis l'année du châtiment[11], dans le temps de Matthieu l'évangéliste, l'épacte de la lune étant quatre et l'épacte du soleil sept, pour Melkeyâl dans le temps de son administration, alors que la lune était dans la huitième porte et le soleil dans la quatrième. À Dieu la louange! Enbâqom le chétif l'a traduit en guèze depuis l'arabe, ayant mis sa confiance dans la bénédiction du roi juste, Galâwdêwos. Vous qui l'avez fait parler, demandez pour lui le pardon du péché. Que vous aussi, Dieu vous garde et qu'il garde dans sa miséricorde Théodore, dans les siècles des siècles, amen et amen, ainsi soit-il, ainsi soit-il.

[10] Il s'agit de Jean, métropolite d'Éthiopie à l'époque de Iyasou II, cité par plusieurs manuscrits.

[11] C'est-à-dire le 12 mai 1553.

INDEX DES NOMS PROPRES DE LA TRADUCTION

(Les chiffres romains renvoient aux chapitres, les chiffres arabes aux paragraphes.)

INDEX DES CITATIONS BIBLIQUES

(Le texte étant dans plusieurs de ses parties un véritable centon scripturaire, il n'a été relevé ici que les citations littérales et celles qui, même plus lointaines, sont expressément rapportées à l'Écriture. Dans de rares cas, lorsque l'allusion peut sembler obscure, la référence en a été également donnée.)

PRINTED ON PERMANENT PAPER • IMPRIME SUR PAPIER PERMANENT • GEDRUKT OP DUURZAAM PAPIER - ISO 9706
N.V. PEETERS S.A., WAROTSTRAAT 50, B-3020 HERENT